我们这样做记者

——《清新时报》记者对话媒体清华人

梁君健　万宁宁　杨　添　杨　琳　洪敦乐　赵晋乙　李子晗　高天仪
方之澜　钟昱赟　涂　画　何垠晗　王嘉兴　王子凯　佟宇轩　陈芳婷
岗尖白玛　编著

清华大学出版社
北　京

图书在版编目（CIP）数据

我们这样做记者：《清新时报》记者对话媒体清华人 / 梁君健等编著. — 北京：清华大学出版社，2020.2

ISBN 978-7-302-52881-4

Ⅰ. ①我… Ⅱ. ①梁… Ⅲ. ①新闻工作者—访问记—中国—现代 Ⅳ. ①K825.42

中国版本图书馆CIP数据核字（2019）第083050号

责任编辑：宋丹青
封面设计：宋　楷
责任校对：王荣静
责任印制：杨　艳

出版发行：清华大学出版社
网　　址：http://www.tup.com.cn，http://www.wqbook.com
地　　址：北京清华大学学研大厦A座　　邮　　编：100084
社 总 机：010-62770175　　邮　　购：010-62786544
投稿与读者服务：010-62776969，c-service@tup.tsinghua.edu.cn
质 量 反 馈：010-62772015，zhiliang@tup.tsinghua.edu.cn
印 装 者：三河市吉祥印务有限公司
经　　销：全国新华书店
开　　本：170mm × 240mm　　印　张：15.75　　字　数：246千字
版　　次：2020 年 2 月第 1 版　　印　次：2020 年 2 月第 1 次印刷
定　　价：58.00元

产品编号：081749-01

感谢清华大学教育基金会

对“清华学生原创优秀作品出版支持计划”的大力支持！

编者序

这本采访集的缘起，是一份特殊的作业。

2016—2017 学年度，我担任清华大学新闻与传播学院“清新时报工作坊”的任课教师。这门特殊的课程依托于学院主办的学生报纸《清新时报》，选课的同学大多数是报社的学生记者。在这门特殊的课程上，除了围绕编务的探讨之外，每人还需要独立完成一份深度报道的作业。2017 年恰逢新闻与传播学院成立 15 周年，于是，我们商定，去采访在新闻岗位上从事一线报道工作的清新校友，围绕着一两篇他们的得意之作，来展示新闻工作的具体样貌。

实际上，布置这份特殊的作业，来自我从事新闻教育的一系列感受。我在学院主要负责教授本科生的新闻摄影课程，在课程上主要讲授的内容是相机的基本使用、构图和光线造型的规则，以及新闻瞬间的捕捉等。但实际从事摄影报道，每天要面对和处理的核心挑战，却往往不是课堂上所教授的这些抽象知识和基本技能。它需要从经验中学习如何处理专业技能和书面规则之外的各类事务。例如，如何获得采访的机会，如何才能够赢得采访对象的信任——这些，才是新闻摄影工作的隐藏技能。“清新时报工作坊”本身就通过学生办报提供了这样一个实战的平台，让新闻学子们可以在做中学，去积累有效的专业经验，从这些经验中获取更多的知识、能力和价值观方面的提高。布置这样一份作业的最大初衷，也正是希望新闻学子们能够和这些青年记者对话与互动，从他们的真刀真枪的人生经历中学习如何成为一名合格的记者。而这样一本采访集，也能够作为其他新闻学子的业务学习参考读物。

新闻与传播学院成立15年来，一批批年轻的毕业生走上了不同的新闻岗位。区区16人，当然无法统括校友们的精彩人生；况且，在选人的时候我们还存有私心，希望能够多多选取在清新时报社有过学生记者经历的校友。因此，这既非优秀校友的榜单，也不具备社会学意义上的广泛代表性。不过，16个不同的报道故事和它们所展现的记者生涯，仍然能够帮助我们管窥青年新闻从业者在当下这样一个社会大环境和行业小环境下的工作状态，帮助我们贴近和理解他们的思考与情感。因而，在提供参考读物之外，我们的另外一个期待是，通过针对记者群体的报道，去展现巨变之下一线青年新闻工作者的工作与生活的一角和切面。

16个采访故事揭开了新闻工作的幕布，让我们看到新闻背后的具体生产过程，书本之外的“秘密技能”也一点点地被同学们解锁。作为摄影记者的沈伯韩和鞠焕宗拍摄过玉树地震、天津爆炸以及动车事故，他们的经验是，要能进得去，才能拍得到，在对的时间出现在对的地方是摄影记者的重要能力。有些时候，来自现场的首要挑战是寻找到充电的地方，在持续性的突发事件报道中保持相机和电脑不间断的作战能力。供职于《人民日报》的曹树林对于兰州石化的报道，正因具备了国家媒体的信源优势，所以顺利得到了争议双方的坦诚回答，但他的挑战则在于具备优势的同时要承担国家媒体对于舆论影响力的责任——在了解事实基础上的定位和分寸的拿捏尤其艰难。张勤在制作大数据和可视化的创新节目的过程中数次遭遇“最后一分钟营救”式的赶工，这告诉我们新闻媒体中的形态创新往往需要承担额外的巨大代价。在谈及写作《天珠》的过程时，刘鉴强详细地示范了细节对于塑造人物的力量，以及建立在信任基础上的穷追猛打的采访方式。在针对敏感经济话题的博弈式的采访中，曹乘瑜将自己的观点用作突破性的武器，与采访对象共同思考，将金融汇率这类广受关注的话题引向深入。即使是《人民日报》的评论部主任，杨健关于问题意识和过程意识的思考也需要等待很长的时间、瞄准一个特殊的契机，才能够得到发表。

16个采访故事还展现了当代剧烈变化和发展着的中国社会与媒介技术给新闻行业带来的冲击、困惑和思考；反过来，这也给我们提供了新闻和记者的视角，去观察时代的精神和历史的进程。在技术变革的推动下，新闻生产的结构和方式，以及它所依靠的技术平台和专业机构的重组，都给新闻专业带来了迅速而显著的挑战；但是，我们也看到了学院的精神和成熟的世界观给这些青年记者带来的自信和坚定。报道自由教师这个题目时，陈之琰感慨“新现象”背后折射出的也会是“老话题”，中国的教育环境好像变化很快，但是问题又换了副模样依旧存在。在充斥着碎片化信息和报道的环境保护领域，刘志毅在采访、写作的过程中一直试图追求整体感和全局视角，体现出对当下信息潮流的一种反思。

在校友们的叙述中，我们还能够体会到记者与新闻相遇后，所获得的人生滋养。新闻事件给每名个体的记者带来了不同的感受。邢广利报道海地地震时感慨于个体的渺小、生命的微弱；裴广江在南非的村庄里遇到了跨文化的友谊和热情，感受到艰辛生活的另一面；真实的采访对象和新闻事件，让蒋方舟对于记者和作家异同产生了更多思考；在报道“赵薇事件”和民族主义等公共议题的时候，刘少华曾经被“人肉”甚至人身威胁，他分享了当时对自己内心的说服，承认自己并非全知全能，但仍然需要鼓起勇气去正面应对和独立思考；不懂球的包丽敏陪着农民工在无声的城市大屏前观看世界杯，和他们回到他们居住的工棚，被社会的撕裂感所折磨；在联络美国枪击案受害者的家人时，杨芳直面世俗伦理道德和职业道德的冲突，她感到无助和内疚；为了写好《协和旧事》，周劼人专门到协和上了一个学期的课，感受在空间中与历史相遇的独特体验和触动，这成了这篇稿件的精神动力。

究竟是哪些要素成就了一篇好的报道？哪些课本之外的能力和素质形塑了一名出色的新闻记者？是好奇心，是能够抗压吃苦，是以开心和乐观的态度学习和提升业务水平，也许还包括了时间和体力之外的精神上的投入。为了有机会报道在下水道讨生计的非洲人，裴广江等待了数月之久，但他感觉，等待越久，自己越珍惜，做起来就越是用心。张勤的菜鸟生涯从在央视跑腿开始，但她用心对待每项工作，从微不足道的小事中积攒人生的重要财富。曹乘瑜戏称记者要“脸皮厚”，要具备突破自我的小圈子去和别人交流、沟通、理解的勇气。刘志毅感觉，从事深度报道往往受到阻力，但好的深度记者需要有“跌倒了也要抓一把泥”的毅力和拼劲。

从作业布置下去，到最终编定这本文集，这16个记者故事也一遍遍地启发着我。我和这些校友大多数在学校相识，有的是摄影的同好，有的还是球场上的战友。毕业后，我选择留在学院教书，大多数的时间都和学生、论文打交道。每当翻看这些来自报道一线的故事和体会的时候，都能够唤起我的热情和好奇。我想，这就是新闻的力量，它能够带我们去无尽的远方，认识各色各样的人们，让我们对于时代的力量感同身受，启发每个人思考自己对于社会、对于国家、对于历史的责任。

梁君健

目录

沈伯韩：

对焦爆炸中心区："天津爆炸案"系列新闻摄影作品的背后

杨添　采写

清华大学新闻与传播学院2004届毕业生。毕业后进入新华社摄影部工作，任图片编辑。2006年11月至2009年3月，任新华社莫斯科分社摄影记者，其间曾到过苏维埃联盟时期的10个国家，采访内容涵盖政治、经济、体育、社会、文化、战争等，发表照片数千张。2009年4月至今，任新华社摄影部图片编辑。作品曾参加《年轻的眼睛》展览，在2009年大理国际摄影节和法国佩皮尼昂维萨摄影节展出。图文作品曾在《中国摄影》《中国摄影报》《摄影世界》等杂志发表。中国摄影品牌栏目"拾城"参与者之一。

“我做记者最重要的一个初衷，就是能见识很多新鲜的人和事。”2002年，刚在清华大学环境科学与工程系（现环境学院）度过了两年本科时光的沈伯韩，因为不喜欢枯燥的实验，也因为心中那份对新鲜事物的好奇心，转系来到了新闻与传播学院，成为新闻与传播学院“2+2”项目的第二届学生。

“广利比我大一年，他是第一届参加这个项目的。还有你们梁导，他和我是一届的。”说着，沈伯韩指向了紧挨着他的邢广利的办公桌。两人都毕业于清华大学新闻与传播学院，现在又都在新华社摄影部，是朝夕相处的同事。刚到新闻与传播学院的时候，沈伯韩本想做一名纪录片导演，但其实在当时，摄影就已经是他热爱的事情之一了。他说，静态的影像和动态的影像有很多共通的地方。当时学校有一个洗照片的暗房，那是他学生时代最着迷的地方。毕业以后，他直接来到了新华社摄影部，并在两年后申请前往俄罗斯驻外。几年来，他拍天津爆炸案、拍国庆大阅兵、拍仁川亚运会和里约奥运会，足迹遍布世界，用镜头为大家呈现着一个又一个故事。

搭桥搭进爆炸中心区

2015年8月12日23：30左右，天津市滨海新区天津港的瑞海公司危险品仓库发生了特大火灾爆炸事故。事故发生时，沈伯韩还在家中熟睡。“那天晚上睡得太死了，第二天醒来才知道这件事。天津分社那边的同事应该是凌晨就过去了。我们总社到第二天一早才开始折腾这事。”就在事故发生第二天一早，沈伯韩来到单位并主动向领导报名前往天津拍摄爆炸案。“因为这确实是件很大的事，自己也很想过去看看。”在综合判断了大家的工作能力和意愿后，上午9点，沈伯韩和几位同事正式被派遣前往天津。

在前往天津前，这一行人通过看一些当地媒体已有的现场报道，对事故现场的情况已经有了些基本了解，如知道了爆炸的物质、影响的范围，并对需要做的准备做了简单快速的判断——防止踩到尖锐物的厚底鞋和相对专业的防护口罩。“这个提前准备还是非常重要的，不能到那里踩着个钉子受了伤，把自己给废了。”“记者在现场得保证自己不光活着，还得有用，能顺利完成任务。

这也是比较重要的一件事。”

备好器材和辅助用品后，沈伯韩一行便踏上了前往武清的动车。在拍摄天津爆炸案之前，沈伯韩曾前往过玉树地震的现场。之前的经验告诉他，这种情况下，走公路不是快速到达现场的交通方式。“有人要往那边去救灾，有人要从那边出来，交通还会管制，所以走公路的话肯定没办法很快地到达那边。”到达武清后，他们包了辆车，在下午 2 点左右到达了爆炸事故核心区的外围。那里是离事故中心最近的一个城轨站，用沈伯韩的话讲，已经被炸得“乱七八糟”的了。

“剩下的就只能靠自己了，司机没法在那等你，也没法帮你走得更远。”因为当时事故的具体情况还不明朗，事故的现场基本还处于全面封锁的状态，也没有可供记者出入的专用通道。“这种情况下你说你是记者，就可能很快地被清出去。因为不管是领导还是涉及这件事情的个人，在情况还不明确的时候，都不希望这件事传播得太广。”

为了一窥事故中心区的真实面貌，沈伯韩和与他同行的三四位其他媒体的同行，先是翻过了城轨的铁道，又穿过了几个小树林和高架桥，才终于来到爆炸现场附近。但这时候横在他们面前的是一条有几米宽的河。“当时附近原有的一两座能过人的桥都已经被封死了，只有一个为了走推土机专门现垫的桥，我们也过不去。”最终，几个人借着爆炸后飞落在河边的铁架子，搭在从爆炸中飞出来落在河里的集装箱上，才成功过河，到达了事故的中心区域。“在玉树的时候也是，因为都乱套了，想去哪儿去哪儿，但就是什么地方都得自己找。有些时候可能会有给记者的专门通道，但大部分时候还是得自己想办法。”沈伯韩笑着说。

不成文的“黄金 72 小时”

和一般的新闻事件不同，面对突发性的灾难事件，如何做到快速采访，并拍摄到自己想要的内容，对记者来说是非常重要的。通过总结经验，新闻行业的业内人士基本对处理这样事件的流程有一些不成文的共识。“比如碰到这种灾难，一般都会有一个‘黄金72小时’救援时间。在这‘黄金72小时’里，你要关注的肯定是救出什么人来了，什么人没有救出来，各方力量是怎样通力合作或相互制约的，与这个事件相关的人、物、机构等是如何反应和应对的，等等。”沈伯韩说，灾害发生之后的72小时往往是最重要的，记者从灾难区域发送出来的硬新闻，内容绝大部分也是这段时间产出的。并且在这段时间里，记者可能还需要通过观察和判断，为后续的采访调查提出新的问题，并积累一些素材。72小时过去后，对事故的报道基本就进入了第二个阶段。在第二个阶段里，记者主要是进一步地探究事件的核心事实。“比如说天津这个事件，我们就会去关注它具体是怎么发生的，那个地方有多少危险物品，这些危险物品是怎么来的，此类的一些问题。”另外，新闻记者还会关注一些和灾害伴生的议题，如防疫、管制、灾后的紧急处理等。在第三个阶段，新闻记者会去关注事故后的重建、事故的追责等问题。

像这样由新闻从业者长期报道突发事件积累下来的经验而形成的“套路”，对新闻工作者来说有不小的指导意义。它为新闻工作者在事件突发、信息量过大的情况下指明了工作的思路，从而大大地提高了工作效率。“这种大家长期以来积累出的经验，所有业内人基本都会按照它去做。如果我做一名编辑，发生了这么一件事，我也会按这个流程去组织我的记者，告诉他们怎么把我们需要的内容拿回来。操作这类事件是有章可循的，基本都会按照这个框架，万变不离其宗。”

“但这还只是一个框架。”沈伯韩说，“真正能体现媒体之间差距的地方就在于能不能在72小时内出现在那个地方，把那个被活着救出来的人拍到。而这一点，就要看记者的本事了。第一个是能不能等到，然后等到了能不能拍到，拍到了能不能发出来，还有你有没有足够的活动能力，这些都很考验记者的能力。”另外，除了这些“硬件能力”，记者还要有足够的能力在采访、观察的过程中发现和挖掘到一些大家都还没有意识到的问题，然后再深入地调查。“所以在对各家媒体来说都差不多的条件下，各家媒体实际拿出来的报道内容和水准都会不一样。”

安全第一，位置第二

天津爆炸案这类的突发事件，没有先兆，对于拍摄对象也很难有所预期。“要说去之前对现场有没有提前设想，我只能说会有个大概的设想，比如我到那里第一天的任务就是尽快进入事故核心现场，然后拍完照片传回来。当然还是需要进去了之后，看实际情况再决定怎么工作，设想得不会太细致。”这种情况下，怎么在现场做出快速的反应，就和记者在平时拍摄工作中所积累的经验有很大的关系。不过，沈伯韩也提到，在一般的新闻摄影中，最重要的是拍摄的位置。如果能到达合适的拍摄位置，那么基本上都能拍到合格的东西。但如果没能到达那个位置，那就很难拍到想要的东西。“当然也有人说在新闻现场任何位置都能拍出好照片，确实是这样，但一定有一些位置会比其他位置更好、要重要。比如特朗普宣誓入职的演讲，你站在他正面和站在他背面，拍出来的东西肯定是不一样的。”而对拍摄位置的选取，无疑需要摄影记者积累拍摄经验，对不同位置的拍摄价值做出准确的判断。

在灾难、事故的现场拍摄中，说到位置，就不得不提安全问题。有的时候，有着极高拍摄价值的拍摄位置，也对应着很高的危险系数。面对这种情况，沈伯韩的观点是，在这种突发事件的报道中，保护自己对记者来说是首要的任务。而保护自己的一个前提，就是必须要对自己有一个比较好的了解。“比如我知道自己立定跳远只能跳两米多，所以我就不会去尝试蹦那个 3 米的坑。”记者要知道自己的能力所在，知道哪些情况自己可以应付，哪些情况应付不来，对自己有一个比较好的保护的同时，也为后续的拍摄工作提供保障。

“记者的职责是讲好自己的故事”

在灾难现场拍摄采访，不可避免的一件事就是要和灾难的受害者产生联系。尤其对于摄影记者来说，这些人还可能成为你的拍摄对象。对于这点，沈伯韩觉得还是应该勇敢地去尝试沟通。“无论是先打招呼再拍，还是拍完再和人说，肯定都要沟通，表达出自己的尊重、同情和善意，获得别人的信任，才有挖掘到更多内容的可能性。当然这也是个很复杂的事情，肯定还要看具体的情境。有时候你觉得当下气场是对的，就拍；不对的话，就不要拍。”

在灾难现场，还会遇到的一个问题就是拍出来的照片是否适合呈现给大众，因为摄影作品和文字作品一样，给社会大众带来的影响是无法预知的。对于这个问题，沈伯韩认为，作为摄影记者，首先要考虑的是怎么把照片拍下来。“我会有个判断，如果我觉得这个照片可能有问题，我可能选择不传回编辑部，或者在图片说明里标注出我认为可能会出现的问题供编辑参考。而最后是否去呈现，那是编辑的工作。”

他觉得摄影记者在按快门前，考虑的不应该是照片产生的影响，而更多的应该是照片能不能呈现自己想要呈现的，能不能讲好自己想讲的故事。如果提前对拍摄的效果有太多的预设，就容易先入为主。“那样的话就像老派的主题先行的宣传报道一样了。”

媒介变革洪流下的摄影记者

在天津爆炸案发生的那几天，可能让大家印象最深刻的就是在微信群与朋友圈中疯传的各种图片和短视频。大家对于天津爆炸案整个事件的认知，基本上都是由社交媒体上碎片化的信息拼接塑造而成的。近年来，新媒体的发展十分迅速，在占据了社会大众琐碎时间的同时，也成了社会大众获取信息的接口，成了信息来源的主要途径。这样的现象，也将传统的文字记者和摄影记者推到了一个十分尴尬的位置上。早在 2010 年的时候，沈伯韩曾在北京外国语大学读过一个中英合办的全媒体国际新闻学硕士。当时在国内，传统媒体的地位还不可动摇。但是在国外，将图片、文字、视频、音频、动画整合在一起的多媒体新闻形式已经开始冲击传统媒体的地位了。“当时国外的多媒体产品领域迅速发展，传统媒体已经在面临不断衰退的事实了。但是这个步伐在国内还相对缓慢。”在沈伯韩看来，他当时在国内学一些多媒体制作的东西，还是相对超前的。

但是，后来发生的事情谁也没有想到。在中国，移动互联网的飞速发展，完全打乱了传统媒体试图发展多媒体形式的计划。“像最早开始做的《东方早报》和《京华时报》，现在已经停刊了。我跟《南方都市报》负责多媒体新闻内容的同行聊过，他也觉得依赖 PC 端的多媒体新闻的潮流似乎还没怎么热起来就很快过去了。”取而代之的就是现在人人都在用的微博、微信。

在这样的背景下，职业记者就受到了更大挑战。以前普通老百姓可能会身处事件现场，但是没有方便的设备可以拍摄、记录事件。能拍到的话，也没有好的方式将内容传播出去。现在大家不但能拍到，而且能比专业的记者更早拍到，还有很方便的传播途径将内容发送出来。同时，在互联网上很容易找到一些简单的构图、调色方面的教程，人们用手机或普及度很高的相机就能拍出很好看的照片。面对这样的情况，沈伯韩认为，现在的摄影记者不应该和大众拼抢时效，而是要体现出记者的专业性。“比方说天津爆炸这件事情，一个老百姓第一时间在现场看到爆炸后，拍了一个火焰腾起的照片。这个是第一现场，但只是一个信息，不是一个新闻故事。”沈伯韩认为，对于天津爆炸这样的事件，“为什么发生，怎么发生的，会带来什么后果，背后潜藏着什么东西，什么人受到了最大的损害，这些人该怎么办”，这类问题还是需要专业记者来挖掘和解答。而这些事情对于现场的非专业人员来讲，一方面，他没有深入挖掘的兴趣；另一方面，也许他能获得一些信息和资源，但他没有能力把这些整合成一个好的、完整的故事。“很多人拍照片比我们好看多了，这我绝对不否认。但那只是张照片而已，它或许能满足人们审美的需求，但它不是一个故事，满足不了人们对整个事件的好奇心。”沈伯韩对于“故事”这个概念有着不小的执念。他觉得，在现在这个时代，人们对好的故事的需求是越来越高了。“大家需要有人给他们条分缕析地把事情讲清楚，而不是七嘴八舌、一人一个版本。作为摄影记者，你站在那里，就要看到别人看不到的东西。”

在被问到摄影这种呈现故事的方式是否有一天会被其他新鲜的形式所取代时，沈伯韩很坚定地认为不会。他觉得摄影是一种很凝练的形式，适应人接收信息的习惯。“人在接受信息的方面都是有惰性的。就像社交网络上的视频，长度超过 1 分钟的就基本没什么人有耐心全看完，大家都没有那个时间和耐心。而相比之下，图片就是一种很合适的形式。”

沈伯韩寄语学弟学妹：

对于现在还在新闻与传播学院读本科的同学而言，如果在思考自己是否想或者适合做一名摄影记者的话，沈伯韩的建议是先想清楚自己是不是想要做一名记者，想清楚自己是不是喜欢记者这个行业。“因为记者现在其实不是一个很美妙的行业。要东跑西颠，面临挺大的压力，吃很多苦，薪水也不是那么高。”他觉得摄影记者和文字记者的一个共同的身份就是记者。“前面那个只是定语，只是你用哪种工具更顺手。”所以大家接受基础的新闻学科的训练，培养起码的新闻意识，懂得怎样的信息才算是新闻，知道碰到一件事该用怎样的思路和路径来解决问题最重要。他说，同学们应该想想自己是否有足够的好奇心，能不能抗压、吃苦，有没有足够强的快速学习的能力。这些是记者的基本素质，无论将来做文字记者还是摄影记者，这些都是必要的。

“如果你确定自己想做一名记者，那么第二个问题就是你是否对用图片讲故事感兴趣，有没有那种有悟性的学习能力。”他鼓励大家要有方法地去实践，要先知道怎样的摄影作品是好的摄影作品，如多看一些大的通讯社、图片社的记者的摄影作品，揣摩他们的拍摄技巧和讲故事的方式，再按照这些好的范例去实践。“其实我之前也没有接受过科班的摄影训练。到新华社之后，就能大量接触西方同行优秀的新闻摄影作品，包括美联社、法新社和路透社记者的作品。看一段时间，很多东西也就大概知道了，再辅以练习，就可以慢慢上道了。”

相关作品："天津爆炸案"摄影作品

泡沫车

邢广利：

工作和生活不是对立面，摄影记者穿行废墟之间

杨琳　采写

清华大学新闻与传播学院2003届毕业生，中国摄影家协会会员，新华社十佳记者。1999年考入清华大学化工系，因为酷爱摄影转入新闻与传播学院，本科毕业后直接进入新华社摄影部，先后从事图片编辑、摄影记者工作，其间参与过汶川地震、海地地震、玉树地震、雅安芦山地震、昭通地震等重大突发事件的现场报道，翻译出版了《21世纪新闻摄影人生存手册》《国际人像摄影教程》《迈向专业——25位顶级摄影师的成功之路》等摄影专业书籍。

笔者在走入新华通讯社，搭乘电梯时遇到一个工作人员，对方问及我来寻访何人，答之以邢广利，对方旋即笑道："清华来的吧，他的办公室出电梯左转第二间。"下电梯后依然热心指引方向。敲门进入，一堆摄影器材稍显凌乱地摆在门口，几个行李箱也一并靠在柜子边，邢广利从靠里边的办公桌抬起头来招呼笔者，办公桌上堆了好几摞书，最里边的窗台也改做简易书架。邢广利出门打水，笔者抬头注意到办公桌后面的墙上挂着一幅中国地图和一幅世界地图，再往上是 11 个挂钩，每个挂钩上都挂着十几个五花八门的证件，仔细一看，全是各种场合的记者证和摄影证。我们的交流就在这个有些拥挤和凌乱但是让人感到温暖的办公室展开。

摄影——"这就是我梦寐以求的事！"

邢广利 2003 年自清华大学新闻与传播学院毕业考入新华社摄影部，工作至今。"也没考摄影，考的是英语。"邢广利回忆说。他从高中就喜欢拍照片，刚进入清华读的是化工，因为喜欢摄影后来便转到新闻与传播学院，大学的时候也是班里很爱摄影的一两个同学之一，在交流时他还笑着说："我还观察过，基本上每一个班总有那么一两个人特别喜欢摄影，一两个特别喜欢电影什么的，我就是当年特别喜欢摄影的一两个人之一。"

因为喜欢摄影，刚毕业的他想要进入《人民日报》《中国日报》和新华社三家媒体的摄影部工作。在新华社面试时，面试官问："你还考了哪？"他说："还考了《人民日报》。"面试官就问："如果《人民日报》和新华社同时录取你，你去哪呀？"他一想总不能在新华社的场子说要去《人民日报》吧，就说来新华社。面试官接着又问他为什么，他就说："我上学的时候李希光老师要求我们看《人民日报》，每天都看，但是我发现《人民日报》上 90% 的照片都是新华社发的，所以想来新华社。"后来他就被新华社录取了。

但是刚来的时候，他并不能直接拿起相机。一开始他做的是图片编辑，在摄影部的编辑部，主要处理国内新闻图片，每天对全国各分社发来的照片进行图片品质控制、图片说明的整理校对，然后再发出去。从 2003 年到 2008 年，他一直做了五年这样的工作，之后被调到采访室，这才有机会出去拍照片。

“被调到采访室，对我来说真是太好了！这就是我梦寐以求的事！”邢广利现在回忆起来还是很激动，然后拿开办公桌上反扣着的还没看完的《资本论》，轻轻拍一拍盖在下面的两摞硬盘说，“这些硬盘里装的都是我拍的照片，每一张都留着。”他的眼睛发着光，就像看着自己的宝贝。

随着摄影技术的进步、数码相机的普及，如今很多时候照片都是“千里挑一”甚至“万里挑一”，就算已经工作多年，邢广利还是要一张张挑选出自己最好的作品。他还回想起 2003 年的时候，自己还是用胶片拍照，一张照片要花一块钱，那时候一顿饭也是一块钱左右。“要拍得很仔细！比如我给你拍张照片，先看光线，是顺光还是逆光，然后选好背景，你站什么位置、摆什么姿势，瞄好久才敢按下一张，但那时候出片率很高。”

谈到是否对摄影工作感到厌倦，他说：“摄影既是工作也是生活，不会烦，对我来说它是很享受的一件事，一点都不烦！一丁点儿都没有。可能你要做一件别人强迫你做的事，你会觉得一年行，两年行，三年也还能忍，极限就是五年。之前那五年的图片编辑工作也还好，还能用自己的相机拍一拍，可以发稿，有一种成就感。在网上一搜，诶！有我的名字，感觉还行！可能就是苦恼自己在业务上有些什么瓶颈，拍摄技法需要提高。绝不会对它感到烦，就是因为喜欢！”

“你毕业以后一辈子的时间都在实践。不管你做什么，只要你觉得不是在浪费时间就行了。最好是开开心心地去做你喜欢的事。”

现场——“不停地遇到困难、不停地学习、不停地向前”

加勒比岛国海地当地时间 2010 年 1 月 12 日 16 时 53 分（北京时间 13 日 5 时 53 分），发生了里氏 7.0 级大地震，此次地震中遇难者有联合国驻海地维和部队人员，其中包括 8 名中国维和人员。2010 年 1 月 13 日晚，中国国际救援队从首都国际机场搭乘飞机赴海地执行救援任务。救援队一行共计 68 人，由 3 个分队组成，包括来自国家地震局的 10 人专家分队等；随机还携带了总价值约 1 200 万元人民币的 10 余吨救灾物资，其中包括救援、通信、后勤保障、医疗、食品等物资设备和 3 只搜救犬。在 13 日晚前往海地的飞机上就有邢广利。

“你还记得拍这些照片的故事吗？”

“记得！印象很深，这是我从参加工作到那个时候，印象最深的一个采访。因为……那个过程很奇特。”他回忆着说。

那天下午，邢广利计划要给新华网的编辑讲摄影课，投影什么的都准备好了，领导来电话说，海地地震了而且很严重，让他马上去。“结果就把电脑都收了，跟大家说再见，课不讲了就直接奔到机场了。”

“其实到了机场以后就开始拍了。”摄影记者在各种现场一刻都不能懈怠。因为事发突然，时间紧张，登机牌都是手写的。在各方面力量聚集的机场忙到天黑，邢广利突然想起来，出发那一天，他本来是组织了十几个好朋友一起为自己庆生，已经约好时间地点。“当天晚上我想起来我参加不了了，当时脑子已经比较乱了，就给我能想起来的人打电话，通知那个晚上（的活动）取消了。他们蛋糕都买好了，什么都准备好了。但是有一个人我忘了通知，然后就上飞机了，那个飞机要飞十七八个小时。回来以后，他说以为我出什么事儿了，人又联系不上，他去那个餐厅发现，嘿？怎么一个人都没有啊，哈哈。”

降落的时候，机场条件很简陋。首先是因为地震之后当地机场工作人员基本上已经走了，逃难或者回家的都有。再者是没有导航设备，飞机降落的时候没人管，机长只能凭经验看着跑道着陆。落下来也没有下飞机用的悬梯，“没人管嘛，机场基本就被人遗弃了”。我国驻联合国的统一调配的维和部队有 200 多人。部队过来找了个梯子下飞机。“真正的梯子你知道吗，搭到飞机上，然后我们背着好多设备啊，相机、海事卫星、电脑，从梯子爬下飞机。”邢广利的手不停地比画着斜搭在飞机上的梯子的样子。

到达现场的时候是半夜。他们一夜没睡，跟着救援队一起在废墟上搜救。

废墟里有 8 个当时从国内过去的维和警察。“为什么会是这个情况呢？”笔者不禁发问。

邢广利边回忆边说：“因为我们 200 多人的维和部队马上要换下一批了，

联合国决定要给中国的士兵授勋章。我们国内 8 个人前往联合国办公楼跟他们交接工作，出席授勋仪式。大部队住在营房，营房是特别简陋的那种板房，倒了危害不大。但是那 8 个人在办事的时候，就地震了，他们被楼埋上了。其实那 8 个人到的时候已经是下午 3 点多，在地震之前，简单地梳洗一下，差不多 5 点进入联合国办公楼。实际上正常情况下 5 点多办公楼的人已经下班了，但是因为中国人来了，联合国的官员就说等一下再下班了，结果他们谈了不到一个小时就地震了。他们当时也说就是因为太敬业了，如果休息一天，第二天早晨再去，他们在营房里就不会遇到这个问题了。如果那些人正常下班了，在路上，也不会被压到。但是他们总部的那个楼很高，而且是在山坡上，所以被结结实实地压到了里边。”邢广利在讲这段经历时断断续续，语调时而平缓时而起伏。他忽然一顿，表情严肃地说：“我们明确知道的 8 个中国人在那里被埋了。”

“挖了四五天才把 8 个人全部找到。”挖出最后一个人的时候是晚上，现场很热，充斥着腐烂尸体的味道。周围有战士举着手写的纸条——“战友我们接你回家”，其他人埋头挖着。这个场景很有新闻性，邢广利在心里判断，立即举起镜头。“天黑，晚上灯又特别暗，只有一个灯泡，我为了拍稳嘛，就趴到那个废墟上，这样相机会放得稳一点，大概 1/8 秒的快门，用的长焦镜头，就是想把人拍清楚了，一口气拍了 3 张。”这一段相机运用的细节他讲得很快、很清晰。“然后我就撑着身子下面的废墟要站起来，哎哟，怎么有个什么东西软软的，一看，是一个人的胳膊！我的头发‘唰’地就立起来了！是一个黑人，他也被埋到里头了，有一只胳膊伸在外面。我印象很深。”

一点一点把废墟刨开，把最后一个战友往外抬，邢广利举着相机想要拍照，一个救援人员戴着手套把手放到死去的战友身上。“这样一放，‘噗’一下就腐烂了，气味也很大。”他一边说一边把手放到自己的大腿上比画那种扑空的感觉。对于现场一直充斥的气味，邢广利说：“哎呀，回来以后在食堂吃饭，买了一份红烧肉，一闻，哎呀，和那个尸体味儿好像是一样的，好长时间都没吃肉。”

“那么你在现场有什么危险吗？”

“危险啊，很危险！危险特别多！”

飞机降落之后，机长跟他们说，跑道在降落之前就已经被清理好了。“说是美国的空军比咱们早到一个小时，他们到了之后就把机场的碎石啊什么的清理了一下。如果有一个石头在那儿，后果是难以想象的，要是早到的话也很危险。”此外，飞机降落的时候，引导的人问机长能不能直接退到跑道的尽头，这样方便卸物资，机长说不行，因为飞机只能前进不能倒退，要倒退的话必须要有地面的车推着它，但是如前所说，机场已经没有什么工作人员了。机长比较有经验，不到尽头便停下来，卸完东西之后掉头回来。

救灾现场余震很多。“记得是晚上四五点钟的时候，被震醒。海地跟我们大概是 12 小时的时差，在那边白天的时候我要拍照片，傍晚把它们传出去，晚上想睡觉，但是睡不了。晚上就是这边的白天嘛，编辑会不停地给你打电话，询问各种情况，沟通前方的信息。所以基本上一天也就能睡两三个小时吧。我们睡在帐篷里，能清晰地感觉到‘咣咣咣咣咣咣咣’，先是竖着震然后再平着震。”摄影记者外出的工作状态大概就是这个样子，而在地震现场，亲身体会地震的时候，邢广利多了一层感悟。“那个时候会感觉人特别渺小，因为整个大地都在震，你就在一个帐篷里，就像是漂在汪洋大海里的一叶小舟一样。”

海地一到晚上就会出现成群的蚊子，又小又黑的蚊子成了大问题，很多疟疾就是通过蚊子叮咬传染的。“蚊子可厉害了！”他们当时从维和部队的营地要来灭害灵，喷向帐篷角落里一群一群的蚊子，蚊子“噗”地一下或逃窜或挣扎着死掉。“我还找他们要了消防救援服，这个救援服是石棉的，可以防火，特别厚，很热。鞋也不能脱，还要戴上手套，再找来条毛巾挖三个洞，露出眼睛、鼻子，把脸捂上，这样才能睡觉，要不然会被蚊子咬得特别惨。”

睡着睡着你就会被“哒哒哒哒”的枪声惊醒！当时海地政权不稳，军队就地解散，政府又没有能力把枪收回来，这些枪便流落民间，所以经常会有这样的情况。为了解释清楚这些吓人的枪声，邢广利举了个例子——“比如说人们去废墟上找吃的，如果有一个人在超市的废墟上刨出来一瓶水，另一个人想要抢，不给就“砰”地一枪把他打死，把水拿过来喝了。”

但是危险和困难之外，也有很多温暖的地方。各方面的救援力量会把带去的救援物资发给灾民，一个人每天能拿到两块面包、一瓶水。邢广利在那儿拍照，还有个年轻人问："你们是哪儿来的呀？"邢广利回答："中国。""好远啊。"年轻人说着给了他一瓶水，"你们是不是也吃不上饭，分你一瓶水"。在拍摄的照片中也有很多受灾的孩子、中年人对着相机镜头微笑。

"你作为摄影记者，多次亲历地震现场，在新闻摄影业务上有什么经验？"

"灾情就是命令。"一接到消息，除了像海地地震这样需要乘专机前往的之外，其他事件需要第一时间收集资料、了解情况。"比如地震灾害，需要看震级、震源深度，在地图上看是否是人口稠密的地区，你就能大概判断一下你要不要去，去就跟上级报告一声马上买机票，越早到越能快速进入现场。"

在网上看到许多很好看的照片都不是瞬间拍出来的，能抓到的瞬间也就百分之一二，大多数都是等出来的。"守住空间等时间，有时候等一个动作，有时候等一个光线。"

"不停地拍，不停地拍，一张卡满了立马换另一张卡，你不知道哪一刻会突然出现你需要的画面和场景。"

身边的良师益友对邢广利的成长有很大的帮助。"对于摄影记者来说，大家都愿意往危险的地方跑，虽然辛苦，但是可以拍出很多精彩的画面。新华社给了我这样一个平台，领导给了我很多宝贵的机会，同事们也在各个方面给了我很多帮助和支持。在我成长的路上，得到了很多良师益友的帮助，我很感恩。"

摄影记者需要经验积累。"经历多了就懂得什么事件中需要什么画面等。这有利也有弊，比较容易上手，但也会把你框在经验里头，满足现状难以有进一步的突破。"海地地震只是邢广利作为摄影记者的经历中的一段，他说自己还需要在生活与工作中继续体会和磨炼。

"学校里学习的东西，记得的都是重要的，不记得的也不是太重要了，但是就算走出校园，也不要忘记继续学习。不停地遇到困难，不停地学习，不停地向前。"笔者悄悄注视着邢广利摆满的书架和挂满记者证的墙，这是他作为摄影记者的勋章。

笔者在这短暂的两小时交流中跟着邢广利的记忆游走，看他喜悦、看他怀念、看他伤痛、看他惊恐、看他温暖、看他释怀，多种情绪中最多的是一种在时间与实践中打磨出来的平稳和睿智，大概是因为对摄影的热爱，他在工作和生活间切换自如，十多年如一日。

相关作品：海地地震摄影作品

LANTE
VAMOS

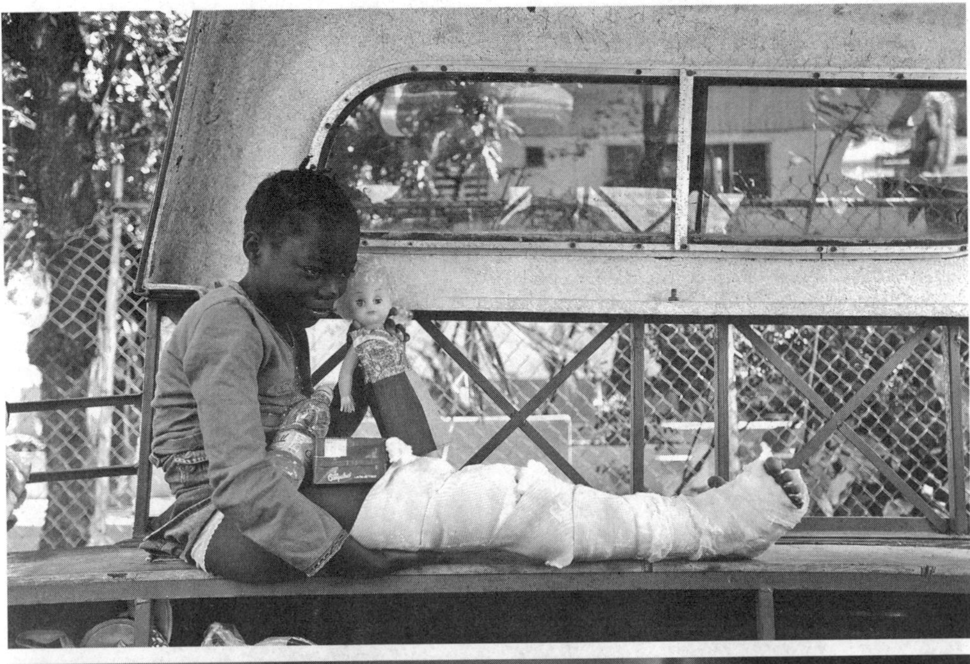

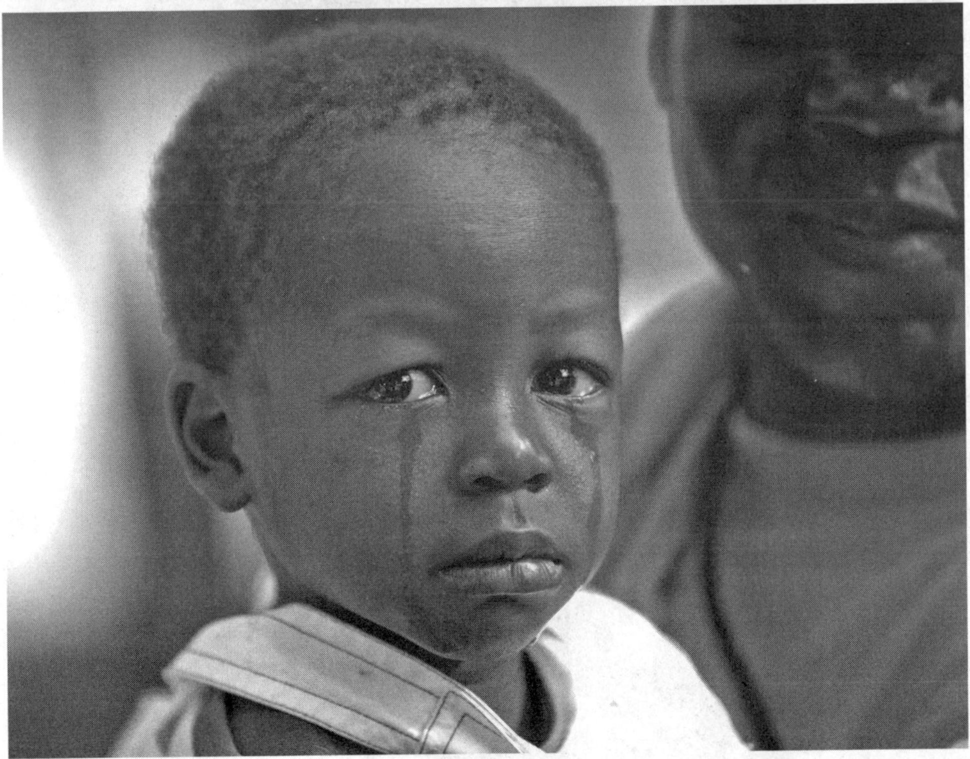

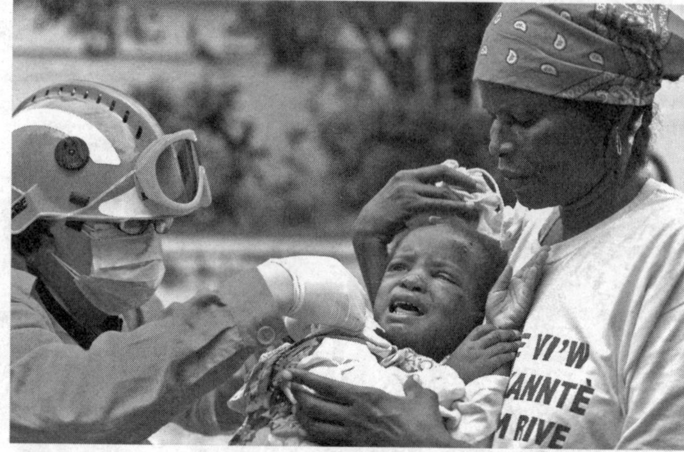

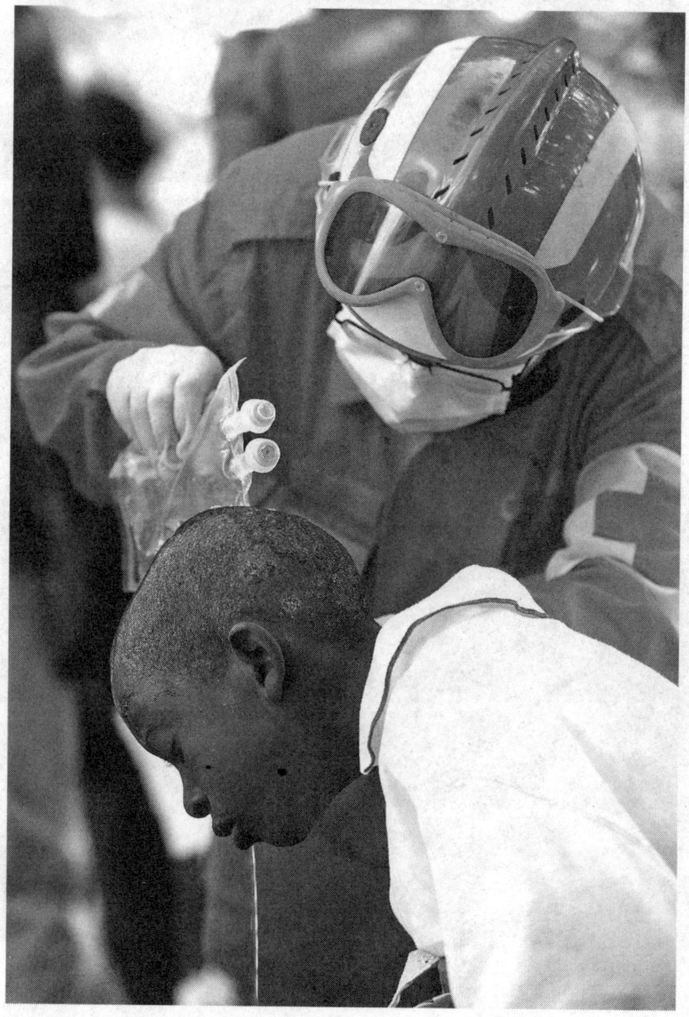

SAMSUNG

AUDIO VIDEO

裴广江：

在南非的那些年，过目不忘的那些事儿

洪敦乐　采写

清华大学新闻与传播学院2003级硕士研究生，《人民日报》国际要闻版主编、主任记者。2009年至2012年任《人民日报》驻南非记者，在非洲工作近4年，任南非分社和非洲中心分社记者期间，足迹遍布南非全部9个省以及十几个非洲国家。其作品4次获《人民日报》年度精品奖、20余次获一等奖。2009年，裴广江第一次去到南非贫民窟所做的报道成为《人民日报》国际版“第一现场”栏目的范本，奠定栏目四要素“故事、人物、现场、照片”，该栏目坚持到现在已有9年多。

《下水道中的“淘金者”》是《人民日报》“第一现场”专栏的一篇千字小特稿，报道了一群在当地顶着高失业率的压力，但为了家人有饭吃而冒着生命危险努力工作的失业者。

2012 年是《人民日报》驻南非记者裴广江在南非的第 4 年，“在那儿三四年，这是我第一次发现类似的新闻”。

一篇千字出头的小文章，字里行间却流露着这么一群普通而不平凡的失业者对生命的热爱，也改变了关注它的人对于非洲人固有的“好吃懒做”的偏见。

2012 年 2 月中旬的某一天早晨，裴广江像往常一样翻阅着当天的报纸。“驻外的时候，每天早起首先要看当地报纸，吃饭时看报纸，不吃饭时看报纸，从报纸中找选题。”当翻看着约翰内斯堡最大的日报《星报》时，在倒数第二版上侧，一篇题为《别人的垃圾，他们的财富》的详讯令裴广江眼前一亮。几段简略的描述，介绍了一群约翰内斯堡西南部索韦托地区的失业者每天下井“淘金”的日常故事，也抓住了当时同样住在约翰内斯堡的裴广江的心。

久违的正能量

“这个国家的报纸上正面新闻比较少，”南非政府是黑人的，而媒体基本上是白人的。每天翻看的报纸上充斥着大同小异的新闻，犯罪、罢工等新闻尤其多……“在这个国家待久了会很压抑。”而稳定在 24% 左右的高失业率，街头无所事事的人给不少在当地的外国人留下了黑人“游手好闲”“好吃懒做”的刻板印象——不过年不过节的，下到流浪失业者、上到工人甚至警察，一双双手会主动伸到你面前向你要零钱、可乐，这样的场景在南非街头早已司空见惯。然而索韦托的这些“淘金者”不分春夏秋冬，甘愿下到臭气熏天的下水道中，甚至冒着生命危险辛苦劳作，如此反差，抓人眼球，“一定有故事”。

裴广江凭借在南非的 3 年经验，敏锐地抓住这则少见的具有冲突性、充满正能量的选题，并决定开展跟踪报道。因为他不满足于详讯里简要的信息，想要进一步了解这群“淘金者”的内心世界，了解是什么支撑着他们冒如此风险，做别人不愿意做的事情。

带着这样的好奇心，裴广江立刻动用自己在南非积攒下的人脉，先是通过《星报》50 多岁的国际部主任拿到报道这篇详讯的驻索韦托记者的联系方式。

因为是通过短信联系，等了一周才联系上，获得联系后，裴广江便向对方询问了有关“淘金者”的情况，并顺利拿到了“淘金者”“头儿”的联系方式；但出于安全考虑（当地犯罪率较高），他决定约这位熟悉索韦托的记者一同前去采访，为了协调双方时间，一等就等了 20 多天。

从 2012 年 2 月中旬到 3 月初，半个月的等待，等得几乎快要绝望，但裴广江仍旧没有放弃，因为他不想错过这难得的机会。

“自己越珍惜的选题，稿子就会越用心。”有时写新闻也能写出小说的感觉，你越喜欢的选题，就越会花时间、下功夫把它打磨成让人爱看的新闻。“我很少为一个小稿子折腾这么久。”当时驻在约翰内斯堡的有近 10 位中国记者，但很少有人关注类似这种贫民窟里的新闻，更不用说花 20 天时间特意费心思地挖这些普通人的新闻了。但如果错过这个选题，他会觉得可惜，便和“家里”（《人民日报》国际部，驻外记者都这样亲切地称呼）报了这个选题，领导说：“去采吧。”

作为一个驻外记者，你感兴趣的，也可能是国内读者感兴趣的。“这可能就是这篇稿件见报 4 年多后，你仍会感兴趣的原因。”裴广江说。

终于踏上等待已久的索韦托“淘金者”采访之旅了。身处约翰内斯堡北部的裴广江自己开车带上一个华人朋友，与《星报》的两名记者（联系上的常驻索韦托的老记者及他的摄影记者）一同前往。四五十公里的路程，一个多小时便从北部下到西南角的索韦托。

那天天气晴朗，是个约翰内斯堡再正常不过的日子，下车映入眼帘的是一大片青青草地，刚下过雨，裴广江一行人趟过满是水的草，来到“淘金者”工作的柳树底下。

裴广江在自己的稿件中记录下这样的环境：这是索韦托的一处洼地，绿油油的草没过脚踝，旁边还有柳树遮阴，但西贝西索的工作似乎与周围环境格格不入。

超乎想象、震撼人心的一幕呈现在裴广江面前：

几十位失业者便顶着刺鼻的气味，钻进地下排污管道中，将一桶桶淤泥运到地面上，然后像考古专家一样小心谨慎地翻拣，期待着从中淘到首饰、钱币、贵金属等……

他们每天需要不知多少次地下到井底，憋着气钻进下水道四五米的距离，并且想办法以最快的速度掏一筐泥出来。“如果一口气上不来就被水冲走回不来了。”其中一位“淘金者”亲口告诉裴广江。

> “这不是一份体面的工作，我们全靠运气吃饭。”蹲在下水道出入口外的西贝西索说，“但我喜欢这份工作，因为它能让我照顾好家人。”

同他们聊天，裴广江了解到许多不曾知道的信息。比方说，什么时候发现、开始这份“工作”的，家里是怎么样的，等等。而通过他们的回答，裴广江更加了解他们行为背后的故事。

采访过程中裴广江会时不时在笔记本上写写画画，记录采访对象的关键引语、印象最深刻的细节、人物的动作和表情等，而这些重点要写进报道里的一定被他圈画起来，这为后面的写稿工作提供了很多便利。

采访过程，遗憾难免

“当时特别想下到井里去，但是不敢（不敢去，有 10 来个人，信不过他们，怕有危险，但这也体现还是没有真正进入他们的内心，很矛盾的事儿）。”作为记者，感受当事人的真实处境很有必要。“到那儿了，确实该下去，切实地体验他们的处境，毕竟站在岸上看和闻，感受没那么强烈。”最终没有下去闻闻那水的臭味儿成了裴广江的遗憾之一。

另一个遗憾是没能去到“淘金者”的家里亲眼看看他们的生活情况。因为陪同的《星报》记者急于作另一个采访，裴广江不好意思让他们等太久。但他认为，如果有时间，还是应该去到采访对象家中看一眼，所谓眼见为实，只有更深入了解真实的他们，所写故事才会更符合真实的他们。

裴广江还有一种遗憾，但这可以理解，也体现了尊重。虽然“淘金者”也认为这是一份“诚实的工作”，但记者拍照时，他们说千万不能拍脸部，因为不希望家人知道自己在干这样的工作。如他们所愿，报道里所用的照片中，没有出现“淘金者”的正脸。建立平等的采访关系，在很多时候需要有人情味、同理心，设身处地为采访对象着想——假设他们每天吃完饭，告诉家人说我去工作了，但家人可能并不知道是如此工作的，一定程度上满足被采访者的请求，保护采访对象，是记者义不容辞的责任。

写稿前，要构思，有预设

采访完，写作前，在整理大量事实的基础上，反复阅读查看，再构思文章。

要构思，也要有预设。

预设什么呢？沉静下来问自己什么是重要的，什么是感动自己，想要读者知道，甚至打动别人的……并思考最重要的信息如何呈现，如何打动读者，如何开头又如何吸引并引导读者读下去，需要添加什么读者必要了解的背景信息，又如何结尾……

“写稿子是憋出来的，不憋到那份儿上都写不下去，你所写的开头都不能打动你自己……”万事开头难，一个稿子有好的开头就是成功的一半。想要开篇抓人眼球，不妨试用新闻写作铁律——冲突抓眼球，反差挑心弦，动词连篇有，场景再呈现：

A 每天早上，当其他人外出上班时，约翰内斯堡索韦托地区的几十位失业者便顶着刺鼻的气味，钻进地下排污管道中，将一桶桶淤泥运到地面上，然后像考古专家一样小心谨慎地翻拣，期待着从中淘到首饰、钱币、贵金属等，将其变卖之后能给家人换来食物。

B 在他脚下两米多深的污水管道内，一位同伴头上裹着白色塑料袋当帽子，手里拿着容量近 20 升的塑料桶，正准备潜到水下挖污泥。

另一位同伴赤裸上身站在齐腰的水中，捧起污水从脑袋上浇下，就算是淋浴了。外面的空地上，有人用手或旧汤匙翻着每一寸污泥，生怕错过任何值钱的东西。

C“冬天很冷，必须喝威士忌、啤酒暖过身子后才能下水。”西贝西索说，干这份工作也要冒风险，因为经常要在管道中潜水数米去挖淤泥，如果实在憋不住气，就探出头，把脸贴在管道顶部狭小的空间内呼吸，有时候也免不了会喝几口脏水。但勇敢者往往能淘到更值钱的东西，运气好的时候一天能捡到价值 2 000 兰特（1 美元约合 7.55 兰特）的东西，还曾有一位同伴不到 15 分钟工夫，就从挖出的淤泥中找到一只手镯，卖了 1.7 万兰特。

采访前无法预设冲突，但可以在采访过程中发现冲突，并进一步挖掘。不同的采访者有不同的性格、情况，所以写作的时候可以尽量用对比、直接引语突出他们的不同特征：

D 但并不是每个人都敢于冒险。“这里的管道太深，我从来没有下去过。”30 岁的托马斯说，下雨时水流会很急，很危险，因此他只能从别人翻拣过的泥土中捡一些碎金属，每公斤才卖 30 兰特左右。但他指着手掌心上的金属说：“这些都是钱！”27 岁的拜伦用这份工作的收入养活全家，“如果我不来，他们就没有东西吃”。因为有孩子上学，他说自己无论刮风下雨都会来，即使是新年第一天也要工作。

这些“淘金者”来自约翰内斯堡西南部最早、最大的贫民窟索韦托。正如裴广江在报道中所描述的一样：

约翰内斯堡被称为“黄金城”，是随着 19 世纪末金矿开采发展起来的城市，索韦托最早就是矿工居住的地方。如今在索韦托东北不远处，金黄色的矿渣如山一样堆积着，像在诉说这座城市的历史。淘金虽已不是约翰内斯堡的主要产业，但西贝西索等人因为无法找到正式工作，不得不成为新时代中的下水道“淘金者”。

适当的背景很有必要，不到150个字便交代了该地采金的历史与当地失业的情况，并解释了他们为什么可以也可能在这里做“淘金”的工作。在大背景下以小见大更加衬托与凸显出这帮不一样的“淘金者”，虽然他们属于底层的失业人群，却在用自己的双手“工作”。

这是他们在无意中发现的一份新工作。5年前，他们在市政工人挖出的污泥中发现了值钱的东西，此后便开始从事这份工作。随后更多的待业青年自愿加入，如今队伍已经有二三十人。大家有说有笑，虽然之前素不相识，但同样的艰苦与快乐让他们相处融洽。

这一段更深入叙述他们何时找到这份工作并交代“淘金者”人数与他们的心态，再艰苦的工作，有伴儿便更容易坚持。

谈到未来，他们希望将从淤泥中“淘金”变成一份正式工作，还想开一家公司，既可以给别人提供工作机会，又能帮助市政清理下水管道。“这个国家有很多人在努力找工作，”西贝西索说，“只要大家能找到一个机会，并像我们这样工作，就能活下去！”

以未来收尾，耐人寻味，在结尾处仍在突出贯穿始终的“反差”：他们不仅自己在工作，还在想办法为别人创造工作机会；这么一群看似更有理由绝望却充满了希望，即使这些希望事实上是违法的。他们曾经试图联系并说服市政将清理下水道变成正式工作，但很难，因为揭下水盖是违法的；他们也曾与一些附近的居民起过冲突，谁也不希望在自家旁边的下水盖被掀开，还挖东西出来，臭烘烘也不美观……但为了不冲淡主题，裴广江在取舍之后并没有增加这部分的矛盾冲突点。

外驻记者的无奈

“我没法帮他们。”裴广江坦言作为国际新闻记者的无奈，面对采访对象的诉求，无法直接地帮助到他们，而唯一能间接帮助到的就是报道了之后，在中国的人能够看到，或许在看到这帮人的淳朴善良后，就有可能会有一些中国的企业来帮助他们。

尽管采访后的报道不能直接给当地人带来好处，但当裴广江回忆曾经为了一篇 5 000 多字大稿的专版而深入南非农村采访的 3 天时光，他笑了。“进到南非的村里，待了 3 天，不去谁家谁家都不高兴！”裴广江忍俊不禁地说：“有的人专门给房主打电话：‘诶，你们家来客人了，还是从中国来的客人，怎么不来我们家啊？！’”他掐着嗓子模仿着，回忆着村里的人，回味非洲人的热情与天然的亲近。

“他们希望能获得关注！”深入采访是对他们的关注，有时仅仅是手端相机对着他们，无论男女老少都会在你的镜头前尽全力露出他们洁白的牙齿。“给他们拍照，他们会高兴坏的！”看，那帮正靠着墙吃着面包喝着可乐的黑人，愿意应你要求在你面前上演前后空翻，“他们很爱表现，翻一遍没拍好，他们二话不说再翻一遍”。裴广江回忆着 2010 年世界杯前夕满大街抓拍黑人的往事，“就连平时不敢去的地方，那时也都可以步行前往”。一帮黑脸白牙的小孩对着你，就可以“啪啪啪”地连拍，“镜头对着他们拍 5 分钟，他们还是满脸笑得那么自然”，拍出来照片效果极好。即使是去难民营，也会被热情的非洲小孩包围，孩子们毫无防备地在你面前打闹嬉笑，“他们希望你去关注他们，没有特别的目的，也并非希望你给他们传达积极正面的形象，他们没有这方面的想法，你关心他们的生活他们就很高兴了”。

被派去南非，潜能被激发

或许是文化原因，黄种人既能和白人喝茶聊天，也能和黑人称兄道弟。但除此之外，采访可以顺利进行还与记者个人成长背景有关。

“我性格不是很开朗，这和我的成长经历有关系。”农村长大的裴广江，小时候也同许多当地采访对象一样饿过肚子吃过苦。“家里麦子还没熟的时候，粮圈里已经没粮了，到春天只能多弄些槐花吃。”裴广江回忆着没饭吃的童年时光，“我能从他们的视角看问题，一定程度上因为我能理解他们没饭吃的处境。”对他而言，从 1999 年上大学到现在 17 年多的时间，或许早就忘了小时候吃苦的滋味，但每当接触非洲农村人，他都能回想起曾经吃苦的经历，也就更能从一个平等的视角，从当地人的视角来看这个问题。

曾经吃苦的经历如今成为采访的一种便利。“我跟农村饥饿没饭吃的孩子们说：‘明天早上和你们一块儿背着书包上学校去’，第二天早上天刚亮就到他们家门口等着，一边聊一边送他们去上学，看着他们进教室；我也会和老太太们一起下地干农活儿、种红薯。”上学路上可以聊，下地干活儿也能聊，然而采访华尔街高管就不会如此自在，“所以或许去非洲能帮我把潜能激发出来”，裴广江笑着说。

以非洲人的视角报道非洲

“到非洲后我发现，要尽量地体会当地人是怎么想的，把他们生活的原样告诉自己国家的人。”真正的国际新闻首先就是要让读者知道这个国家是什么样子的，在发生什么事情，这些事情可大可小。但要用非洲人的视角去看非洲、写非洲。

什么是非洲人的视角？原则上离不开真实、客观、全面三个要素。

裴广江驻外一年后才适应当地的生活，起初在非洲每天就是看新闻、归纳新闻，之后才是采访新闻、挖掘独家新闻。在看别人呈现给你的新闻之后，多问问自己，他们真的都好吃懒做吗？真的对生活一点希望也没有吗？他们真的是这样的吗？他们希望这么被报道吗？……驻外记者了解一个国家，可以从多个角度、多个层面去解剖它；深入各个阶层，比如到农村去了解他们。了解越充分，才越不会有那么多的个人色彩在其中；越客观，稿子才会越真实。

“从经济和就业来看，这一切的问题都能找到根源，这是这个国家的一个痛点。”裴广江说。

在失业率高的南非，“就业”是一个永恒的话题。这不仅是具有冲突性的好话题，也可以帮助你入手了解这个国家的经济、社会、政治所存在的许多问题，能够解释这些年南非社会冲突不断、民众对政府不满等现象背后的原因。

“我们除了关心他们的冲突以外，也关心他们的发展、他们的经济建设……”全面的报道才更能体现真实的非洲，通过《人民日报》、新华社这些中国驻非洲记者所报道的非洲新闻，可以看到非洲的冲突，更能看到很多正面的消息。

“西方报道非洲充斥疾病与战争，而我们的媒体在报道非洲机遇。为了报道东非共同体提出的一个铁路蓝图，我们要了《人民日报》国际要闻版的一个头条。知道了这个蓝图，才能了解中国帮助建设蒙内铁路的意义。”媒体所做的事并不像表面那么简单，所报道的内容也可以展现并润物细无声地维系两国的关系。中国人为什么愿意真心实意地帮他们？这条铁路的意义何在？了解他们的蓝图，就可以找寻到两国双赢的计划。清楚其价值，抓住这机遇，建立良好的两国关系，并共同发展，“像这样的报道既帮了非洲，也帮了中国”。

4 年驻外，难忘怀

2012 年 4 月底，南非正值秋天，裴广江深入南非农村专访 3 天，每当夜幕降临，全村的人熟睡后，裴广江还是会趴在床上把所有记在笔记本上的内容整理一遍，直到 12 点多……整理后出来透透气、散散心，站在门口，望向远处的群山，看着山坡上几十米一户人家的风景。冷得很，但心潮澎湃。

驻外近 4 年后终于平安回到中国，裴广江躺在自己的小床上，心终于落了地。不用再过提心吊胆的生活是幸福的，但想起在南非那些年的事儿，花三天三夜都讲不完，更是幸福的事情。“昨天干了什么我可能不记得，但几年前在非洲干了什么，我却记得清清楚楚，这就是驻外带给我的，有时候甚至是刻骨铭心的记忆。”

裴广江关于新闻采写的建议

【稿子周期有长有短】这篇小稿子从报题目到采访完花了20天，而真正写作从构思到定稿也就花了两三个小时。

但7月18日见报的那个5 000多字的专版大稿，成稿之后还打磨了3个晚上。

约翰内斯堡治安不好，通常每天一到晚上他就直接上楼，大门一道、二门一道、楼上的门再一道……二楼的楼梯口也有一道铁门。每天吃完晚饭就上楼把这些门都锁上，裴广江是不会在楼下待着的。

但为了那个稿子，在南非的冬天（6—9月）最冷的时候，裴广江就自己一个人坐在楼下，抱着小被子，在电热器旁烤着，每天打磨到半夜。先在电脑上改一遍，拿到楼上打印机打出来，用红笔在纸稿上面修改一遍，再回到电脑上改一遍，之后再拿上去打印出来……字斟句酌地一而再再而三地打磨。

【字斟句酌】但也有领导不满意被改掉的，如专版里写到的足球教练每次给孩子们训练之后，要给他们讲话，“make a speech”，裴广江刻意把这个词留着，这是那位教练的原话，“我要给他们做一个‘演讲’”，但是最后还是被编辑给改掉了，改成了“我每天都要给他们‘讲几句’”。这么一改味道就变了，这就没有说话者的原意了。

当他说“make a speech”的时候，他觉得即使失业了，但他帮助了这些小孩，带着他们踢足球，所做的是他的一个“事业”。改成“讲几句”就没有这个意境了。这令裴广江印象很深，“所以说记者一定要用最生动的词，有时候哪怕是大话，若干年之后你仍然可以回忆他当时说话的那个神情，骄傲都在里面”。裴广江抿了抿嘴说道。

当时采访了几十个人，但最终见报的只剩下精心筛选、反复打磨过后的几个故事，其余的都静静地躺在笔记本里。裴广江工作以来的所有工作笔记、采访笔记基本都会留着，但都压箱底了。

【采访小技巧之记什么好】重要采访尽量多记，能记全最好。一般采访主要记最关键的引语、印象最深刻的细节、人物的动作和表情等。

【采访小技巧之拿人手短】“我得带着那些小孩去足球场训练啦！”足球教练说。“我给你烟，你再陪我聊15分钟。”说着，裴广江递给他一支烟。裴广江带着别人一年前赠送的最好的烟——中华烟进村采访，留住了足球教练。

【写稿小技巧之多看名著】专版里的第一个小故事的开头：“‘你穿短裙漂亮多了！’身着粉红色连衣裙的老板娘特雷萨对走进院子的一位女孩说。特雷萨虽然个头不高，但说起话来却中气十足，嗓门大得像只小喇叭。”这段文字模仿《红楼梦》里描写王熙凤登场的桥段，未见其人先闻其声。

【采写小技巧之发掘冲突】冲突不是采访前预设的，而是在采访的过程中发现的。

冲突一：村头那边卖着烤肉，村中这边一家人一天可能只吃一顿饭。

主动问站在树下聊天的人们，得知他们早饭没吃，午饭也没吃，一天可能就等着晚上孩子回来后一家人吃的那一顿饭。亲自去到他们家的厨房，揭开锅盖，半颗圆白菜、两袋牛肉干算是好的，有些家里没有面、没有电、没有柴火，也没有水……

学校中午会给孩子提供免费午饭，裴广江原本想去学校拍拍孩子们吃午饭的照片，11 点多到餐厅便空空如也。“在别的地方采访耽误了十来分钟，就去晚了一点儿，到的时候就全没了，全被孩子们抢光了、吃光了。”

早上陪孩子们去上学，孩子们起床刷了牙，背上书包关上门就走，问他们吃没吃早饭？“没有，去学校吃。”孩子回答。

孩子不吃早饭，老人也不吃早饭。那么冷的天，10℃都不到，穿着单衣就背着书包上学去了，坐到 11 点才能吃上一顿饭，晚上回到家里再和家人吃上第二顿饭。这算是比较好的了。

冲突二：采访到村里一位足球教练，原先创业，失败后在村里召集青年人组织了一个足球队，问他：“干嘛呀，又要花自己的钱，还要花时间训练他们去打村级联赛，一年也就赢两场比赛，还要弄衣服。”“我为了让大家有事儿干。”教练一边抽着裴广江递上的中华烟，一边说。教练自己失业，带着这帮没有工作的孩子踢球，自己还要倒贴钱，所做的一切仅仅是为了让村里失业的青年人有事儿干（即使看不到冲出那个村踢进世界杯的希望）。

冲突三：60 多岁的老太太在种地，30 多岁的年轻人失业也不去下地干活。想象不到的冲突。所以陪老太太一起下地干活问她个究竟。她说：“我们这儿就是这样，女的下地干活，男的旧时是打仗的……”旧观念，没饭吃都不去种地。

冲突四：中学副校长对自己的孩子实践各种新颖的教学方法与教育理念，但同样的内容却无法在自己的学校中实践，只因学校没有足够的老师，升学率自然很低。看着这些孩子每天不上进，但自己也没办法……

“这些全都是冲突。在那里采访 3 天，访问了很多户，挖出这些冲突，最后成就了专版文章。”

【若采访失败，尽快重新采访】裴广江回忆着 2003 年刚入学的时候，李希光老师带着本硕学生到内蒙古大草原。一人一个采访对象，住在人家家里采访他们。到了晚上在住宿的地方，李老师带着大家回顾、讲评一天的采访时，指出一位女本科生的采访没有抓到足够多的亮点，需要回去重新采访。作为组长的裴广江当夜陪着那位本科生同学返回去重新采访。当地人为了配合重新采访，大半夜还特意煮着羊肉围着火炉陪他们聊天。采访完了再赶回住宿的地方。“13 年多前的事儿了。”他笑着说。

【学习永无止境】“去南非的时候背着《华尔街日报是如何写新闻的》那本书，4 年后回国又背回来。”这本书告诉你如何写一万字的大稿、特稿。

【身怀绝技才能活得下来】“开枪抢劫，在那里是每天都会发生的事儿！”

如果晚上开车出去参加活动，在路上遇到红灯，如果周围有可疑人员，直接踩油门，闯红灯走。

大家都会告诉你，无论是晚上还是白天，停车的时候，千万不要像在北京那样贴着前车屁股那么近，来歹徒的话，你跑都跑不掉，一定要至少距离半个车身的位置，有歹徒来赶紧开车走，这是常识！

每次晚上开车回家，随时注意后视镜，尤其是下了高速！裴广江每次都会盯着后视镜看有没有车一直跟着自己，如果有一直跟到自家的街区甚至小区分岔路口的车，就千万不要回家……“有过这样的经历，那天进小区之后就马上右转，后来发现他左转不跟了”，才知道不是歹徒，一直跟着的就是自己邻居家的车……虚惊一场。

相关作品：下水道中的“淘金者”

“淘金者”托马斯在展示自己的收获

一位“淘金者”准备进入下水道

每天早上，当其他人外出上班时，约翰内斯堡索韦托地区的几十位失业者便顶着刺鼻的气味，钻进地下排污管道中，将一桶桶淤泥运到地面上，然后像考古专家一样小心谨慎地翻拣，期待着从中淘到首饰、钱币、贵金属等，将其变卖之后能给家人换来食物。“这不是一份体面的工作，我们全靠运气吃饭。”蹲在下水道出入口外的西贝西索说，“但我喜欢这份工作，因为它能让我照顾好家人”。

约翰内斯堡被称为“黄金城”，是随着19世纪末金矿开采发展起来的城市，索韦托最早就是矿工居住的地方。如今在索韦托东北不远处，金黄色的矿渣如山一样堆积着，像在诉说这座城市的历史。淘金虽已不是约翰内斯堡的主要产业，但西贝西索等人因为无法找到正式工作，不得不成为新时代中的下水道“淘金者”。

在索韦托的一处洼地，绿油油的草没过脚踝，旁边还有柳树遮阴，但西贝西索的工作似乎与周围环境格格不入。在他脚下两米多深的污水管道内，一位同伴头上裹着白色塑料袋当帽子，手里拿着容量近20升的塑料桶，正准备潜到水下挖污泥。另一位同伴赤裸上身站在齐腰的水中，捧起污水从脑袋上浇下，就算是淋浴了。外面的空地上，有人用手或旧汤匙翻着每一寸污泥，生怕错过任何值钱的东西。

这是他们在无意中发现的一份新工作。5年前，他们在市政工人挖出的污泥中发现了值钱的东西，此后便开始从事这份工作。随后更多的待业青年自愿加入，如今队伍已经有二三十人。大家有说有笑，虽然之前素不相识，但同样的艰苦与快乐让他们相处融洽。

“冬天很冷，必须喝威士忌、啤酒暖过身子后才能下水。”西贝西索说，干这份工作也要冒风险，因为经常要在管道中潜水数米去挖淤泥，如果实在憋不住气，就探出头，把脸贴在管道顶部狭小的空间内呼吸，有时候也免不了会喝几口脏水。但勇敢者往往能淘到更值钱的东西，运气好的时候一天能捡到价值2 000兰特（1美元约合7.55兰特）的东西，还曾有一位同伴不到15分钟工夫，就从挖出的淤泥中找到一只手镯，卖了1.7万兰特。

但并不是每个人都敢于冒险。“这里的管道太深，我从来没有下去过。”30岁的托马斯说，下雨时水流会很急，很危险，因此他只能从别人翻拣过的泥土中捡一些碎金属，每公斤才卖30兰特左右，但他指着手掌心上的金属说："这些都是钱！"27岁的拜伦用这份工作的收入养活全家，"如果我不来，他们就没有东西吃"。因为有孩子上学，他说自己无论刮风下雨都会来，即使是新年第一天也要工作。

虽然"淘金者"们认为这是一份"诚实的工作"，但当记者拍照时，他们却说千万不能拍脸部，因为不希望家人知道自己在干这样的工作。谈到未来，他们希望将从淤泥中"淘金"变成一份正式工作，还想开一家公司，既可以给别人提供工作机会，又能帮助市政清理下水管道。"这个国家有很多人在努力找工作，"西贝西索说，"只要大家能找到一个机会，并像我们这样工作，就能活下去！"

《人民日报》（2012年3月19日22版）

人民网（2012年3月14日）

蒋方舟：

文字赶路人

赵晋乙　采写

清华大学新闻与传播学院2012届毕业生。蒋方舟7岁开始写作，9岁写成散文集《打开天窗》，此书被湖南省教委定为素质教育推荐读本并改编为漫画书。蒋方舟曾在多家报刊开设专栏并发表文章，2004年获得“中国少年作家杯”一等奖，2005年10月当选为中国少年作家协会主席。2006年7月，首部长篇小说《骑彩虹者》由长江文艺出版社出版，2007年7月同样由长江文艺出版社出版了小说《第一女生》。2012年7月清华大学毕业后就任《新周刊》杂志副主编。

2017年1月的一天，午后的寒风瑟瑟，持续将近半个月的雾霾已经消散，北京难得有一个凛冽而清爽的晴天。旅居日本一年的蒋方舟刚刚回到国内，又习惯性地在这天午后钻进了她一直读书、写作、思考的咖啡馆。这是一个北京都市中闹中取静的地方，来来往往中没有人认出这位经常上电视、拍广告、出现在新闻报道中的"天才少年作家"。此时，距离蒋方舟发表第一部散文集已经过去了18年，她也已经开始在优酷的聊天真人秀节目里，调侃自己成了"大龄剩女""过气网红"。

从9岁出版第一本书开始，社会对于蒋方舟的关注就没有中断过。太多年少成名的孩子长成了"伤仲永"，但蒋方舟没有。时至今日，27岁的蒋方舟还时不时出现在人们的视线当中。这一部分得益于蒋方舟的人生际遇实在传奇——从儿时写作年少成名，到被清华降分录取，再到毕业即就任《新周刊》副主编，一路走来，她通途坦荡而引人瞩目。而另一部分则源于蒋方舟多年的笔耕不辍——微博、博客、杂志、书籍、微信公众号……各种文字载体上，她不断倾吐自己的见闻、感想。

蒋方舟是一个被全社会看着长大的孩子。人们提起她的时候，脑海中的印象既是少年的，也是成年的。从学生时代到今天，她按部就班却不同寻常地成长着。她总是比身边的同龄人多迈出那么半步，在清华大学的象牙塔中，她也不像身边同学一样拘泥于学生生活和社团活动，早早就参与了真正的媒体写作，用《新周刊》前总编封新城的话来说，蒋方舟"比同龄人成熟得多"。

学生的迂回

蒋方舟毕业于清华大学新闻与传播学院，但今天的人们却习惯将蒋方舟划分为作家一派，多年前是"少年作家"，而今是"青年作家"。几乎没有人把蒋方舟当作一个记者。事实上，尽管大学4年学习的是新闻专业，蒋方舟的自我定位也并不是一个记者。5年前她撰写了一篇关于南方科技大学的文章，那篇《被绑架的盗火者》在她的自我认知中，也并不是严格意义上的新闻作品，而是一篇作家练笔的非虚构写作。

大学三年级的时候，蒋方舟收到了 SOHO 中国旗下杂志《信睿》主编的邀请，为该杂志开设了一年名为“九年级”的专栏。“九年级生”是港台的叫法，指的是当时“85 后”“90 后”的年轻人。蒋方舟那时是年轻一代的典型代表，代表“九年级生”们，对不同文化群体做出不同的文化观察。《被绑架的盗火者》一文就是为这个专栏而作。当时，南方科技大学的筹建招生是一件甚嚣尘上的事情，南方科技大学以“革命者”的身份孤注一掷，特立独行，自诩“学术自由”“去行政化”“打破应试教育”；而官方暧昧的态度与社会各界的关注和争议，将这个事件推上了风口浪尖。为专栏写作的蒋方舟关注到了这个话题。

但彼时她还是一个学生，没有自由的差旅时间和精力，没有记者证，也没有供职的权威媒体，写作的身份处于很难界定的状态。这种身份“很尴尬”。退而求其次，她采取了迂回战术——蒋方舟将目光转向了网络。

通过南方科技大学的百度贴吧，她找到了发帖表达观点的程齐家，私信这名学生，要到了他的 QQ 号。

程齐家后来成了《被绑架的盗火者》一文中的主人公。

自始至终，蒋方舟并没有和程齐家见过面。最开始她让程齐家写了一篇 1 000 字左右的自述，试图以此来了解程齐家，以及他报考南方科技大学的原因和在南方科技大学生活学习的状态。但是程齐家的这篇自述写得就像中学时代国旗下的讲话一样，“非常的理想主义，什么为了追求理想，反对应试教育之类，但没有实际上我想了解的内容”。而当时关于南方科技大学的争议，包括学校师资是否到位、不通过高考是否合理合法、招生是否时机已对等问题，是非常具体的。蒋方舟最后在成稿里，只摘取了这篇自述中的几句话。但因为不好意思让别人无偿劳动，她给了程齐家 5 000 元的“稿费”，尽管她写一篇专栏作品得到的酬劳只有 3 000 元。

后来，蒋方舟通过和程齐家在 QQ 上的聊天，慢慢得到了关于南方科技大学模式更详细的情况。她又要到了程齐家父母的 QQ 号，经过沟通后被程的父母拉进了一个南方科技大学家长的 QQ 群，得到了更多家长的联系方式。她还在贴吧上找到了从南方科技大学请长假、后来退学的学生，给他发私信，对方也很快回复了她。

尽管没有面对面的采访，但通过网络，蒋方舟得到了她需要的信息，家长们也主动为她提供了相关的文件和材料，使得她的文章能够“有图有真相”。她的信息还来自《南方周末》记者方可成的一篇关于南方科技大学的报道——《南科大内忧》。这篇报道一方面为她提供了预设的采访问题，另一方面为她从学生和家长处获得的信息提供印证。

由此，从选题到成稿，蒋方舟用大概 10 天的时间，在清华校园里，完成了这篇坐标位于深圳的“非虚构写作”。

实话是效率最高的沟通方式

通过网络采访学生和家长，这一切进行得都很顺利。蒋方舟说，当时的南方科技大学处于风口浪尖，前途未卜，采访对象尤其是家长们渴望交流，希望能够通过媒体的声音获得更多的关注，因此她的采访甚至受到了欢迎。

但采访也不像想象中进行得那么容易，时任南方科技大学校长朱清时拒绝了她的采访请求。当时，蒋方舟通过南方科技大学官网上的电话号码直接联系了他们，对方因为当时舆论太热希望冷却，直接回绝了她。后来她又找到了《南方周末》驻广东的记者去联系，依然未果。蒋方舟很快放弃了这个信源。

这种快速的放弃是有她自己的判断的，蒋方舟颇为自豪地说，她的判断一般是迅速而准确的。虽然这种判断的基点很难形容，但她还是做出了总结——把对方拒绝的理由和顾虑当作真实的去理解，如果对方的顾虑能够被解决，就努力去打消对方的顾虑；如果这个顾虑是自身能力无法解决的，或者顾虑解决之后，对方又以别的理由拒绝，那么就选择放弃。南方科技大学拒绝她的理由在她看来非常真实，她也解决不了。

她不再“花更多的精力做无效的沟通”，但她也失去了唯一的官方信源。“一件事情是有很多不同的侧面的，没办法因为平衡而做到公正的话，那就选择一个小角度里的完整。”蒋方舟说。最终，这成了《被绑架的盗火者》一文绕过官方信源的思路。

但这种绕过并不算是一种技巧，蒋方舟说她本身是一个不那么相信技巧的人。例如，她几乎从来不列采访提纲，也从来不把自己和对象的关系当作采访者与被采访者的关系。她所信奉的是——实话是效率最高的沟通方式，直到现在也是这样。在表明采访意图的时候，她就会把自己的真实意图告诉对方，让其自己判断。因为这样总比自己编一个理由，等到对方发现自己被骗而纠缠不清强得多。在她看来，信任的破坏是无法挽回的，因此哪怕不那么冠冕堂皇，哪怕看起来缺乏技巧，她也坚持上来就亮明真实来意。在采访的时候，她也不会一板一眼地去提问，她与采访对象的相处方式耿直而平等，聊天之时，她会把自己的想法和意见讲给对方。

这样的"诚实"在她看来是有好处的——当时蒋方舟还给"九年级"专栏写过一篇关于大学生独立参选人大代表的文章，就是通过这种采访者与受访者之间的平等对话使她和文章中的主人公们成了朋友。

南科大的意味

2014 年，南方科技大学第一批招收的 45 名学生已经大学三年级了，距离香港科技大学的几位教授的决裂和出走也已经整整 3 年。当年坚持"去行政化"、反对应试教育、拒绝参加高考的南方科技大学校长朱清时也于时年 9 月卸任了这一职务。南方科技大学的学生，似乎不再以"盗火者"的身份占据着公众的视线。

2014 年 12 月 17 日，蒋方舟走进了南方科技大学的校园，为她的新书《故事的结局早已写在开头》做全国巡讲宣传活动。这是她在写成《被绑架的盗火者》前后，第一次来到南方科技大学。

经过简短的询问，蒋方舟发现，这所当初"自命不凡"的大学，经过三四年的对抗之后，还是逐渐步入正轨，越来越像一所正常的中国大学了。在《被绑架的盗火者》中，蒋方舟曾拿西南联大拒绝参加毕业总考和南方科技大学拒绝学生参加高考作类比。但现实中，南方科技大学"输"了，从第二届开始，南方科技大学的学生们就必须参加全国统一高考。

在蒋方舟看来，南方科技大学的发展历程被划分进了“中国大部分事情”的发展历程——它们希望官方认可它们的特殊性，但往往最后得到了官方认可的同时，也在慢慢被官方同化，身上的对抗性随即消失。这样看来，其实它们最初存在的理由也就变得没有意义了。南方科技大学当初最大的意义就是它是反中国传统大学规则的一个楷模，但当它的路越走越宽的时候，其价值也就越来越小了。

蒋方舟并不觉得惋惜或是遗憾。于她而言，这样的发展轨迹是社会发展的正常现象。她不需要有“看法”。她觉得个人的“看待”是没有意义的，因为将自己放在同样的情境下，自己也很难比当事者做得更好，旁观者的赞扬和批评都不能使事情得到任何改变。

她举了一个例子来说明这种观点：当年柴静的《穹顶之下》，很多人都在讨论怎么看待她做这个节目，但这种关于“怎样看待”的讨论对于现实并无好处，重要的不是怎样看待，而是有没有行动。柴静做了这件事，就把关于雾霾的讨论往前推进了一步，把大家的认识往前推进了一点。

“比别人更早地认识到这个现状，就是自己能做的极限了。”蒋方舟说。

是作家而不是记者

盗火者普罗米修斯为了人类，设法窃走天火，被宙斯捆绑在高加索山脉的岩石被鸟兽啄食，却要长生不死，他的痛苦要持续三万年。

盗火者是被绑缚的，也是被绑架的。这几乎是所有改革或革命者的宿命，骑虎难下，革命者们用一贯洪亮激昂的调门控诉当下，构造乌托邦；戏假情真，革命者们眼里常含泪水，眼泪也为自己而流。无论如何，只能硬着头皮走下去吧，管他前面是什么。摩西当年恐怕也不知前面是否是深渊，但总不能回身向他的追随者们无奈地摊手劝回。即使摩西是个瞎子或近视眼，也得为了身后的被感动的信任者，走向他内心自认为清晰的彼岸。

这两句话是蒋方舟在《被绑架的盗火者》中的隐喻，也是她个人态度的表达。

在她眼里，这也是新闻报道和非虚构写作的最大区别——是否包含价值倾向。新闻报道就事论事，要时时小心，不流露出任何价值倾向；而在一篇非虚构写作作品中，事件是承载价值观的载体，是可以有价值判断的。

《被绑架的盗火者》一文，虽然主体是南方科技大学，但蒋方舟却希望能够通过南方科技大学表现中国所谓的大学精神，她认为这样的写作方法并不是写新闻的方法。而这篇文章与新闻作品的联系可能就是，她也会克制自己，不在行文中白纸黑字地写出自己的价值判断，而是让读者自己体味。

同样的价值隐喻也出现在文章中关于西南联大的类比上。西南联大一直被视为“中国高校短暂弥漫着自由空气的地方”，而在蒋方舟看来，这种类比绝不能出现在新闻报道中，因为这种类比其实就是她的一种主观判断，写在文章中会造成不客观。

蒋方舟的这种写作方式，是她自我认知中的身份赋予她的。在她看来，她直到现在也不是一个严格意义上的记者，而是一个作家，必要的时候通过非虚构写作和大家一起讨论讨论公共事件。

对她而言，这样的身份是有好处的。在当今时代，记者成了一个比较容易被污名化的群体，而作为作家，则“不需要承担那么多的社会责任”。

2013 年，蒋方舟曾经主持过一档名为《我的中国梦》的高端人物访谈节目，她需要摆出一个采访者的姿态向嘉宾提问。半年之后，蒋方舟就退出了。因为那种记者身份让她感觉是在扮演一个角色，而不是真正的自己。时至今日，她还是更愿意将采访对象当作聊天的朋友，你一言我一语，彼此把真实想法都讲出来，然后进行可以表达自我的非虚构写作。

自由者蒋方舟

本科毕业当天，《新周刊》前总编封新城便在微博上宣布：蒋方舟将就任《新周刊》杂志副主编。此事一石激起千层浪，很多网友质疑她为什么一毕业就能当上知名杂志的副主编，讨论激烈程度不亚于当年蒋方舟被清华大学降分录取的消息。

蒋方舟是成长在世人目光汇聚而成的镁光灯下的，相比于同龄人来说，她一路走来十分顺利。毕业后，在接受《现代快报》记者采访时，蒋方舟也曾承认，名气给她带来了更多的机会。蒋方舟做过电视访谈栏目的主持人，为超能洗衣液拍过广告，也参加各种大大小小的电视节目，近来又参加了优酷《圆桌派》和《奇葩说》的节目录制。

但面对自己的名人身份，蒋方舟很坦然。她说，她拥有比较坚定的价值观，这种价值观来自书本，不会那么轻易被摧毁，保证了她所拥有的自由。2016 年，她前往日本游学，给自己定下的年度目标就是“无所事事”。即便如此，她还是完成了 20 多万字的写作。目前，她仍留任《新周刊》，但更多的是做自己的事，“有活动的时候会参加”，她今年的规划是完成一本正在写作过程当中的小说，同时完成旅居日本一年的中日文化观察。

自己把握节奏，或许历来就是蒋方舟的风格。

追溯到大学时期，蒋方舟就已经跳出校园，大一即成为《新周刊》特约记者，一直以来为社会上的媒体写稿。她认为这样会成长得更快。“两点之间直线最短”，蒋方舟这样形容。或许，对她而言，人生是一个很漫长的过程，她习惯于给自己设置阶段性目标，这个过程不需要、也不容许别人参与。“到最后你会发现，中学、大学，国内、国外，其实没什么区别，它只是一个环境而已，走的还是自己设置的一条路。”蒋方舟这样说。

相关作品：被绑架的盗火者

1994 年 12 月出生的程齐家，比周围的同学小一点。2010 年，他在人大附中——这所声名远扬的名校读高三。

程齐家所在的是英语实验班，而他的强项是数理化。若是按部就班，最好的结局是他将会考进清华的机械专业，毕业后研究汽车。程齐家住校，每周末，他妈妈都会来看他，给全封闭环境下的儿子带来一些外界的社会新闻，让他多些对社会的认识。他们谈话交流、彼此安心。

高三就这样规律平静地过了一半。一个周末，程齐家的妈妈来看他，聊天中她说一位院士在深圳主持筹建了一所大学，准备招收已完成高中知识学习的高二学生，学生要参加学校组织的高水平测试，进入大学后可以接受最好的高等教育，老师们都是知名学者，这所大学叫南方科技大学。

南方科技大学只收高二的学生。学校官方的解释是“为培养创新人才，同时可避免高三一年纯粹的考试训练对高素质、原生态学生创新能力和学习兴趣的扼杀”。但是，再笨的人也能看出真正用意：对直面高考的高三毕业生来说，考北大、清华、港大，当然是更顺理成章的目标。南科大从高二招生，当然是为了能拦腰斩断，收割优质生源。

程齐家后来回忆说：“南科大就是这样以一方净土的模糊形象被我所认知。当时我未把此事真正放在心上，妈妈也玩笑似地感叹我没有这个机会了。我也只得认命，觉得水木塘边赏月、未名湖畔折柳亦不枉此生。”

年底，班主任拿了一份通知，说南科大将在人大附中高三年级招收第一届学生。程齐家当时已经获得了校荐北航的机会，也自荐报考了上海交大，虽然对南科大只有模模糊糊的印象，但他立刻觉得这是个惊喜，第一时间报了名。

对于要报考南科大的学生，人大附中不仅没有打压，让他们回归官方志愿，反而给予了让人意外的热情鼓励。除了几次动员，人大的刘校长还专门给想报考南科大的家长开了个见面会，会上和南科大的新校长朱清时电话连线，解答家长的问题，试图消除他们心中的疑虑。

这次见面会之后，人大附中一共有 7 个孩子，确定了报考。

朱清时校长的演讲一向犀利而昂扬，“教育改革”“学术自由”“去行政化”这样的词是屡试不爽的鸡血，而他描述的南科大蓝图更像近在咫尺的乌托邦。朱校长说首届招生时只招 50 名学生，未来亦将严格把师生比控制在 1∶8 的规模，小班化教学是教育模式的回归。大一、大二采用通识教育。

可是在对家长的说明会上，却不知道朱校长有没有说明，南科大还没有获得教育部颁布的正式批准筹建的批文，也没有招生许可，大学毕业后的文凭也可能得不到国家承认。

在咨询会结束几天后，教育部终于向南科大颁发了正式批准筹建的批文，这所先斩后奏的大学，方才获得了迟到的准生证。

接下来的故事，似乎是按照皆大欢喜的方向发展。

人大附中特意为南科大自主招生的笔试开设了考场。考试的题目是教育部考试中心提供的，考数学、物理和英语，题目比高考要难。

这三门课是程齐家的强项，他考完之后就对母亲说："绝对没有问题。"

通过笔试的，除了程齐家之外还有一个同学，那个同学比程齐家成绩要好一些，性格内向，出于顾虑，最后放弃了南科大，冲刺北大清华。

通过笔试之后，程齐家就读南科大的意愿更加坚决，它不再是未来的选项之一，而是未来本身。

因为儿子的坚决，家长也开始衡量报考这所大学的风险，有些朋友坚决反对。

风险当然是有的。家长最担心的是政府决策很容易变，"有时候领导换届了，往往一些事情就不好说了"。

南科大的重要推动者是深圳市，也是它的投资人。南科大的前途当然是随着业主更迭而瞬息万变的（后来事实证明，家长的担忧是有道理的，支持南科大的深圳市市长许宗衡在 2011 年 5 月因为贪腐而判处死缓）。

对于南方科技大学自授学历和文凭，家长反而并不太担心。"自授学历"是朱清时校长口中的高校恢复活力的关键。他说全世界唯有中国是国家学位，各个学校拼命去跟教育部公关授权，而不是拼命提高教学水平，这是本末倒置，必须打破铁饭碗。

而家长确实也有更现实的考量。程齐家的妈妈认为对孩子来说，大学不会是学历的终点，他一定会继续深造，但总应该获得一个国家承认的学历吧。

衡量之下，报考南科大，最好的结果是，程齐家接受了招生简章上承诺的高质量教育，有了很好的发展。

最坏的结果是学校解散了，他再回家来参加明年的高考——程齐家说，即使这样他也认了，大不了回来考清华。而他即使明年回来高考，也还比应届生小一岁。

寒假，正月初十前后，南科大在深圳进行了第二轮录取考试。程齐家第一次坐飞机，他自己飞。他是唯一单刀赴会的学生，参加了面试、能力测试和心理测试。

两三天后，南科大打电话，祝贺录取。还没有开春，程齐家就早早告别了如临大敌备战中的同学们。

二月底，程齐家一人去了南科大报到，他带了几本书，包括易中天的《看不懂的中国人》，还有字帖和德语书——这些都是他准备上大学后自我教育的内容。

空旷崭新的校园里，全部师生加起来也不过七八十人——也许还没有赶来抢新闻的记者多。学生的组成乍一看更让人觉得这不像是一支正规军。

——南科大的学生很大一部分来自前一年报考了中科大少年班、上了一本线但没有被中科大录取的学生。这些孩子本来就是特殊的，他们像是从一个试验皿跳进了另一个，而南科大的校长朱清时是中科大的原校长，两个试验皿也属同胞。

南科大首届学生中最小的只有 10 岁，叫苏刘溢，他 7 岁上初中，8 岁升高中，10 岁考大学，高考考了 566 分，在去年九月就已经入学，是南方科技大学招收的首位学生，在大半年的时间里，一直孤独地等候着未来的同学们。

除了他之外，南科大的首批新生里还有 13 岁的王嘉乐、岳照，14 岁的范紫藜。

南科大在喧嚷中开学，晚上才得安静。学校安排学生看了电影《放牛班的春天》。电影讲的是寄宿学校里一群难缠的问题学生，被音乐老师感化，组成了一支合唱团，才能被唤醒，心灵变得温驯美好。

放这部片子，大概是因为校长猜到了这会是一群难管的学生。他们年纪尚小，早早就被周遭目为神童，过早觉醒，天生反骨，又在外界对南科大的好奇中收获了许多注视。对南科大的天才们，除了教育，大概还有些教化的工作要做吧。

《放牛班的春天》主题曲里唱："看看你经过的路上 / 孩子们迷了路 / 向他们伸出手 / 拉他们一把 / 步向以后的日子。"

在广州黄埔军校半个月的军训结束后，正式开课。

程齐家笼统而乐观地总结他上大学后的感悟："学校各方面条件都很好，学习氛围很浓，思想很自由。同学们崇尚智慧，努力汲取知识拓展思想，在这里我们开始关心社会，学会了对自己负责，并试着通过自己的努力为南科大、为社会承担应尽的责任。我们还知道，人民生活水平提高需要每个人的努力，社会进步需要每个人的积极改变。”

他这样概括自己在南科大的常规生活：“这学期有微积分、线性代数、物理、计算机科学、国学、社会学、英语，还会经常由知名学者教授开讲座。大家普遍感觉压力不小。有课时认真上课，没课时自己复习、看书、用电脑娱乐一下，我每天都会去健身房锻炼，大家有时会一起出去玩。”

南科大理想的设计是“书院制”和“导师制”相结合。老师和学生同吃同住，可以随时交流问题。一个导师带三五个学生。

到现在，“书院制”已经落实了。院长是原来香港城市大学的副校长唐淑贤。“导师制”却还遥遥无期，困难在于师资。这是南科大从筹建创校就存在的问题，早先在招生简章里公布了的一系列名师并没有全部落实，很多教授也只是兼职，保证课时已是勉强，更无法充当无微不至指导专业、生活、人生方向的导师了。

以外界人的目光，南科大之难，更在于与“组织上来了新规定”走一步退三步的漫长谈判与妥协。

4 月，深圳市委宣布将通过公开推荐方式选拔两名局级领导干部，到南方科技大学担任副校长。

6 月，南科大宣布副校长由理事会根据校长提名聘任，守住了“去行政化”的承诺。

5 月，教育部说改革要依法办学，要遵循制度，规定南科大的学生必须参加高考。

6 月，南科大的学生写了封公开信，集体缺席高考，不向应试教育低头。

表面上看，南科大已在往体制的天花板冲，冲顶成功，姿势壮烈且不难看。可谁都知道，姿势不能兑换成胜算，“抵抗”更是与胜负本身无关的事。

“学术自由”和“行政指挥”抗争的战役历史上早有过，且前者赢了。中华民国的教育部，曾在 20 世纪 40 年代大张旗鼓地要求统一动作。当时在云南的西南联大，也被要求实行毕业总考制。虽然其他学校也有牢骚，但只有联大全校一致抵抗。在这项规定实施的头两年，联大是唯一一所拒绝参加考试的学校，教授也对学生给予道义上的支持。

历史和现实如此相似，是因为被挑战的那一方只能见招拆招，路数如此单一。当时的教育部以拒绝颁发毕业证书相要挟。西南联大仍然自行其是。最后，教育部无法，只能作出保全脸面的妥协：联大学生需参加考试，但是全部自动通过，联大不必把分数上报给教育部。到了 1941 年，联大干脆连过场都不走了。

七十年前，西南联大之所以能大获全胜，是因为“学术独立”是学校和执政党谈条件的共同底线。是时，知识精英还有寡头集团的话语权。如今，物是人非，角力的双方不同，赢面自然不同。

大家赞南科大勇气可嘉，看它的目光却像看一名烈士，觉得南科大一定会死于它的“抵死不从”。

“不从”也是由于无奈。早在高考前，师生间、学生间、家长间就因为到底要不要高考而争论。

朱校长在外地，无法表态。学校则有领导开始组织说服学生家长参加高考，人心惶惶。

真正反对参加高考的，除了热血而理想的学生，还有焦虑而现实的家长。他们担心：按照国家法规，南科大不能录取学生，肯定会找别的学校录取，例如深圳大学，毕业时如果发深圳大学的文凭，怎么办？国家规定外地孩子不能在深圳参加高考，对于外地考生而言，在深圳参加高考是违法的，学生一辈子背上了高考违法的不良污点，怎么办？学生如果没考好，被当作攻击南科大教学质量的口实，怎么办？最大的风险是，朱校长可能会因此辞去校长职务，这些学生，怎么办？

朱校长是家长和学生的精神支撑，他曾反复描述过一座近在咫尺的海市蜃楼，那是与深圳一河之隔的港科大，建校仅仅二十年，最新排名已经超过港大成为亚洲第一。

而朱校长对中国教育的忧虑，也让这群孩子有了宏大得可怕的责任感。

在拒绝参加高考的公开信里，南科大的学生自称为“探路者”，他们疑惑以及焦虑的是：为什么中国造不出真正高质量的大飞机，造不出一流的汽车底盘，为什么高科技核心技术都是外国公司开发的？

程齐家给南科大寄去的自荐信里，也附上了一篇文章，叫作《钱学森之问》。他显然已经找出了问题的答案：当然是陈旧的教育体制的错。

南科大的学子说："我们体会到的，是我们老一辈科学家那心急如焚的心境和沉重的感叹！"

白发苍苍的老者和奶声奶气的少年的影像重叠，显得吊诡。听未成年人沉重做些"关乎祖国未来，关乎国家命运"的振臂高呼，即便是少年听风便是雨，多少让人有些觉得生硬——到底不是"五四"时期了，"水深火热生死攸关"的讲演无法获得预想中的热烈激昂，取而代之的，多是让他们认清现实的凉薄尴尬。

拒绝参加高考之后。南科大才面临真正的危机，危机来源于内部——不断有人叛逃这座天空之城。

先是港科大的三位教授离开了南科大，还写了篇檄文，说南科大煽动学生不参加高考近乎"文革"，改革不能光靠口号。

后有一名南科大的学生请了长假，然后再也没有回到学校。

对于其他南科大学生动辄家国命运的宏大叙事，这个退学的学生不吝冷漠嘲讽。他说："绝大多数人选择南科大是为了能够通过南科大与国外高校的合作而出国留学。当时朱校长也是这么对家长说的。我认为这很正常，毕竟人总是要考虑自己的前程，可我实在看不惯有些人张口闭口就说为了中国教育改革的未来。您说您是为了改革而献身，从不担心自己的职业和未来，那好，您自己高尚去，别拉上别人，为自己将来担心的人多着呢，不要总是代表别人。"

他认为在南科大是没有前途的，决定参加高考，退出这支被捆绑在一起的盗火者队伍。

盗火者普罗米修斯为了人类，设法窃走天火，被宙斯捆绑在高加索山脉的岩石被鸟兽啄食，却要长生不死，他的痛苦要持续三万年。

盗火者是被绑缚的，也是被绑架的。这几乎是所有改革或革命者的宿命，骑虎难下，革命者们用一贯洪亮激昂的调门控诉当下，构造乌托邦；戏假情真，革命者们眼里常含泪水，眼泪也为自己而流。无论如何，只能硬着头皮走下去吧，管他前面是什么。摩西当年恐怕也不知前面是否是深渊，但总不能回身向他的追随者们无奈地摊手劝回。即使摩西是个瞎子或近视眼，也得为了身后的被感动的信任者，走向他内心自认为清晰的彼岸。

我问过程齐家，他的理想是什么。在进入南科大之前，他的理想是毕了业研究汽车，这是他的兴趣。现在问他，他则说："我的理想是做一个全面的人，广泛接纳各种价值体系，并永远守护心中的理想和价值。以数理逻辑观察世界，又以艺术的思维生活，活得自如。"

他的未来被推得更遥远了一些，南科大的未来似乎也被推得杳渺了一些——秋季招生的简章迟迟未出，不知道第一届学生是否是最后一届。

程齐家的妈妈告诉我："如果要写关于南科大的一些事情，一定要显示出我们多么拥护党和政府，我们善良，我们弱势。"情况比她当时想象得要复杂和艰难很多，若是一开始知道如此，她也许不会同意孩子去南科大的。

《我承认我不曾经历沧桑》（广西师范大学出版社，2013年）

曹树林：

中立、平衡、客观——从《兰州石化，功臣缘何变“罪魁”》看党报的社会责任

李子晗　采写

清华大学新闻与传播学院2005届毕业生。毕业后进入人民日报社工作，历任人民日报社总编室编辑、河南分社记者、甘肃分社记者、甘肃分社采编中心主任。2016年10月调至新闻协调部工作。在校时曾任《清新时报》编辑，创办“三言两语”栏目。

“2015 年 1 月 8 日 20：20 起，中石油兰州石化分公司因设备故障导致火炬气燃烧，排放滚滚黑烟，局部空气质量显著恶化。……短短数月，兰州石化公司屡次违法排污，作为央企，社会责任何在？”

2015 年 1 月 10 日，兰州市政府在当地媒体上公开发表名为《中石油兰州石化公司屡次违法排污，社会责任何在》的“檄文”，一一列举了自 2014 年 8 月以来兰州石化各种“罪状”：2014 年 8 月 4 日“乙烯侧漏着火事件”、9 月 29 日火炬气冒黑烟污染大气事件、12 月 29 日非法转移危险物品、2015 年 1 月 3 日下属二级单位氨气泄漏事件以及此次 1 月 8 日再发的火炬气燃烧冒黑烟事件。

该通报由兰州市环保局发布，文章语气强硬、词严义正，指责兰州石化“作为央企，社会责任何在？”，强调自《新环保法》实施以来，兰州石化屡次违法排污，属“顶风违法”，要求：“环保部门联合公安、检察机关彻查到底，严惩重罚，绝不姑息！”并且要求兰州石化“就其环境违法行为深刻反省并真诚、公开地向全市人民道歉”。

地方央企与地方政府公开叫板，实为罕见，很快便成为媒体上的热点话题，受到多方关注。《兰州石化，功臣缘何变“罪魁”》的作者曹树林回忆当时的情形说：“市政府跟央企叫板，舆情瞬间引爆。央广网、澎湃、南方报业等各路媒体立即参与到这件事中。”

石油围城

巨大的舆论攻势使当事双方形成一种对峙局面，事态陷入僵局，社会各方对于事件内幕的猜测不断，更有推测称这一通告是政府逼迫兰州石化搬迁的“撒手锏”，而对于兰州石化的质疑与谴责之声更是愈演愈烈，舆论一时形成一边倒的局面。

时任人民日报社甘肃分社采编中心主任的曹树林，当时已在甘肃工作 4 年，他早已对兰州市和兰州石化的成长历史如数家珍，甚至两者之间的关系在曹树林心中也如明镜一般。

兰州石化的历史可追溯到1956年，国家一线建设时在甘肃布局了两个化工厂：一个是兰州炼油厂，另一个是兰州化学工业公司，现在的兰州石化就是这两个厂合并而成的，后来归到中国石油。兰州石化建厂时，兰州市还是一个小城镇，是一个很小的人口聚集区。兰州石化在兰州建厂后，城市才慢慢向周边扩展。

“我们现在都在讲‘石油围城’，就是我们的城市被石油包围了，这是浅层的意思。‘围城’还有一层意思，就是又想让它来，又怕它排污的这种两难境地。”曹树林说，“但是我们从第一个层面上讲，真的是‘石油围城’吗？有时候恰恰相反，是城围石油！”

“这种航母级的国企，它跟地方政府关系其实很微妙，它在当地的经济社会发展中起了非常大的作用，政府在推行一项政策时一般情况下都会给企业留点面子，有什么事情要多商议、去沟通。”

如此祸福相依，本该和睦共处、共同面对发展困难的两大个体之间矛盾为何会如此之大？原来，在2012年以前，兰州市一直位列全国“十大污染城市”排行榜，自2012年年底始，省、市两级联合治污，一方面从工业污染入手，另一方面治理、减少生活污染。兰州市“两手抓，两边都很硬”，笼罩在城区头顶数十年的“大锅盖”第二年就被揭掉了，之后兰州市每年蓝天天数接近300天。“这很棒了！”曹树林对此有着切身体会，由衷赞叹。“大家都觉得不理解：为什么一个西北的以重工业为主的城市会做到空气质量还好？实际上，背后就是因为兰州市真的付出了艰苦卓绝的努力。”

兰州市重拳治污、全力以赴打造“兰州蓝”便是兰州政府与兰州石化矛盾发生的背景了，而兰州石化半年内连续几起重大排污事件可能会使2015年“兰州蓝”的目标成为“泡沫”。正是看准了兰州石化对于名誉的在意，兰州市政府才兵行险招，“所以兰州市政府想出来一个办法，你大型国企我搬不动你，我执法也都可能显得很无力，怎么办？我直接在媒体上公开通报、声讨你！你说让国企拿出几百万、几千万块钱根本不是个事——它不在意，但是它特别在意声誉”。根据平时采访积累的经验及了解到的近年来兰州市治污决心，曹树林很快就参透了政府此举的用意，同时做出了决定。

“这是《新环保法》实施后发生的第一个大事件。《人民日报》大事面前不能‘失语’，本报必须密切关注、跟进报道。”他在与总社做了沟通后，决定跟进这个选题。“政府与国企根本利益是一致的。如果这两边继续掐下去，可能会引起一些意想不到的社会副作用。”

《人民日报》是我们接受采访的第一家媒体

曹树林首先向兰州市委市政府主要领导了解了政府的立场，弄清事情原委，然后与同事一起直奔兰州石化采访。“兰州石化总经理李家民见到我们的第一句话就是，‘《人民日报》是我们接受采访的第一家媒体’，虽然此前网络上各家媒体也刊登了很多关于这两家吵架的报道，炒得很热，但实际上不少信息来源都是语焉不详，其中一些实际上是捕风捉影，这些媒体并没有跟当事的双方去沟通、去实地采访。”

曹树林到达厂区后参观了厂房、生产线，这样的参观流程他其实已走过很多次了，而此次他重点看了很多与环保相关的装备，看到了前不久刚刚更新过的生产线。听工作人员介绍，新上的设备都采用了最新的节能减排技术。在对兰州石化的采访中他了解到，兰州石化方面觉得“很冤”：政府公开声讨可以说是声色俱厉，但其实里面有很多硬伤、很多错误，比方说里面的“丙烯泄漏”写成“乙烯侧漏”；除了专业术语的混淆，还有对“违法排污”的错用：根据《新环保法》，违法排污是有一定的量化标准的，而实际上兰州石化只是出现了超标排污的情况，但没达到违法的程度；再如“檄文”中提到的下属二级企业，实际上通过改组已经脱离了兰州石化；等等。

曹树林向李家民追问“檄文”中提到的几次“排污”的原因，李家民表示是因为生产异常。“不是说它故意向大气、水、土壤里面排污，而是因为生产出现了异常。生产异常是什么概念？就像你走路有时会摔跤，开车有时会碰到别人，实际上是一种意外。”曹树林回忆着李家民的解释，“在生产过程中，有时候某个装置的某个部件突发故障，就可能导致一些可燃烧气体没有燃烧干净就排出去了的情况，这在工业生产中是不可能完全避免的。火炬气燃放其实就是将火炬气点燃，这时排出的污染是最小的，也是业界的通用做法”。

“火炬气燃放会产生浓浓黑烟，给人直观感觉就是，‘哇，那个大烟囱在冒烟、在燃烧，这个排污太厉害了！’但深入采访之后，你就会知道实际上企业已经尽力减少污染了。”曹树林说。

除了正面矛盾，此前一直流传着“兰州市想把兰州石化赶到兰州新区，推动兰州石化‘出城入园’”的说法。由于兰州“先有石化后有市”的发展历史，人们发现现在的兰州石化正处于兰州市中心，居民众多，排放污染影响到居民生活。通报事件一出，各方纷纷把两件事情搅在一起，各路媒体都在热炒，说兰州市政府无法令兰州石化搬走，此举是政府逼迫兰州石化搬迁的“撒手锏”。

针对这一热点话题，曹树林在采访中一再追问，但他发现兰州石化并不愿谈论这方面的问题。兰州石化表示分公司没有决定权，所以回答都非常谨慎。他明确向公司管理人员表示搬迁问题将不作为报道重点后，管理人员才向他介绍了中石油以及分公司所做的准备。管理人员告诉他，实际上兰州石化自己已经做了好几套方案，还有更多细节正在规划商讨，这一说法也得到了兰州市政府的证实。在与政府官员进行沟通时，时任市长袁占亭则直接否认了社会上的传言，表示双方正在商谈搬迁方案，并没有逼迫的必要。但这种两方商讨的情况却在社会上形成一种“大国企耍横、地方政府无可奈何”的猜疑。

曹树林说：“时至今日，关于兰州石化搬迁已经做出了五六套方案，最终还是没有定稿。因为这种大企业的搬迁非常复杂：各种厂房、装备、石油输送管道建设、职工安置等，是一个巨大的工程，所以它需要各方面去衡量，拿出一个各方面都认可的方案来。”

“咬”还是“放”

去兰州石化走了一趟，曹树林也知道了他们的无奈。“环保局指责说，你作为国有企业，为什么置社会责任于不顾。这个其实是有一点儿过头了。”正如《兰州石化，功臣缘何变“罪魁”》报道中所列举的，兰州石化在扶贫、救灾等方面做出了巨大的贡献，“所以他们其实挺冤的，他们自己心里还是有一些不平的。但是国企还是国企，兰州市政府的这种口诛笔伐虽然有不合适的地方，但是总体上有一点是对的，他们确实排污了。”因此，兰州石化在通报发出的当天即表态，接受政府的批评，不去纠缠细节、激化矛盾，并且很快拿出了整改方案。

曹树林听取双方意见后，对此事件有了清晰的认识：兰州市政府之所以公开批评兰州石化，实际上是想借助媒体力量，为其治理工业污染赢得主动；而兰州石化方面尽管存在诸多“委屈”，但也主动放弃了辩驳权，表示接受批评，立即整改。“对重大事件既要及时发声，又必须慎之又慎，不能‘胡言乱语’。”一道难题摆在了曹树林的面前。正如人民日报社总编辑李宝善所说：“有关兰州石化的报道把握有难度。”

“怎么办？一定要牢牢把握《人民日报》作为党报的定位，就是要定分止争，要把分歧缝合，要让这种争端能够慢慢平息，要把事情向一个有利于社会发展、能够宣传环保法、倡导大家共同努力推进‘兰州蓝’的方向引导。”曹树林非常坚定。结合之前了解的有关背景和从政府、兰州石化双方了解的情况，他确定了整体思路：总体上要支持兰州市的治污工作，对兰州石化破坏兰州市环境进行批评；但同时要坚持平衡报道，尤其要把兰州石化的“委屈”客观地写出来，不能抹杀兰州石化在履行社会责任方面做出的成绩和努力。

“记者必须坚持当事各方声音都得到充分表达，坚持中立、平衡、客观，这样才能让各方都心悦诚服。因为这个稿子做完之后毫无疑问对兰州石化是一个批评报道——就是要讲它的问题的，但是如果你能够把握好分寸，既谈问题，也谈成绩，这样的报道就会有说服力，它们也会比较容易接受。”

在稿件正式发表的时候，由于发回总社的原稿篇幅较长，版面把最后一部分“思考”独立成篇，以记者手记的形式刊登，更加突出了《人民日报》的立场。此后几天，又刊发了后续报道《兰州石化等重点企业承诺减排降污》及快评，将整个事件的报道以“组合拳”的形式打出去，多次发声，持续引导舆论。

有一个细节让曹树林特别触动。他曾看到一篇文章，那是中华人民共和国成立初期某工厂投产的新闻报道，里面有这样的描写：浓浓的黑烟，从高大的烟囱里直奔天际，展开一朵一朵黑色的玫瑰。“字里行间，你能感受到那个时候人们对工业化，包括工业化带来的污染，都是一种热情拥抱的感觉。但是几十年后，哪个烟囱敢冒烟，就会变成千夫所指。”曹树林说：“时代变了。经济社会发展到一个阶段后，社会主流价值观已经变了。那个时候我们可能想的就是唯 GDP，怎么样能够炼出更多的钢，怎么样能够产出更多的产值。但现在我们发现，不能完全依靠能源资源的消耗去拉动经济增长，你要的是平衡的发展、集约式的发展，是绿色 GDP。环保已经成为党委、政府一票否决的考核项目。”

一番调查也澄清了为何曾经的功勋企业、城市的“宠儿”如今却落得“人人喊打”的局面，“如果只从现在这一个横切面上看，兰州石化在市中心排污，影响居民的健康，你会觉得这个企业真是太恶劣了；但你要是从历史发展的维度来看，兰州石化会说：‘我太无奈、太无辜了’”。

定分止争“镇山河”

至于采访中了解到的很多“秘密”与潜在“冲突”，曹树林最终选择主动回避，“由于报道的最终目的是宣传《新环保法》的实施，推进各级党委、政府、企业以及群众环保意识的进一步强化，而不是纠缠一些无谓的细节；是‘定纷止争’，而不是让口水仗无休止地继续下去——这也是兰州市政府和兰州石化的希望。所以，我们在报道中对兰州市政府通报的各种硬伤只字不提，对其他媒体不负责任的一些报道，我们也不正面抨击，以免引起脱离环保主题的新一轮争论”。

从 2015 年 1 月 8 日事故发生，1 月 10 日兰州市政府发表《中石油兰州石化公司屡次违法排污，社会责任何在》通报，10 日当晚兰州石化做出回应到 1 月 12 日兰州市政府批复，其间舆论沸腾，各种猜疑、争论愈演愈烈。1 月 14 日《人民日报》刊发《兰州市公开痛斥环境违法并要求公开道歉——兰州石化，功臣缘何变“罪魁”》文章，当日被 500 余家媒体转载，成为主流声音；1 月 16 日，同一版面刊发后续报道及快评，舆论观点趋向统一，这场舆论风波逐渐平息下来。

“关键时刻传统主流媒体还是能够起到这种‘镇山河’的作用。《人民日报》的报道出来之后基本上就成为‘一锤定音’。”曹树林说，兰州市政府和兰州石化双方对报道都很认可，后来双方均对《人民日报》的报道表示了感谢。

其实作为党报的地方分社，与地方政府的沟通是实时的。舆情发生的时候，作为党报党刊要紧密联系党委、政府，有事要实时沟通，掌握最新动态，选准时机发声，如果选的时间不好，那就有可能帮倒忙。“这次政府真的有点不计后果，它们可能在这件事炒成全国热点之后，感觉到压力了，它们很希望我们出手，又有些担心。”曹树林回忆，“我们介入采访准备做报道的时候，它们其实也知道这里面是有风险的。但它们最终选择了相信主流媒体，因为我们一贯的立场就是引导舆论、解决问题、解决纷争，把整个事情导向一个正能量的方向。”

“如果你批评了一个人，这个人被批评了之后还能感谢你，这个就比较难。如何做到？关键就在于记者的立场：客观、中立、平衡报道。”曹树林说，“如果你单纯为了吸引眼球、为了炒作、为了让稿件获得更多关注，放大一些片面的东西，可能在传播方面的效果达到了，但是报道这方面的社会效果可能是零或者负数，或者也有可能不利于推进经济的发展和社会的稳定。做新闻工作，尤其是在党报，不能完完全全按照一般媒体的思路去做。《人民日报》是‘中共中央机关报’，实际上也是治国理政的一个重要资源，在这里工作，你要主动地承担起这种职能。”

相关作品：兰州市公开痛斥环境违法并要求公开致歉——兰州石化，功臣缘何变“罪魁”

兰州石化是国家“一五”期间156项重点工程之一，被誉为新中国炼油工业和石化工业的“摇篮”，是兰州发展史上的功勋企业。自2014年8月以来，兰州石化环境污染事件频发，遭到兰州市公开严厉指责。如此罕见的痛斥背后，是新环保法实施后的严格执法，还是“逼迫”兰州石化搬迁的“撒手锏”？

兰州再次成为舆论焦点

1月8日晚间，中石油兰州石化分公司因设备故障导致火炬气燃烧，排放滚滚黑烟，兰州市局部空气质量显著恶化。而此前不到半年时间，该公司已多次发生环境污染事件。

1月9日，兰州市公开严厉指责兰州石化：短短数月，屡次环境违法，作为央企，社会责任何在？并明确要求其公开道歉。

一个地方政府如此声色俱厉地指责当地的大企业，非常罕见；这也是“新环保法”生效以来国内首个重大环保话题，此事立即引起舆论关注。

而上一次兰州被舆论聚焦，是去年4月兰州发生“4·11”自来水苯超标，该事件后来直接导致兰州创建全国文明城市被“一票否决”。而追究自来水事件的根源，竟也与兰州石化的事故残留有关。

兰州石化，功臣缘何变“罪魁”（热点解读）

本报记者　林治波　曹树林

2014年8月4日，兰州石化气体分馏装置泄漏着火。

本报记者　曹树林摄

有人说，兰州市公开指责兰州石化环境违法，是“逼迫”兰州石化向兰州新区搬迁使出的“撒手锏”。事实果真如此吗？纷纷扰扰的背后，有哪些值得深思的东西？

屡次违法排污，功臣竟然变“罪魁”

西固区玉门街 10 号，兰州石化厂区所在地，这是兰州市的上风上水位置。可以说，兰州石化一咳嗽，全兰州都得感冒。

然而最近，兰州石化不止一次“咳嗽”了。

据兰州市环保局通报，自 2014 年 8 月以来，兰州石化因生产安全问题导致的环境污染事件频发。8 月 4 日，该公司发生丙烯泄漏着火事故；9 月 29 日，该公司因设备故障导致火炬燃放冒黑烟，严重污染大气环境；12 月 29 日，该公司因危险废物管理储存场所不规范、非法转移危险废物等问题，被环保部门给予了 30 万元的上限处罚。

新年伊始，1 月 3 日，原兰州石化某下属改制企业氨气泄漏，造成周边环境空气污染。1 月 8 日 20 时 20 分，兰州石化再次出现因设备故障导致的火炬燃放违法排污。

兰州石化的前身兰炼、兰化均是国家“一五”期间的 156 项重点工程项目之一。自 1958 年投产以来，一直是兰州市乃至甘肃省的利税大户，历来以出产品、出技术、出经验、出人才、出效益著称，分别被誉为新中国炼油工业和石化工业的摇篮，是兰州发展史上当之无愧的“功勋企业”。

如今的兰州石化公司集炼油、化工和化肥生产为一体，是西部地区最大的石化企业。该公司拥有 1 050 万吨 / 年的原油一次加工能力和 70 万吨 / 年的乙烯生产能力，并具备相配套的二次加工能力，是我国生产石化产品品种比较齐全的企业之一。

然而，昔日之功臣，今日却让人“爱恨交加”。对于全力以赴治理污染、打造“兰州蓝”的兰州市而言，屡次违法排污的兰州石化如今成了“罪魁祸首”。

兰州市环保局在通报中表态，将联合公安、检察机关彻查到底，严惩重罚，绝不姑息。通报还严厉斥责兰州石化：短短数月，兰州石化公司屡次环境违法，作为央企，社会责任何在？保护环境，人人有责。作为在兰州的最大央企，兰州石化公司更责无旁贷，该公司应就其环境违法行为深刻反省并真诚、公开地向全市人民道歉。

遭遇公开斥责，是“冤枉”还是“应该”

据记者了解，兰州石化不仅是利税大户，也主动承担了众多的“社会责任”。其与共青团甘肃省委、甘肃省学生联合会共同开展的“扶贫助困、共享阳光”助学活动可圈可点；其在甘肃省“联村联户、为民富民”活动中，对口帮扶庄浪、灵台、静宁3县7村的300户贫困农民，累计投入4 200万元，办了很多实事；汶川地震，兰州石化公司救援队第一时间积极出征，被国家安监总局授予抢险救援先进集体荣誉称号；2013年岷县、漳县地震，兰州石化向灾区捐款1 000万元，组织职工捐款210万元。

在节能减排、保护环境方面，兰州石化也一直在努力。兰州石化公司安全副总监卢建国表示：公司十分重视环境保护工作，“十二五”以来，先后投入超过23亿元，狠抓管理减排、结构减排和工程减排，在达标排放的基础上，主要污染物排放有了大幅度下降，为区域环境改善做出了应有贡献。

从这些情形来看，兰州石化看上去有些“冤枉”。但如果回顾兰州市近年来“铁腕治污”的努力，或许就能理解兰州市对兰州石化“爱恨交织”的复杂心情了。

撤换治污不力的环保局长、对排污企业实行严防死守、全市供暖“煤改气”、顶住各方压力实施机动车尾号限行、“网格化管理”严控各种污染源……兰州人心里都很清楚，兰州石化是兰州的重要污染源之一。兰州市环保局有关负责人介绍，对兰州石化的监管一直是兰州治污工作的重中之重。除了设置专门的设备实时监测之外，还派出了驻厂监察员，协助企业查找污染隐患，堵住管理漏洞。

兰州市近年力推的“铁腕治污”效果显著：2011 年，兰州市空气优良天数为 242 天；2012 年，兰州市空气优良天数为 270 天；2013 年，兰州市空气优良天数为 299 天；2014 年，兰州市空气优良天数为 313 天，创有监测记录以来全年天气优良率指标最好成绩，“兰州蓝”逐渐成为兰州天气的“新常态”，环保部甚至拟将兰州空气治理的经验作为典型在全国推广……新的一年，兰州在治污方面能否保持优良业绩，进而百尺竿头，更进一步呢？压力之大可想而知。

兰州石化方面也承认，多次违法排污的事实摆在眼前，公司今后将在节能减排、保护环境方面下更多功夫，更好地履行其保护环境的社会责任。

企业接受批评，承诺“宁停产不污染”

对兰州市的指责，兰州石化 1 月 10 日晚间已经做出书面回应：诚恳接受政府监管和批评，依法做好环境保护工作，不断改善区域环境质量，共创兰州碧水蓝天。

“兰州治污的成绩是有目共睹的，兰州石化一直以来的努力也是显而易见的。”卢建国说：“我们也生活在兰州，跟兰州市民同呼吸、共命运，在防治污染上，公司和党委政府、市民的立场完全一致。”兰州市环保部门检查、通报处罚兰州石化公司有关环保问题后，公司深刻反思，立查立改，强力推进环保升级升位管理。

针对危险废物储存及处置存在的问题，公司立即对所有危险废物进行全面清理，对废润滑油全部回炼，对危险废物储存设施按规范完善，确保依法合规运行；针对火炬气排放问题，在第一时间按规定向环保部门报告的同时，认真分析故障原因，加强设备管理，确保平稳运行，强化异常应急处置，从源头上预防火炬气排放；针对界区内改制企业氨超标排放问题，持续加强区域环境监管，配合做好相关整改工作，确保企业安全环保受控。

兰州石化在深刻反思问题的同时，举一反三，多措并举，全面落实安全环保责任。公司主要负责人说，作为一个运行了近 60 年的大型石化企业，系统复杂，风险较多，在生产运行异常情况下给环境带来的影响，也暴露出公司在生产管理、设备管理等方面仍存在薄弱环节。公司将严格遵守新环保法等法律法规，进一步强化环保管理和加大隐患治理，“宁停装置不污染环境，确保稳定达标排放”。

而对此回应，1 月 12 日，兰州市方面也给予了充分肯定，并表示将全力支持兰州石化开展污染治理，消除环境污染风险。

据悉，兰州石化决定在近期启动一系列深度治理及升级改造工程，目前已制定了技术路线图及项目计划表。主要项目包括“4·11”事件污染场地地下水及土壤修复、120 万吨 / 年重油催化裂化装置烟气脱硝、300 万吨 / 年重油催化裂化装置烟气脱硝、催化剂厂工艺尾气排放环境隐患治理等共计 13 项。据初步测算，项目实施后将带来较好的环境效益，仅废气治理项目将实现年减排氮氧化物 675 吨、粉尘 350 吨。

兰州市政府表示，将加大对兰州石化污染物治理项目的支持和指导力度，组织发改、环保、工信等相关部门及专业技术人员组成调研组，进驻企业，为企业提供政策及技术方面的指导和帮助，督促企业尽快推进治理工程，切实提升环保管理水平，消除环境污染及风险。

有人质疑，兰州市政府如此痛斥兰州石化，“醉翁之意不在酒”，而在于通过环保手段逼迫兰州石化向兰州新区搬迁。

兰州市市长袁占亭明确表示，处置和通报环保违法是新环保法赋予政府部门的职责，与搬迁事宜无关，搬迁事宜须与中石油协商。兰州石化为兰州市乃至甘肃省经济建设都做出了重大贡献，但功不盖过、瑜不掩瑕，有关环境污染的问题，仍需要切实改进，真正做到还兰州市民一片蓝天绿水。他说，如果兰州市真有什么“醉翁之意”的话，那就是通过对兰州石化的批评，提醒所有在兰企业切实履行环保承诺，任何企业都不例外。

《人民日报》（2015 年 1 月 14 日 14 版）

张勤：

大时代的记录者

高天仪　采写

清华大学新闻与传播学院2007届博士毕业生。吉林大学国际金融专业本科，吉林大学世界经济专业硕士，1999年硕士毕业后进入中央电视台参加工作。2003年在职攻读清华大学新闻与传播学院博士学位，2007年毕业。张勤从事经济领域报道将近20年，拥有丰富的采访经历、大型节目组织策划经验，现任中央电视台新闻中心经济新闻部制片人，是中国数据新闻的重要引领者。代表作有《数说命运共同体》《一张图引发的改革》《月坛南街38号》等。

从菜鸟到职业记者

1999 年，张勤正式进入中央电视台工作。作为一名刚开始从事工作的大学毕业生，或多或少地都会存在疑惑与困难，她也不例外。尽管在大学期间有过一年央视实习经历，有了一定的经验准备，但她和身边的同伴一样面对着挑战。

张勤工作的第一站，是央视广告经济信息中心。本来想去一线当记者的她，因为文笔好，被领导留在了中心办公室工作。刚开始的半年时间，她从事的基本上都是日常行政性事务——每天拿着各种文件，在台内各个行政部门之间到处跑。她当时觉得这个工作无聊、枯燥、浪费时间，于是她有些焦虑，看不到自己的进步。后来回忆起这段时光，她说，其实这项工作能让人在最短的时间里把电视台的组织机构和运作方式摸清楚，是有收获、有意义的。她说："每个人的职业生涯开始可能都是从菜鸟做起的，即使是再不起眼的事情，用心做，就会是一笔财富。"

半年以后，张勤参与了财经频道的整体改版工作，跟着相关负责组做整体频道的包装和一些栏目的设置，在《对话》《经济信息联播》等栏目的编排设计中，她学到了很多。她还与同事一起完成了一本专著。

第二年，她婉拒了广告部的邀请，回到新闻中心新闻采访部。重返一线，开始了一名职业记者的生涯。

2001 年，中国加入世界贸易组织。张勤作为中国代表团随团记者，赴卡塔尔多哈，见证了中国入世的伟大时刻。从会议现场回到驻地的路上，很多素不相识的外国人都对她说，"祝贺，中国！""欢迎你们！"这一幕深深地印在她的脑海中。10 年后，2011 年，瑞士达沃斯。世界经济论坛第一次开设中国专场，围绕中国加入世界贸易组织的影响展开研讨。中国商务部部长、世界贸易组织总干事拉米（时任欧盟贸易代表）、世界银行行长佐利克（时任美国贸易代表）再次聚首。张勤当时在现场报道，时隔 10 年再次采访拉米和佐利克，最让她感慨的是，10 年间，对外开放带给中国巨大的变化，而她有幸成为中国快速崛起的见证人和记录者。

2003 年，为了更好地完成新闻生产工作，本硕时期专业方向为经济金融的张勤决定进入清华大学新闻与传播学院攻读新闻专业的博士学位，4 年后顺利毕业。经济金融的专业背景加上后期对新闻专业知识的学习，两者相辅相成，使得她具备了财经新闻报道得天独厚的条件。

《数说命运共同体》：广泛而不狭隘的成功

在将近 20 年的从业生涯中，张勤印象最深刻的还要数 2015 年国庆期间推出的和团队共同创作的《数说命运共同体》（以下简称《数说》），因为它是一个比较成功的新闻作品，也是一个原创的数据新闻节目。与它相关的所有东西，从内容到形式，都是创作团队自己一点一点钻研摸索出来的。

《数说》产生于“一带一路”蓬勃发展的时期，当时以这个为题材进行创作的人特别多，台领导说：“你们来想一个出人意料的表达方式，如果可以让人感叹‘原来这么大的主题还能这样表达’的话，你们就赢了。”就这样，张勤和她的团队进行了内容与形式的摸索。起初该节目也有纪录片、故事片等其他方案，但都因为不够新颖在讨论中被否决了。后来，考虑到数据新闻是她所在的经济新闻部的一个长项，在数据资源的积累、数据可视化的呈现上经过很多年的探索，积累了许多经验，制作水平行业内领先，又没有别人用同样的形式做“一带一路”题材，大家讨论决定，就用大数据这个表现方式来做“一带一路”的数据新闻节目。在表达形态上，张勤和制作组经过广泛调查和研究讨论，借鉴了英美等国的先例，如对《透视美国》的数据表现方式——航拍的上帝视角的借鉴，又如对境外一个比较时髦的广告片的穿越手法的借鉴。而在节目内容上，制作组决定采用数据挖掘的方式，因为数据是通行的语言，相对比较客观，容易让大家接受，适合“一带一路”这种要同时展现国内和国外需求的特殊题材。

以上帝视角的方式构建数据空间、进行数据挖掘，添加主持人穿越的形式贯穿节目，加上沿线的故事，最终，节目制作组确定了这三种基本元素。这其中尤其有趣的是上帝视角，就是一种俯视的视角，节目引导观众以全景式的自上向下看的方式，在看到全貌的同时，也能看到庞大地球的不同国家、不同区域之间的联系，这就是节目组想用数据勾勒出来的所谓“命运共同体”紧密连接的一种感觉，这种感觉的产生和上帝视角的使用息息相关。

这样，在反复的讨论研究中，《数说》的基本框架形成，张勤和制作组立即投入到实际制作工作中去。制作《数说》给张勤和制作组带来的工作压力是巨大的，一方面，没有人做过这种内容形式的节目，大家没有已成型的事例和丰富的经验能学习借鉴，只能自己研究琢磨，一步步往下推进。另一方面，更大的压力来源于安全问题，摄制团队从主持人、摄像师到相关的场记、化妆师等，人数多、规模大，去往的国家和地区众多且复杂，人员安全和财产安全时刻让人担心忧虑。拍摄团队离开天津的同一天，发生了天津大爆炸；在境外时，遇到泰国四面佛爆炸，在巴基斯坦也遇到很多困难，毕竟那里本身就是高风险的区域。摄制团队在外的每一天，张勤都提心吊胆，担忧着团队成员的安全问题。

由于是全新的尝试，《数说》给他们带来了前所未有的挑战：从团队人员出境手续的办理，到整体的拍摄技术，需要协调那么多国家、那么多省区、那么多资源，拍摄复杂的既有外拍的主持人和电视故事，又有数据挖掘分析和用超级计算机做数据可视化的内容，这些全部都是张勤以前没有经历过的事情，所以每天都会出现许多方方面面意想不到的问题，每天都要想方设法寻找路径来解决。

例如，在制作数据地图时，就出现了严重的问题：数据地图在制作完成后要拿到国家测绘地理信息局去一幅一幅、一帧一帧地审定，因为要在国家电视台播出，细节要求丝毫不能差，尤其是国界线之类可能引发争端的问题。在节目制作后期，离播出时间已经很近的时候，测绘局公布审核结果，说已做成的这些数据地图不能用，但测绘局也没有已做好的成品可供节目制作组使用。张勤想了很多办法，最终把测绘局的数据库拿来，一幅一幅地做，重新生成了200多幅地图。本身制作数据地图就耗费人的精力，当时时间又很紧张，就等于是短期内要完成一个颠覆性的工作，工作难度其实很大，但最终还是努力解决了。

类似这种困难数不胜数，随时都可能出现想不到的新问题。但最终，张勤和制作组都一一克服了，让节目成功和观众见了面。

节目的播出引发热议，好评如潮，“大数据”“可视化”也随之成为人们视线的焦点。在张勤看来，大数据是一种方法论，它的活跃和互联网时代密切相关。在以前没有计算机和互联网的时代，或者说在计算机和互联网没有如此深入人的生活的时代，记录人产生的信息就是依靠文字和影像。而在互联网时代，人的活动轨迹被保留下来，就成为海量的数据。如今不管是出行、订餐、社交，方方面面，只要人通过互联网进行活动，就会产生数据轨迹，转化为数据资源并沉淀。通过挖掘和整理海量数据，人们就能发现有新闻性的东西。所以说，大数据就是应运而生的有时代特征的一个工具，它可以帮助记者挖掘一些有新闻价值的内容，挖掘出来的新知，为相关方向研究者提供文献参考价值。大数据和可视化在未来必然会越来越多地被应用，因为历史发展到了一个数据化生产、数据轨迹记录人的生活的时期，这是趋势潮流。

但张勤认为，这种潮流与“内容为王”的说法并不矛盾。数据是一种工具，可视化是为了表达，最终判断作品价值还是依靠内容。大数据手段挖不出有趣的内容和独家的发现，可视化形式展现的不是好内容的话，再“炫”也没有什么用，它们只是手段与补充，不是本体，生产不出优质内容就没什么价值。在数据新闻创作中，会有专业的程序员、数据公司、国家机构负责海量数据的处理，记者要和数据工程师绑定在一起，主导数据新闻的内容，要告诉他们怎么定义、怎么挖掘、向着什么方向、哪些东西是可能挖到新闻的东西——挖掘数据得到的内容是不是新闻，是要由新闻记者自己而非数据处理者去判断的。同样，可视化也有专门的工程师，而可视化的要求和理念也是由记者主导的。因此，在生产全过程中最核心的、真正的主导者还是记者。

《数说》获得的是一种广泛而不狭隘的成功——专业人士能看出学术价值的同时，普通人也能看得津津有味，这离不开其讲故事的方式：把每个人都可能感兴趣的事情，利用数据挖掘出来，转换成故事性的语言。例如，一个中国人消费 3 碗方便面就会点亮新加坡的一盏灯，像这种世界上本来存在的千丝万缕的相互联系，要是没有经过挖掘和整理，是建立不了的。这就是新闻的发现和发现后的表达，让普通人能听得懂。

张勤认为，《数说》得以成功的原因，是提供了一些新鲜知识，找到了一些比较有意思的表达形态，讲了一些故事，让人记住了一些个体的命运：如东南亚割胶工人将枕头卖给中国人，中国人的消费改变当地人的命运；中国的高铁技术被引到马来西亚，当地人也向中国人学习技术，希望早日建立自己的高铁系统；印度尼西亚人玩三国游戏，能讲出刘关张桃园三结义故事……这几个“一些”可能就让大家理解接受了“一带一路”上的国家彼此的联系和相互的依赖，还觉得有意思。

完全创新的节目，其命运如何是个未知数。张勤说：“在做出来之前，没人见过，谁也不知道这会是个什么节目。既然做了，不管怎么样都要做出来。成功不成功倒没想，反正尽力了，就当它是一个对得起自己的作品。”无保留地倾力投入后，她最终对自己作品的评价是——“还可以”。

《一张图引发的改革》：舆论监督新尝试

除了《数说》，张勤还有一个作品广受好评，那就是《一张图引发的改革》（以下简称《一张图》），聚焦行政审批和简政放权。

张勤所在的宏观经济组的日常工作就是报道国家宏观经济的重大政策和改革措施，所以每年都会对当年的宏观经济有一个预判：这一年会有哪些重大的举措？会推行哪些改革？2013 年是党的十八届三中全会全面深化改革的第一年，市场化改革对政府来说最重要的一点就是简政放权，所以宏观经济组在三四月的时候就已经观测到 2013 年最重大的事就是这件，但是没有找到好的抓手，直到去广州调研的时候发现了那张“万里长征图—109 个公章办一件事”，相当于找到了一个好的突破口，后来就把它记录下来，形成了系列报道。事实证明，报道出来之后影响非常大。

第二天，中央机构编制委员会办公室（以下简称“中编办”）就前往广东调研，而且以此为开端，更多举措被实施，当时被人们称为“第二个安徽小岗村”，成为推动中国改革的一个标志性事件。宏观经济报道和突发事件不同，应该提前心里有数——这一年这一领域应该着重关注的是哪一方面。有的碰到了好的载体就成为报道，像《一张图》。有的没有碰到好的载体，像前段时间曹德旺说的成本问题，张勤和团队去年就做过一期这样的节目，主要内容为中国、美国和一些主要国家之间成本的对比，最终，由于没有特别好的载体和故事，该节目未能播出。

在《一张图》的报道过程中，张勤也受到了阻力。简政放权牵扯政府自身利益，一开始报道的时候挺困难，谁都不愿意说自己的问题。张勤和她的同事想了许多办法：给他们做工作，换位思考和他们深聊，也通过算账还原事实，做核心人员的采访，因为经济报道最重要的是以数据、证据来说话，将可信的证据摆在相关部门桌上来逼迫不配合的部门开口。但其实他们也不是坏人，而是被改革方，也可能是下一轮改革的推动者，所以还是要跟他们谈，有的还是讲得通的，关键是他们自己已经开始改了，就好解决。

在当时的社会，简政放权还没有形成社会共识。张勤说，做这个节目，就是希望通过节目让大家知道，政府的效率对经济来说是很重要的一个环节，政府给企业哪怕稍微松松绑，对经济活力也是至关重要的。另外，也希望为相关部门提供一些经验做法：中编办把这张图挂在办公大楼进门处激励自己，来做中央层面改革的抓手，也专门看了节目；相关部门研究广东怎么做，也是一种经验，供其他地方学习参考。舆论监督和分享地方改革经验就是这个报道最主要的两个功能。舆论对公权力有监督作用，也有为公权力去做群众沟通工作的作用。舆论监督要看出发点，出发点应该是建设性地推动问题解决，而不是为了揭丑而揭丑，最主要的是暴露对国家未来发展最核心的伤害，最好是能推动解决这种伤害。不止央视，所有媒体都应该承担起这种责任。“媒体本身就是为了让社会更良性地发展，是否将其当作责任和义务要看媒体自身的诉求与目标。媒体应该认清自己的责任，真诚善意地做一些有建设性的工作。”张勤说。

张勤表示，这些年在央视，肯定是有压力的，只要是想把工作做好，无论是在央视还是在哪里、在哪个岗位上，都会有压力。但好的平台可以提供学习认识社会不同层面人和事的机会，自己的作品还能影响国家的一些事情，这就是这个职业最有魅力的地方。

“大学时期无论选择什么专业，都应该把解决问题的能力放在第二位，第一位还是要有一个相对好的价值观。每个人对价值观的观点都不一样，在我看来，就是对社会有贡献，要与人为善。另外，学习不仅是看书，还要去接触、去思考，形成自己思维的能力和行动的力量。”张勤说。

相关作品：一张图引发的改革

系列报道一："万里长征图"震动广州

审批环节多、时间长，拉低了经济发展效率，拖住了经济发展的脚步。加快行政审批制度改革，成为今年我国经济体制改革的重要突破口。眼下，广州正在针对如何加快行政审批，进行着一场改革，而触发这场改革的是一张名为"万里长征"的审批流程图。

这张图的主人叫曹志伟，自己办企业的苦楚，触发了他摸清广州投资项目建设的各个环节和流程的想法。但没承想，这项摸家底的工作居然用了 10 年，因为每一年都有新的审批环节出现。

在这张长达 9 米的万里长征图上，曹委员一段、一段给我们分解。

不仅如此，在整个流程中，各种收费就有 36 次。

一个政协委员的提案，又该如何撬动广州行政审批制度呢？广州市政协决定动用两个专业委员会的力量，在一个副主席的牵头下，将委员个人的提案演变成持续 7 个月的走访和调研，不仅如此，在年初的两会上，政协为万里长征图的亮相做了特殊设计。

专门的设计，让万里长征图展现在了广州市委书记参加的小组讨论会上。

在广州市市长参加的界别座谈会上，万里长征图又一次展开，面对市长，曹志伟算了笔账，如果把审批时限压缩 70%，每年广州市能省下的建设资金利息就会有 30 亿元。

可以说，万里长征图震动了广州，但是政协在提案中提出的建议也让不少人吸了口凉气，因为根据他们的测算，企业投资审批的天数可以由 799 天压缩到 232 天。

从政府角度看，行政审批流程中的每个部门，个个都照章办事、合法合规；但从企业和公众角度看，他们面对的却是令人生畏的"万里长征"。我们的改革正进入深水区，要看清改革难点所在，其实并不复杂，说到底是能不能站在群众立场上看问题、解决问题，能不能压缩环节和时间，这就考验着政府的改革意愿和能力。在广州，政协摊开问题，地方领导痛下决心，后面时不时冒出的问题你想都想不到。请继续关注《新闻联播》系列报道《一张图引发的改革》。

系列报道二：颠覆审批流程 799 天压至 37 天

在昨天《一张图引发的改革》报道中我们看到，审批万里长征图震动广州市，那么，政协提出的压缩 70% 审批时间的建议，广州市政府又该如何面对呢？

两会刚一结束，第一个市委常委会的议题就是投资建设审批改革。不久，在市政府法制办的牵头下，20 个部门聚在一起核定可压缩的审批时间。

【同期】广州市政府法制办副巡视员魏富忠

各个部门都说我现在都有法律依据啊，我现在都按照法律的依据在去做，你再压你叫我怎么压，没办法压了。

【同期】广州规划局局长李明

我记得市里开会，开到半夜，一天一天核，你多少天，我多少天，你的环节省掉、他的环节并掉。

记者：大家吵得还挺厉害？

你 10 天，我 9 天，倒过来我 10 天，你 9 天，就这样子吵、争。

在涉及审批的 20 个部门中，规划部门涉及环节最多，技术最复杂，要想大规模地压缩审批时间，规划部门觉得不太可能。

【同期】广州市规划局局长李明

我觉得有压力，大家觉得没干过，这一辈子没干过。所以当时我们想呢，一个就是把“流程再造”四个字做透，二个就是把“定点审批”这四个字做透。

在广州市规划局，我们看到了这样一张手画的审批流程图，春节后，这张图上的流程就像搭积木似的左右前后不断调整。可是不管怎么做，总是出现死结。

【同期】广州市规划局监督检查处处长方锋

就是说我们这个合在一起了，建委那个呢他就没办法，插不进去了。

只在自己部门内部打转转，审批无法在规定时间内完成，这又该怎么办呢？

【同期】广州市规划局监督检查处处长方锋

我们跟建委商量了，就大胆地做一个改革。干脆就把建委很重要的这个板块的工作就跟我们规划部门合在一起。

根据这个思路，规划局将修建性详细规划审批，交到国土局牵头，而建委、环保局和消防、民防的审批相继纳入到了规划部门牵头。

【同期】广州市规划局局长李明

事实上就是打破部门之间的界限，或者严重点说是堡垒，使得部门之间一个平台同时作业。

反复地调整磨合持续了 3 个多月，最终过去一棒接一棒的串联审批流程变成了同时出发的并联审批，在法定条件不变的情况下，审批时间由 799 天大幅压缩到 37 天。100 个审批环节最终被整合成了 5 个“集装箱”。分别是发改委牵头的立项审批，国土局牵头的用地审批，规划局牵头的规划报建审批，以及建委牵头的施工和竣工验收审批。

【同期】广州市副市长陈志英

每个环节是由一个部门来负责牵头，它更多要考虑的是要怎么样在这个时限内完成这个任务，同时它还要去协调、督促、推动其他部门在规定的时间内完成审批的任务。

【同期】广州市政务管理办公室主任郑汉林

把大家拢在一块，从过去的单独做变成一个团体的作战，这本身就是对政府这种服务模式一个很大的挑战。

经过这一番大刀阔斧的改革之后，广州的行政审批周期从 799 天压缩到了 37 天，还不到过去的零头。看似不留余地，实际是逼着自己闯一条新路。过去办事，企业再急，政府部门也是一棒一棒接力跑；现在办事，企业需要的就是发令枪，政府部门同时起跑准时到达。37 天的极限工作周期，是削减出来的，更是组合出来的。只有真正倒逼政府职能转型，行政审批改革才算找准了方向。广州颠覆行政审批流程，为的是企业方便，但新流程开始运行后，有些企业反倒感觉不适应，这又是怎么回事？明天请继续关注《一张图引发的改革》。

系列报道三：审批提速改革成效待进一步释放

在广州市政府的强力推动下，37 天完成企业建设审批事项成为可能，可是新的审批流程运行起来却没想象得那么容易。

5 月 27 日，广弘控股的材料第一个递进了规划局牵头的集装箱里，集装箱里的建委、消防、民防和环保等部门都开始了倒计时。然而，意想不到的事情发生了。

【同期】广州市规划局天河分局工作人员刘治华

第一步我们就遇到了问题，在点选部门的时候发现点错了怎么都取消不掉。解决了抄告部门的问题之后，又出现了填写意见的问题，我们的意见怎么都填写不上去。

时间在一分一秒地过去，所有并联单位都很紧张，规划部门和技术部门连夜进行调整，审批系统渐渐顺畅了起来，但是为了确保每个环节不脱节，每天下班前，牵头的规划部门都要监控各并联单位的进度。

【同期】广州市规划局工作人员黄晓薇

这有个标识，标识上面如果亮红灯的话，就赶快到期了。每天都要问那个（项目进展）情况，然后反馈到上级领导那一边去，去跟进。

6 月 6 日，审批模式改革后的第一张规划许可证终于如期发出，交到了广弘控股的手中。

【同期】广弘控股财务部部长徐爱琴

我们这个项目总的投资预算是 2.8 亿元，按照原来的那个审批流程呢，利息就要 2 500 多万元，现在缩短了一半的期间以后，大概节约 1 200 多万元（利息）。

第一单的成功交出，还吸引了不少高科技企业前来咨询，因为时间对它们太重要了。一位在做孵化器的企业办事人员告诉我们，过去他特别怕面对那些着急要入驻孵化器的企业，现在心里有底了。

【同期】孵化器企业部门负责人李观林

他说你具体能给我什么时候，我说年底可以建成，明年年初过了年，你就可以开张。

为了让企业更快地适应新的审批流程，这些天，大规模的企业培训正在广州开展，广州市政府也决定，企业建设审批实行双轨制，也就是说老的审批办法和新的办法同时并行。

【同期】广州市规划局局长李明

尊重你（企业）的意愿，你来得及准备多种材料并联，你就按照并联高速公路走起来了，你只来得及准备一方面的材料，你想做某方面的审批，也可以，不是说不行，但是按照新流程的时限做。

【同期】广州市副市长陈志英

一年后我们会对这个方案做进一步的评估，然后对这个方案做进一步的改革和完善。

广州的行政审批新流程，还在和企业互动磨合。正像您已经看到的那样，仅仅改革了行政审批制度的部分领域，重塑了部分流程，就已经费了很大力气；那么要推进行政审批制度全面改革，难度可想而知。30多年前，因为改革先行先试，广州所在的珠三角发展领先全国；今天，中国经济社会要打破发展瓶颈，就要首先彻底理顺政府和市场的关系。在这份任务清单上，行政审批制度改革不是终点，只是开端，它完成得越出色，后续改革的起跳踏板也就越坚实。

序号	单篇作品标题	刊播日期	版面名称及版次 频率（道）及栏目	字数 或时长
1	万里长征图震动广州	6月24日	新闻联播	00:04:39
2	颠覆审批流程799天压至37天	6月25日	新闻联播	00:04:08
3	审批提速改革效应待进一步释放	6月27日	新闻联播	00:04:13

中央电视台新闻联播（具体刊播日期见上表）

陈之琰：

自由教师：他们是群老人，只不过有了新形式

方之澜　采写

清华大学新闻与传播学院2008级本科生，2011年清华大学特等奖学金获得者。陈之琰在大三参加了《人民日报》组织的活动“追寻”，是活动成员中唯一的本科生，其间发表在人民网上的博客文章点击量超过8 000次，并在活动结束后在《人民日报》发表两篇署名文章。2014年，陈之琰硕士毕业后前往《南方周末》工作，撰稿60余篇，其中多篇文章在网络上引起热烈反响。现在，陈之琰是36氪资深记者。

2016年上半年，当《南方周末》接到一位自由教师的爆料，称上海课外培训机构的教师开班质量良莠不齐，存在虚假宣传等现象时，时驻上海的记者陈之琰感到，这看似“老套”的选题下面，倒是有一些可挖的新点。

总计约一个星期的采写后，陈之琰完成了这篇“对自己来说很普通的稿子”。但“意外又不意外地”，这篇稿子引发了网友广泛的讨论和关注，中国日报网等其他媒体也纷纷转载。

面对此景，陈之琰认为这并不是因为自己的功劳，而“就是因为话题罢了”。但话题价值也罢，文本价值也罢，这篇稿子仿佛戳中了人们的某根神经，将“自由教师”这个近来一度很热的话题，再次推向高峰。

成题——从噱头事件到舆论热点

近几年，“杨贵东”这个名字在上海突然小有名声，随之而起的，是关于“自由教师年收入过百万不是梦”等一系列充满噱头气息的报道。教育、金钱，这些人们一贯的敏感点，就这样在网友或理解、或嫉妒、或嘲讽的舆论中，再一次被击中。

自由教师，这群游走在体制之外的个体户，这群风险与机遇等同的下海者，有的是从公立学校或教育机构辞职而来，有的甚至只是从辅导子女的长期经验中发展而来。他们是否具备教师资格证书？他们是否应受到监管？他们凭何如此高薪？这一系列讨论的声潮过后，如今又添了新的一项——他们开始以O2O为平台开办小型工作室，抱团取暖，优势互补。正如陈之琰在其后来的记者手记中所写的那样，“言语当中透着时髦的‘互联网+’和创业者味儿”。

陈之琰正是从那个爆料“培训机构老师跑路”的老师口中，得知了这一新的信息。因为以前的老师，不论是机构出来补课的，还是公立学校课余时间补课的，都是单个个体，她立刻感到“自由教师的联合”会是一个新的报道角度。

“刚开始时只是觉得他们自己联合起来做这件事情，可能有意思。首先想知道的就是，为什么他们会选择联合。第二个问题就是，联合能够解决他们以前解决不了的什么问题。第三个问题就是，联合势必也会慢慢成为机构，这种小型工作室和机构之间，究竟会有些什么不同的特点。”

在这样一连串问题的驱使下，陈之琰开始查阅曾经的报道和相关学术文献，实地参与、观察和采访。主要的采访对象是由爆料的老师所推荐的，陈之琰在他的工作室待了一下午，观察整个上课下课的过程。至今回想起来，陈之琰还能回忆起当时看到那个工作室的震惊之情：本来是商铺的居民楼一层，被隔成了 3 层，充分利用空间。每间用玻璃隔断隔开，玻璃可以当黑板用，桌子、椅子也挺破的，房间基本没有装修过，但是有很多的学生。“在这个月租 8 000 元的 130 平方米空间里，这样大大小小的教室共有 11 间，最大的教室可容纳 10 人。”这是陈之琰在稿件中的描述。

“就像是群租房。”陈之琰在接受访谈时说。

在“自由”“高薪”这样光鲜亮丽的标签下，掩盖的也不仅是这逼仄的工作环境，还有高强度的工作压力。被称为“上海滩的 NO.1”的杨贵东告诉陈之琰，“别人都知道我收费高，但不知道我每天只睡 5 个小时”。

如是种种观察与体验，就构成了陈之琰稿件逻辑线的源头——新现象的描绘，因为很多人可能并不知道这样一群人的存在。在陈之琰原先的构想中，接下来稿件会理出这个现象的逻辑——为什么补课这个事情，或者自由教师这个事情，会发展到现在这个程度，他们所面临的困难又是什么，稿件想去探讨自由教师的出现对中国教育有没有好处这个问题。当然，全篇稿件会以一个人物的故事为线索，从个人的故事背后折射出整体环境的变化。

在实际采访和写作后，稿件大体也确实按照这个思路进行。陈之琰在采访中得知，刺激自由教师这个职业出现的痛点，对于教育机构的老师来说，是高强度、低收入；对于公立学校的老师来说，则是“没有盼头”。稿件中的主人公就有这样一句“20 岁就能看到 60 岁的自己，月薪只有 2 000~3 000 元”。

当然，在采访的过程中也会有一些新的发现。陈之琰原先认为，“互联网 +”思维的出现会成为促进中国教育改变的重要一步，但在实际采访过后，却觉得它也只不过是一个“中介”。老师们缺少生源，而家长们缺少得到优秀老师的机会，由此 O2O 平台成为连接二者的其中一环，但跟整个自由教师的关系并不算很大，对于教育本质的问题没有办法解决。

至此，稿件的准备工作，或说大部分写作内容都已结束，但对“自由教师”这个新现象的探讨才刚刚开始。

反思——中国教育走向何处

陈之琰在完成这篇稿件后，曾经还写过一篇关于这篇稿子的记者手记《当我谈自由教师时，我谈些什么》。在这篇记者手记中，她写道：“这群人对我而言，熟悉而陌生。”

确实，陈之琰本身就出身于教育世家，她的父亲和祖母都曾经是老师，陈之琰对“老师”这个群体，比一般人更多了一份熟稔和亲切。再加之，每个人青少年时代多少都有和补课老师打交道的经历，陈之琰不由觉得“他们还是一群老人，只不过有了新的形式”。

然而，如上所述，当陈之琰真正身临工作室的补课现场时，她的震惊之情并没有因为场景和身份的似曾相识而稍得消减。“疯狂”“畸形”，这是首先进入陈之琰脑海中的字眼。补习现象的疯狂由来已久，但如今不得好转，反而愈演愈盛，不禁让人唏嘘。

然而讽刺的是，牵牵绕绕组成这令人咂舌的“疯狂”的，反而是每个参与者的最为理性的选择。家长要求针对孩子的个性特点课外补习提分，补习老师则需要赚钱，恰巧家长所需要的又是补习老师最擅长的，于是一拍即合，各生欢喜。“可能很多人觉得是这群家长和补课老师的合谋弄得学生压力特别大，但是并不是这样。整个社会的评价标准已经放在那里了。”评价标准决定教育方式，在稿件中，陈之琰也借“中国A股教育第一股”昂立教育的创始人刘常科的口，表达了这样的观点。

此外，陈之琰除采访了一些自由教师和家长外，还采访了一些相关专家，对未来中国教育环境的走向做了探讨和预测。上海市某区县教育主管部门一张姓负责人就提出一种“两条腿走路”的发展模式——公立教师与自由教师各自独立发展，要做公立学校的老师就不能课外补习，要课外补习就不能成为公立老师。

在访谈过程中，陈之琰也对这个观点表示同意，并提出更多的解释和补充。她认为，公立学校的老师应保有一颗公立之心，不可以在外面补课，因为一旦补课，在外面有了收入，就很难保证自己对公立学校的学生还有一颗平常心。“这个你没办法通过道德去要求别人，只能通过机制去限制他们，那就是只要你是公立学校的老师，你拿的是政府给的补贴，拿的是老百姓的钱，那你就必须遵守这个规定。对于公立学校的老师，你限制他，给他上 100 个枷锁都不为过，因为他拿的是老百姓的钱，对于他的限制是为了公众利益。”

但是，对于社会力量办教育这件事，陈之琰却支持适当放开。陈之琰认为，即使是对一个老师，也不能一味放在神坛上看，光褒扬其是“灵魂的工程师”，而忽略他们首先作为一个独立完整的人的生存需求。因为需要赚钱，所以出现了自由教师的市场，而相应地，他们在市场的推动下，围绕教学辅导、针对性提分这件事，已经做得比课内老师还要好。陈之琰说：“他们围绕着提分这件事情已经做到了极致，那么他们为什么不能围绕教育这件事情做到极致呢？”这件事情并非不可能。一旦社会的评价标准发生变化，家长和学生不再追求提分，那么这群自由教师，必定会去寻找别的钻研方向，而这个钻研方向，就可能是真正的教育，是真正地着力于把一个人培养得更好。而最终，自由教师教育能力的进步，也必将倒逼课内老师去寻求自身的改进，从而推进整体教育环境的发展。

正如她在记者手记中最后所写的那样：“既然现在，他们已经开始通过彼此之间的抱团，寻找起更好的提分方式，当未来的某一天，更好的教育取代更高的分数而成为整个社会的共识，他们又何尝不能成为真正的社会教育力量呢？”

回顾——每次采访都是不断“你好，再见”的过程

这篇稿件发出后，在网上引起了广泛的讨论。评论区的留言中，有很大一部分都是网友的理解与共鸣之声，如“老师也是人，也要养家糊口，要想让教育真的纯粹，那就不要让老师有后顾之忧”；“教育不贵，可贵的是教育的本质

精神”等。在陈之琰看来，这就起到了这篇稿件的作用——记录，让人们意识到这群人的存在。当然，评论区中也会存在一些对当代教育现状的消极之声，陈之琰认为这也正常，毕竟正是因为当前一些不尽如人意的现状，才吸引了人们对这篇稿件的关注。“对媒体从业者来说，教育一方面往往是最能吸引受众眼球的领域之一；另一方面，也常常引我们陷入迷思——往往我们所记录下的所谓‘新鲜事’，从本质而言都是‘老话题’。”陈之琰在其后的记者手记中写道。

当然，广泛的网友反馈并不让陈之琰就此认为自己的这篇稿件完美无缺。几个月后，陈之琰再看这篇稿件，内心尚存几处遗憾。一是由于教育行业的人特有的敏感性，文中的大部分信源都为匿名，在陈之琰看来，这就导致了读者在阅读这篇文章时所感受到的真实性受损。“这也不是什么太敏感的调查报道，所以还是挺遗憾的。”陈之琰说。至于第二点遗憾，“我后来知道他们的监管越来越多了，我觉得也没有改变什么。本来也没有奢望有改变，至少别让他们变得更差吧”。

其实，陈之琰在写这篇稿子时，内心就有一种复杂矛盾的情感——一方面，因为这是一篇现象稿，价值就在于让更多的人来关注这件事，所以她渴望这篇稿子能得到大众的目光；但另一方面，她又不希望人们过多关注，因为关注多了，对这群刚刚白手起家的新生力量，并不是什么好事。她为自己这种矛盾的心态解释：“每当你采访完一个群体，你是会对他们有主观情感的，就算你采访的时候不去想这件事，但是最后成稿的时候，还是不自觉地会带有内心的倾向——是正面的，还是负面的。”而在陈之琰看来，这群自由教师本身没有错，无论他们的选择怎样，都是作为一个人的自然选择。

如今互联网普及，在人人都有发声权的时代，无论是对这篇自由教师的稿子，还是她所写过的其他种种稿件，陈之琰觉得，“用一篇报道改变社会”的事情会越来越罕见，记者这个职业的价值和崇高性在何处，是她两年多从业生涯中一直在探寻和追索的问题。她最终将答案落实到“记录”这二字上来，用记者的调查能力、分析能力、表达能力，将这个时代的变迁一一记下，这本身也是一件有意义的事情。“这些能力看你为谁服务，看你所在的媒体为谁服务，把这些能力运用好。”她说。

于个人而言，陈之琰认为，每次采访的经历都是一个不断遇到新的人，不断“你好，再见”的过程，而在说“你好”与“再见”的这一段过程中，每一位记者都是在得到帮助的。记者这个职业的存在，就依赖于他人的讲述。“不论他跟你说些什么，他通过这件事情希望得到什么，我觉得我心里都是很感恩地去看待这段采访经历，因为他没有任何义务要告诉你任何事。很多人愿意跟你说，愿意跟你透露他人生的故事，他愿意即便是花精力来骗你，这都是别人的一份，谈不上恩赐，是别人为你所做的一份事情。”

洗掉“无冕之王”这样的称号，陈之琰认为，能让别人去讲述，也不过是自己能够从事这份职业的一个基本能力而已。“以前可能也没觉得这些，就是这些年回想起来，觉得要带着一颗感恩的心吧。”

相关作品：自由教师：年收入过百万的新工作

因家庭教育投入大，上海正成为万名自由教师的淘金地。

公立学校教育之外的补充——自由教师工作室不具备教育培训资质是目前的普遍现象。不交税的同时，因分散、隐蔽，难以监管。

离上海莘庄地铁站步行约 10 分钟的一栋老式居民楼二层，许诚（化名）接过一中年女子递过来的 400 元现金后，麻利地拿起发票单，刷刷地写下——“学费，肆佰元整”。还来不及回应女子的那句“谢谢你，许老师”，许诚便匆匆往楼下走。

这位“许老师”并不来自任何一所公立或私立学校，也不属于任何一家教育培训机构——这个 30 岁出头的江苏小伙是一位中学物理学科的“自由教师”，也是上海闵行区一家教师工作室的创办者。

从 2015 年起，散落在上海各个角落的上万名自由教师中，并不是所有人都拥有教师资格证，但有一些人像许诚这样慢慢走到了一起，形成由 5~15 人联合组成的自由教师工作室，“为自己打造品牌”。在个体家教和培训机构之外，这种自由教师工作室成为沪上家长与学生课外补习的新选择。

让知识不再被“贱卖”

下午3点一到，许诚拿起自编讲义走进10号教室，准备为即将迎战中考的女生上课。这间教室大小不过两三平方米，由多块两米高的玻璃隔断圈成，玻璃隔断还被用做黑板，靠墙摆着两张最普通不过的课桌椅。在这个月租8 000元的130平方米空间里，这样大大小小的教室共有11间，最大的教室可容纳10人。

“这里的11位老师涵盖初三到高三的所有学科，现在来这里上课的学生有70~80名。”许诚自称他是自由教师工作室的“包工头”。

在这样的工作室，一节400元的课程，教师可以拿到350元，剩下的50元作为日常运营费用。常驻的教师多是自由教师，也有一些公立学校老师在课余时间到这里“走穴”。

和不少上海自由教师一样，许诚的起点是公立学校。2008年，他从上海一所师范类院校毕业进入家乡的一所公立中学。亲戚朋友眼中的“金饭碗”却让他高兴不起来。“我前面有6个人在排队等编制，20岁就能看到60岁的自己，月薪只有2 000~3 000元。”没有选择继续等待的许诚去了上海。由于上海多数公立学校对户籍有严格限制，他最后选择在一家知名教育培训机构任教。

双休日及寒暑假是像他这样的“热门教师”“补习天王”们最辛苦的时候，每天的工作时间超过10个小时，但收入和个人成长也很快碰到了“天花板”。

“机构把大量资金砸在广告上，我们只是教育培训行业链条的最末端。”一位曾在上海一家教育培训机构担任高管的王老师告诉《南方周末》记者，机构收取的高额学费中大部分被用于宣传与销售，教师的收入只占学费的20%左右。同时，机构的管理者又很少从教师中提拔，职业生涯“一眼望得到头”。

尤其在“一对一”和3~5人小班的补习模式中，家长更多地认知教师而非机构品牌的价值，机构的分配方式显得越发不合理。

曾在多家一对一教育培训机构工作过的杨老师说：“公立学校工资低，机构教师被压榨，说难听点，知识总是被‘贱卖’了。”

2013年之后，上海教育培训行业竞争加剧，为了控制成本，机构中的教师普降工资。同时，将刚毕业的大学生包装成“名师”成了教育培训行业内的“公开的秘密”。很多在机构看不到未来的教师选择了离开，例如许诚所在的机构，连续两年离职教师都有上千人次。这些人中，大约有两成回到了公立或私立学校，而近一半的人则开起了工作室。

《南方周末》记者采访发现，目前，上海的自由教师工作室运营多以合作教师“共担运营成本、共享生源”的方式为主。学生先上课后收费，学费一月一结。同类课程收费约是大型教育培训机构的1/2到2/3，而授课教师的收入则能占到学费的90%以上。一名工作室的自由教师月收入可达到三四万元。

是搭O2O便车，还是自立门户

像群租房那样分隔开的教室外，留出了一条仅能一人通过的走廊。若是在上课时间站在走廊里，四面而来的讲课声会让人有置身学校的错觉。墙上贴着每个教室的时间安排表，从周五下午到双休日的各个时间段里，写满了不同姓氏的老师们。

“2015年，我把自己挂在互联网O2O教育平台上，那时我才知道，原来上海有那么多的自由教师。”许诚与隔壁上课的地理老师通过一家O2O教育平台的培训相识，进而成了合作伙伴。

他告诉《南方周末》记者，正是因为互联网平台的“牵线搭桥”，平日里各自为政的自由教师才有了联合的土壤。许诚的通讯录里，有两百多位老师的联系方式，那是他现在最重要的资源库。

“联系过的也就1/3，但这些人就是工作室的未来。”许诚介绍，“这里面，一部分是师范和机构认识的老师，还有很多是通过O2O教育平台联系上的。”

这些O2O教育平台也俗称“家教专车”，即补习教师将自己的信息通过平台发布，家长、学生通过平台择师、下单、约时间地点补习、评价付费。由于O2O教育平台这种可以同时解决家长寻找补习教师、教师寻找生源的双重问题，诸如疯狂老师、请他教、跟谁学、轻轻家教等平台也像团购、约车平台一样火了起来。

刘常科曾是“中国 A 股教育第一股”昂立教育的创始人。2014 年 12 月 26 日，他从昂立教育离职，与另一位来自传统教育培训机构“精锐教育”的联合创始人胡国志一同创办“轻轻家教”。仅在 2015 年半年时间内，轻轻家教完成了共 1.2 亿美元的四轮融资。

“传统的教育机构信息不对称，与家长接触的不是老师，而是销售。O2O 可以把家长和老师直接连在一起。对老师来讲，由于是自雇，服务态度更好，收益也会更好。对家长来说，能够和老师直接沟通，更放心。”刘常科告诉《南方周末》记者，在他们平台上的自由教师比例超过 50%。

然而，整个在线教育市场中不少公司因盈利模式不明确而举步维艰。2014 年 7 月成立的 O2O 家教平台“老师来了”，在一年内“烧掉”1 000 万元后黯然退场。据不完全统计，2015 年关闭的在线教育公司超过 10%。

与“一半是海水，一半是火焰”的 O2O 教育平台共生，正是上海多家自由教师工作室得以生存的土壤。一些自由教师透露，他们仍然会将自己“挂”在 O2O 教育平台上，但工作的重心会是自己的工作室。

“对家长来说，课外补习背后是很大的机会成本。所以，选家教注定不可能和打车、淘宝那样，家长们更相信老师的教学质量。”自由教师吕老师说：“在工作室，一个好老师会给需要补习的学生带来更多的好老师，这就是为什么自由教师工作室必须强强联合。”

个性定制教育来临

上海市徐汇区文定路上一家工作室的自由教师 Steven 加入了好几个自由教师工作室的群。这些日子，在一些工作室开张的信息之间，也有不少自由教师的工作室发出了“求接盘”“求转让”的信息。

“没有五险一金，生源不稳定，什么都不确定，靠的就是自己的经验。没有一定的教学功底和勇气，不敢从公立学校和教育机构中出来。现在，成功的工作室多数都是从机构出来的精英老师办的。”Steven 说。

教中学英语的 Steven 并不是师范出身。2015 年，他和许诚一样，和 O2O

教育平台上认识的 4 个教师朋友们一起选择在上海高端地区开办了工作室。

每周的双休日，Steven 往往是从早到晚上课，而在周一到周五，他和“同事们”还要花大量的时间针对不同的学生制定不同的课程方案。“公立学校备课是针对知识，而工作室的备课则是针对学生。不同的学生要用不同的资料和方法，才能达到提分的效果。”

每次上课前，问问学生平日的生活、近期的烦恼也是课程中重要的一环。

刘女士是吕老师的“客户”之一。从女儿初三起，刘女士就选择让自由教师给女儿补习数学、英语，到现在已经度过了 3 个年头。

“给孩子找课外补习，是现在每个上海家长的必修课。选老师不仅要看水平，还要适合孩子。吕老师会在非补习时间通过视频给孩子默单词、解题，我没有见过哪家教育培训机构的老师能做到这一点。”刘女士说，女儿与这位自由教师之间的关系更像朋友。

刘女士告诉《南方周末》记者，目前上海公立学校中严禁教师有偿补课，好的老师可遇而不可求，而在提分这件“当务之急”的事上，有多年提分经验的自由教师往往比注重一般性知识教学的公立教师更有成效。

“我们的绩效考核和收入来源就是家长和学生的‘口碑’。这也决定了自由教师和学校老师、机构老师最大的不同——我们做的是教育服务，并会想尽一切办法提高服务质量。”Steven 说起这些语气里满是自豪。但他和其他自由老师一样，更愿意将自己所在做的这件事看作公立学校教育之外的补充——一种家长与学生都充满需求的补充。

“公立学校只能抓大放小，优生难提高，差生难追上。这个时候，课外补习就有了必要性。”江苏泰州人杨贵东被认为是上海自由教师中“金字塔顶”的那一小部分人。

21 年前，杨贵东从江苏泰州一公立中学辞职到上海，开始了自己的家教生涯。过着多年“不是在备课，就是在上课，或者在上课的路上”的生活，他凭着自己经验一点点累积，到现在，一节两小时一对一高三数学课收费过千，年收入可以超过百万，在自由教师圈中被称为“上海滩的 NO.1”。“别人都知道我收费高，但不知道我每天只睡 5 个小时，大量的时间都在备课。”

杨贵东曾接触过一个性格叛逆的学生，两个小时的课里必须耐着性子和他聊上一个半小时才能有真正讲课的机会。“家庭、学校没有一个人能让他学习，但我可以，因为我必须为此花费时间。”杨贵东说。

上海一所重点公立高中的周老师认为，自由教师能够弥补目前评价标准下，公立学校班级规模大而带来的无法提供针对性、个性化教育的缺陷。“现在，能够有效提分就能够一定程度上为学生增加信心，从而提高孩子的学习意愿，形成良性循环。”

没有约束，就没有自由

目前，上海的自由教师中有大部分来自江苏、河南、安徽等地，不少都是从当地的公立学校离职或停薪留职来到上海“淘金”的。

据《2015—2016 中国基础教育白皮书》显示，课外辅导是家长对子女教育花费的最主要投入。城市级别越高，在子女教育方面的花费越多：一线城市与三、四线城市之间的教育月均花费相差近 10 倍。

具体到上海，根据上海社科院社会学研究所、市妇联 2015 年发布的《上海家庭教育现状分析调查报告》，上海家庭一学期的课外教育投资的花费平均值为 5 500 元，占家庭同期可支配收入比例的 20% 以上。杨贵东说：“越是发达的地方，补习风气越盛。”

一位公立学校的高级教师亦认为，自由教师工作室的出现给了教师获取更多收入的机会，但对于学生而言，这些老师所能做的只是提分，而非教育。“不论是一对一补习，还是 3 ~ 5 人的小班，不可能为学生营造一个团体学习的环境，也很难有德育的体现。与其说他们是老师，不如说是分数提高培训员。”

“评定标准决定了教育方式。”刘常科则认为，“从传统的课外教育机构开始，就有很多人去质疑这种教育模式。但是，对学生来说，他现在最重要的目标就是高分。如果一种教育方式能让他更好地去达到这个目标，那就是有效的。”

上海市某区县教育主管部门一张姓负责人告诉《南方周末》记者，“不论从教育公平的角度，还是从中国台湾和日本的经验来看，未来学生的教育一定会向‘两条腿走路’的模式发展，即要做课外补习，就不能成为公立教师，要做公立教师，就不可以课外补习。这样的趋势也会给自由教师的发展提供更多的土壤，但也需要很长的时间。”张认为，要达到较为理想的课内外教学模式，一方面需要政府适当提高公立教师收入，另一方面也要对各类不同的课外补习形式加强监管。

“没有约束，就没有自由。”上述负责人说，“目前，自由教师工作室普遍不具备教育培训的资质，不交税的同时，因分散、隐蔽，难以监管。这种情况下，新的自由教师很难受到公众的普遍信任与认同，教育质量也难以得到保证。”

许诚是到了上海才发现，“虽然现在全国都有课外补习的风潮，但上海这样的一线城市还是和老家不一样，这里是‘疯狂’”。他用略带开玩笑的口气说：“我在上海扎根了，以后我有了孩子，我也得让他去上课外补习班。”

《南方周末》（2016 年 5 月 6 日 民生版）

刘鉴强：

寻找生命中的天珠——《天珠——藏人传奇》采访手记

钟昱赟　采写

清华大学新闻与传播学院2003届硕士毕业生，双语环境新闻网站“中外对话”副总编辑、中国首席代表，原《南方周末》记者。进入《南方周末》工作后，刘鉴强采写的虎跳峡大坝、圆明园工程、转基因大米、朝鲜赌场等一系列重大调查报道引起了社会的广泛关注，并影响了国家决策。2006年4月，他从《南方周末》离职，在青海、西藏、四川、云南各大藏区往来穿梭，用3年时间完成《天珠——藏人传奇》一书。

楔子

2005 年 12 月 8 日，时为《南方周末》资深调查记者的刘鉴强发表报道《神山圣湖守护者》，将藏民自发保护山川的事迹公之于众。

这可以看作是《天珠——藏人传奇》(以下简称《天珠》) 的滥觞。

报道发布一周前，“神山圣湖”保护会议在四川省甘孜藏族自治州首府康定举行。与会人员除了汉藏环保界的知名人士，还包括时任北京大学校长的许智宏、第一个获准进入西藏羌塘无人区的外国人乔治·夏勒博士。亮相的大小人物中有不少最终被写进了《天珠》。

一、出发

会议开始两个月前，刘鉴强在北京见到扎西多杰。得知后者曾是索南达杰的秘书后，刘鉴强和扎多在一家酒楼谈了一个晚上，关于不见星月的可可西里，关于那个倒在那里却指引更多人前进的英雄。其实早在 2005 年 8 月的青海藏区生态文化节上，他们就已见过面。那时刘鉴强顶着发作的高原反应和藏民们一起跳舞。舞蹈融化了扎西多杰的戒备心。作为第一个藏区环保 NGO 的创始者、藏族知识分子的代表，他见过太多形形色色的汉族人。但他说，刘鉴强是真正来交朋友的。

索南达杰就像黑暗中的第一束光，照亮了刘鉴强通往藏族文明的桥梁。这位牺牲于 20 世纪末的前治多县委副书记是可可西里地区最早的环保卫士，在与盗猎者的枪战中牺牲。他的事迹激励了自然之友、绿色江河等中国第一批环保 NGO 的成长。1997 年，在海拔 4 500 米的可可西里无人区建立的中国民间第一个自然保护站便以索南达杰命名。刘鉴强当时敏锐地意识到，中国环境运动可能就发轫于索南达杰。

刘鉴强有这样的见识与能力。2003 年从清华大学研究生毕业后，他进入《南方周末》，仅半年时间便凭借哈尔滨“宝马”撞车案调查一炮打响。在曝光三峡工程淤积重庆优良港口后，他又相继完成了虎跳峡大坝、圆明园工程、转基因大米等一系列重大环境事件调查报道，影响了国家决策。结识扎西多杰的那年，他获得了中国“绿色年度人物”前 20 位提名。

从北京的访谈起步，刘鉴强开始了自己的藏区环保探秘。由于在环境报道领域连续做出重大突破，他受北京大学保护生物学教授吕植邀请参加“神山圣湖”会议。而在那儿遇到仁青桑珠是一个重要转折点。目睹这位来自西藏贡觉县大山里的农民用手机为村民们“实况转播”许智宏的发言，他内心一阵欣喜。仁青桑珠不懂汉语，许智宏的发言他原是半句不解的。他带领村民保护孜荣部落的神山，并非源自外来的环保理念，而是按照自己的文化传统。仁青桑珠本为俗世修行者，常年从事藏传佛教经典的整理工作。他告诉刘鉴强：“外面的人做环保是用法律和钱挤出来的，而我们是发自内心的，不管有没有法律，有没有钱——甚至不需要钱，就自己去做。”

仁青的理念启发了刘鉴强。他决定真正开始写一本书，一本绝不限于环保话题的书。这个地区的人们的精神状态是不一样的，他要去探索他们身上的精神密码。这时，人们熟知的“环保卫士”索南达杰同样升华了，成为藏族人如何看待自我的精神符号。刘鉴强像发现了藏族珍宝——天珠一般，一发不可收拾，前后历经三年完成《天珠》一书。

二、新世界

写书的愿望从刘鉴强和扎西多杰在酒楼谈索南达杰时起就已经萌芽。英雄人物的故事固然可歌可泣，但想达到揭示藏族文化全景的目标，还需要找到更多不同的人物。通过吕植教授领导的研究中心，刘鉴强很快为自己的作品得到了一份藏族主人公的备选名单。虽然他们或多或少地和环保有直接的联系，刘鉴强却从没打算咬紧这个“老本行”。

实际上，除了结尾部分略有直接的提涉外，全书更加着重“历史”“文化”而非“环保”。全书的两位灵魂人物——扎西多杰和嘎玛桑珠——他们的故事横跨幼年、青年、中年，颇有为他们作史传的意味。而刘鉴强的采访目标也很明确，“就给我讲讲你的故事吧”。

这正是《天珠》的困难之处。刘鉴强坦承，它作为一部非虚构作品，既不如从前自己所写的调查报道有立竿见影的政策效果，又没有一个突发的事件作为依托，只能经过长时间的积淀思考而写作得来。也就是说，成书的逻辑与主题并不是一个相对限定的范围。每个人数十年的人生故事交杂在一起，对作者抽丝剥茧的能力提出了考验。通过透视数位最核心、最具有代表性的人物，作者试图最终呈现一部鲜活的藏族当代史和藏族人寻找自我的心灵史。

每个《天珠》的读者都容易被书中大量具体生动的细节震撼，这些细节几乎都是经过反复的提问、追问、确证得来的，这必须建立在长时间的采访和对采访对象的充分信任之上。书中有一个非常精彩的细节，嘎玛做生意回来买了400斤苹果，花了12块钱买了一条红秋裤，还听奶奶的话，穿在外面，“像踩着一堆火球一样”。这是刘鉴强持续追问了两年以上，在书即将出版才偶然从嘎玛那里挖掘到的。据刘鉴强回忆，每次见面，他都会把自己觉得表达不够清楚的部分、不能完全确信的部分向当事人再次确认，只要有任何可疑之处必定“穷追猛打”。采访不容易得到细节，这需要时间和信任的积累。但最重要的是，你知道这里需要有足够表现力的细节。“没有办法、没有细节表现不出你想表现的东西。”他说。

细节的力量放在重要历史人物身上同样有着惊人的效果。但对于非虚构作品而言，这些细节只能通过采访得来，不能添加更多的想象。在索南达杰一章，受制于信息的不足，刘鉴强并未添加过多的环境描写，这就明显不同于陆川的《可可西里》，后者最引人注目之处便是还原了风雪漫天、流沙噬人的恶劣环境。但《天珠》借助人物的力量，着力于人物对话、肢体上的表现，经过扎实的采访再现了索南达杰牺牲前与扎多最激烈的，也是最后一次争吵。为了给这次争吵做充分的铺垫，刘鉴强像这样反复询问扎多，你站在那儿，月亮是什么样子？在哪个方位？巡逻队从这往下看，视野是怎样的？同时，他去测量地理景观的高程，查询历史上的天气水文状况，推算验证扎多的说法。

相比“不错的采访对象”扎多，另一位核心人物嘎玛的叙述风格可以说是天马行空，跳跃性很强。刘鉴强只能在采访时时刻保持逻辑的清醒。而诸如“隔壁”“对面”的语词混淆，只能通过实地考察和反复确证方能体认。2006

年 6 月他在成都采访嘎玛时，两人每天交谈 12 ~ 16 个小时。从早到晚，嘎玛在沙发上连续讲了 7 天。接下来的一个月，他们的足迹又刻在了西藏和川西，在面包车上、酒店沙发上，甚至拉萨人民医院的理疗床上，重复着“中午出去吃饭，马上回来盯着继续谈”的工作。最终形成的关于嘎玛的采访笔记超过 30 万字。

如果按一天工作 8 小时换算，仅对嘎玛一人，刘鉴强的集中采访就超过 60 天。采访对象们并不能完全理解记者对细节的无比用心。而刘鉴强接二连三地“重复”提问偶尔也会引发矛盾和冲突。嘎玛曾经支持援藏基金会广东办事处，刘鉴强得知后坚持索要金额的账目，却没想到一下子激怒了嘎玛。“你什么意思！我能贪那些钱吗？”嘎玛眼睛圆睁，非常气恼。他不能接受别人对他诚实的质疑。

“我说嘎玛我相信你，但是我的读者不一定相信你，所以这些账目我都要看到。”这也是两人唯一的一次争吵。其实《天珠》成书中并未使用这些太过边缘的数据，但基于调查记者的严谨负责，刘鉴强必须一点点地“死抠”。充分获取物证是他确保书中细节准确的信心支撑。从仁青桑珠的情诗，到扎多写给妻子的信，再到索南达杰当年的笔记，刘鉴强反复索要着许多当事人都记不清位置的物件。这些从言语到实物的细节并不是一股脑地全加进书里，而是根据作者对文段重要性的判断有所区分。令许多人印象深刻的毛主席追悼会一节是刘鉴强每年必定重新采访的部分。第二次、第三次、第四次、第五次，他硬是每次都“挤”出了新的细节，历经三年才达到了表达效果，把这块拼图拼了起来。

三、拼图

数年如一日的扎实采访，还要配上精当的材料剔抉和巧妙的结构安排，才成为我们眼前的《天珠》。

由于采访和写作时间都很有限，刘鉴强不可能每天交谈十几小时后再进行细致的录音整理。他通常只能抱着笔记本电脑，紧跟着采访对象的语流飞快地敲打键盘。每日仅有的空余时间，他都花在相关的阅读和采访笔记的思考上。随着拼图趋于完整，他脑中的全书图景也越加清晰。他明确了自己的写作目标：不是一本十几个人物的故事集，这些故事都要连成一个整体。为此，他必须努力使读者能够阅读得更加自然；最终呈现的效果应该做到，笔下人物的命运交织在一起，有起伏、有低谷、有高潮；读者对人物人生困难的解决感同身受，与他们人生的选择一同彷徨驻足。

但就《天珠》中的大小人物而言，他们来自不同的藏区，拥有不同的职业，有逝去的，也有健在的，虽然表面上都在从事文化或环境保护工作，但内在的彼此关联其实不大。从结构来看这并不利于他们在一本书中形成一个整体。好比一部电影或者小说，总会存在男女、同事、家族、敌我双方等核心的关系。而非虚构写作要求每一个事实都不能改变，它无法像小说那样随心所欲地安排人物的命运——这可能是非虚构文学天生的缺陷。刘鉴强只能用逻辑和写作技法解决这个问题。而他觉得，目前的写作手法已经是自己所能找到的最好的表达方式了。

此前在多伦多大学访学期间读的一本书给了他很大的启发。那是《华盛顿邮报》北京分社社长潘文（John Pomfret）的非虚构作品《中国课》（*Chinese Lessons*），讲述了20世纪80年代初期5名中国同学和一个新时代中国的故事。这本书便是通过若干重大历史事件将5个人的命运、国家的走向联系在一起的。《天珠》中明线的历史时期横跨30余年，以时间为线索的简单叙述显然无法在人物之间顺畅过渡。于是，刘鉴强吸收了《中国课》的一些写作技法，选取各人物生命中的历史坐标作为节点，展现此时他们分别进行的活动。这样既能比较自然地过渡，又容易形成整体感。例如毛泽东逝世，这不仅是中华人民共和国成立后藏区发展中极为重大的历史事件，也同样是汉族等各族人民印象深刻的历史记忆。而事实证明，此节点前后的人物经历描写在藏族历史文学中也留下了浓墨重彩的一笔。在第五章的末尾，作者调整采访日程，见证了两位主要人物在同一时间节点的相遇。刹那间时空交错恍惚，真实的人生本就可以活得和小说一样奇幻。

在明线的推进之下，刘鉴强试图从精神上的逻辑对笔下人物的历史做出更深层次的解读。嘎玛、扎多等人自小受到“文化大革命”的冲击，地区原生文化遭受猛烈冲击。而他们通过不断的学习历练，不断坚定或是重新形成自身的民族文化认同。这种在大千世界对身份的不断再认知，其实是一种精神的联系。厘清时间坐标与精神坐标的勾连曲通，正是《天珠》叙事的基本精神。在双线交汇的关键时刻，作者选择适当出场。这种处理一方面是收束脉络的要求，另一方面也为藏族心灵史提供了一个汉族的视角。

尽管《天珠》的初版已经在结构上下了很大的功夫，刘鉴强 2011 年修订全书时还是忍痛删去了数万字。在香港中华书局 2011 年出版的中文繁体版《天珠》中，康定小伙尼玛、姑娘白玛旺姆已经消失。刘鉴强说，尼玛的故事其实非常精彩，可惜它的出现已经太“满”了，只好忍痛删去。这个故事其实讲述了一个叛逆的藏族大学生从小渴望走出家乡，却最终回归传统的过程，确实表现出初版中其他任何人物所不具备的特点。另一个可与之对比的人物木梭，在书中同样篇幅不多，集中采访的次数也仅有两次，却被刘鉴强执意留下，并被认为有着“太精彩的故事”。

这就好比新闻中的价值判断。对此刘鉴强说：“没错，他们的故事都很吸引人，但不是精彩的东西都要保留。”尼玛是个优秀的藏族小伙，他的故事也很精彩，但对于全书，它加分不多，反而可能给读者造成负担，偏移对刘鉴强希望着重表现的扎多、嘎玛、索南达杰等人的注意力。在索南达杰篇中，章末的英雄赞歌前，作者花费了大量笔墨刻画两人最后的争吵。身体并不好的索南达杰在惨寂无人的荒原上悲愤地嘶吼着，读者眼前只留下一个孤胆英雄在绝望地奋斗。争吵加剧了肃杀的气氛，留下断后的还是我们的英雄。

而木梭的故事虽然离嘎玛、扎多的主线稍远，却具有无法替代的感动。和许多人相似，木梭在追求自己信仰的路上不断地学习，如今已是著名修行者的他遍识藏文、音乐、易经、中功。但就成长历程而言，木梭明显地区别于嘎玛和扎多。嘎玛代表着从没有怀疑过信仰的藏族人。扎多则是在无神论教育下成长起来的藏族知识分子，因为一个英雄人物的感召开始追寻内心的信仰。而木梭故事的精彩之处就在于，他有过对自己信仰的不止一次的怀疑，所以他不停地学习新的知识。他是在徘徊中追寻着心灵力量。除与作品主旨紧密关联之外，它也映照着作者的灵修心路。

四、记者

刘鉴强进入新闻行业前，已经在山东一家银行任职人事科副科长，结婚安家，单位也分了房子。但为了圆自己的作家梦，他扔下 2/3 的收入转行做了记者，后来又考取了清华大学新闻与传播学研究生。他是典型的山东大汉，样貌憨厚，口音淳朴，用语不加矫饰。

刘鉴强的同班同学，现任清华大学新闻与传播学院副院长的周庆安回忆，刘鉴强幽默风趣，很有亲和力。相较同级同学，他有不一般的新闻敏感与发现故事的能力。在李希光老师带队的“大篷车课堂”上，他的导语总是写得很好，采访的数量也是最多的。

从清华大学毕业两年多的 2005 年年底，在接触了仁青桑珠后，刘鉴强笃定要写一本关怀藏族人精神生活的作品。与藏族人的接触颠覆了他对高原上这 600 万人的既有印象。而对这部作品，刘鉴强的野心比较大，他设想能够通过若干人物的故事展现藏族历史、汉藏关系，特别是近代以来西藏政治文化的变迁，以及当代藏族人人生走向的历史背景。但是，做记者的薪资无力负担青藏高原上的长途旅行。

他找到吕植教授，说明自己准备写一部展现藏族文化价值的书，请她所在的机构——“保护国际”资助他完成为期 6 个月的藏区长途采访。但是他明确声明这不是为她的组织写公关稿，“这是一本公益书，有独立立场，你的组织不会从书中获益，我也不会在书中为你们做广告”。保护国际（Conservation International）是一个致力于保护生物多样性的非营利国际组织，这是它第一次资助一本书。后来资助延长到了 7 个月。刘鉴强办理了《南方周末》的离职手续，开始在青海、西藏、四川、云南的各大藏区往来穿梭。与其说他追着采访对象不停地发问，不如说他和朋友一起旅行畅谈。7 个月的集中采访结束后，他自费完成了其后两年的补充采访。

五、非虚构

也许是因为自己的硕士毕业论文以盖·特里斯的新新闻主义为题，刘鉴强非常自然地从《王国与权力》等非虚构名篇中汲取营养。而多年的记者生涯令他发现，真实的生活本身就具备了足够多的戏剧性，激情、温暖、悲酸本就是它的一部分。在掌握足够多的数据资料的情况下，非虚构作品展现了令人震撼的真实。

正是秉持着对真实的信仰，刘鉴强对索南达杰的牺牲经过没有做任何艺术加工，原原本本地书写。与扎西多杰在北京谈话前，他已经看过当时热映的电影《可可西里》，却并未感动。而听扎多讲述的当晚，这位英雄的悲壮故事一直萦绕在他的脑海中。在他看来，导演陆川对影片中的日泰队长（原型为索南达杰）的死处理得太过轻率。

陆川曾说，在那样残酷的环境里，人的生命真的如蝼蚁一般。

而刘鉴强觉得，正因环境的残酷，才看得见人格的伟大。

相比电影，非虚构作品有着更真实的人物，因而容易显得更厚重。前者使用更加直观的画面语言，而后者有更大的空间去诠释故事与人物。尤其对于类似长期与盗猎分子斗争的心理困境，文字具备更强大的表现力。在更自由的天地里，真实的生活给予创作更充分的感官刺激。优秀的非虚构作品恰恰需要更多的克制。

非虚构作品往往源自作者生活的经历或见闻，充满创作热情的作者很容易造成凡事必录、巨细无遗的局面。堆砌情绪的作品并不能打动读者，其作者却还囿于局内茫然不知。在克制这点上，《天珠》有许多堪称正面范本的例子。全书甫始，扎多的妈妈去世了。母亲去世，孩子悲痛是人之常情，刘鉴强没有在此滥用笔墨渲染，却别出心裁地写扎多一觉梦醒后，把枕头换个方向再躺下，心里央求在梦中再和妈妈相遇。看似无痕，细节动人。

落实到操作层面，刘鉴强认为，要想把一个人写得结实、写得丰满，就要把他当作自己的研究对象，要知道他的一切。索南达杰是闻名中外的英雄，20 多年来关于他的壮举诞生了无数篇章。扎西多杰作为他的随行秘书，尤其在他牺牲后的几年间接受了大大小小的采访、拍摄、报告任务。但刘鉴强不仅要写他的巡山和牺牲，而是像对待其他人物一样，跳出框定的“环保卫士”称号，了解他的一辈子；然后才按照设想的逻辑进行材料的增删与组合。人的心灵史书写需要历史的纵深感，但在读者所需的历史资料之外，必须由丰满的细节支撑。索南达杰的成长经历，他性格的养成和孤独的由来，透过扎多的眼睛在全书的各个角落被一点点地描摹出来。读毕我们方晓，索南达杰从大学时代，到教育局局长，再到西部工委，一直都与众不同。真正的新闻价值就在于此。

历时 3 年，刘鉴强真的找到了自己的绝世珍宝。“天珠”这个隽永的意象，穿过天珠王嘎玛的市肆货殖，流淌藏区人民的善良淳朴，蕴含藏族文化的神奇密码。通过研究天珠之路，可以发现数千年以前喜马拉雅地区的文化中心。藏族文明不是落后的代名词，它或许难以为现有的“科学”所容纳，却会教人从信仰乐土长出神奇人生。而失去自身文化信仰的藏民族，失去的将不仅是赖以生存的青山绿水，还有那涤荡心灵的“神山圣湖”。

正如作者反思：他们像历史的河床，表面看不见，却决定着历史的方向。

清华大学新闻与传播学院的李彬教授说，读《天珠》有两方面收获，一是边疆，一是新闻。

作为一个新闻人，刘鉴强庆幸自己完成了一项艰难的挑战；而去描写一个民族，他希望《天珠》架起两种文化间的桥梁。文化的边界不在于语言和民族，而在我们的心里。真诚地去感恩，去包容。

在 11 年前康定城的那个狭小会议室里，刘鉴强第一次见到仁青桑珠。这位带领村民自发种植 40 万棵树的前喇嘛面对着日夜守护的“神山圣湖”，说道：“好吧，现在我告诉你我的故事——由白羊毛和黑羊毛织成的，有好也有坏的故事。”

相关作品：《天珠——藏人传奇》选段

第三章　荒原　　十四　索南达杰

1992年7月的一天，博雷到街上买菜，她要好好给扎多做点好菜吃，丈夫现在“落难”呢，憋在家里不出门，前途迷茫。

像很多藏族妇女一样，她戴一个白色口罩，以抵挡高原上热情的阳光和冷峻的风。治多县城只有一条街道，治多中学、县委县政府、供销社和银行一字儿排开，就是这里的全部大机关，从县城的这头走到那头，也不过10分钟。黄黄的房墙和院墙，将县城从绿绿的草原上凸显出来。在这个典型的牧区，城镇是新鲜玩意儿，这条街道的历史也不过40年。1953年治多县成立，秋吉活佛提议将县城建在这个叫嘉仁格巴的地方，“嘉仁格巴”意为“吉祥福聚的家园”。

这里就像一个巨大的盆子，四周高山连绵，围住平铺的草原，而县城像一粒青稞洒在巨盆的中央。博雷如果往北望去，可看到嘉杰博洛格山脚有一座红色土丘，名为“嘉洛卡玛”，意为“嘉洛红宫”，在《格萨尔王传》中，格萨尔王妃珠牡出生在这座宫殿里。

在《格萨尔王传》里，这里是“十全宝地”，可惜如此宝地却种不出大白菜。直到十几年后的2006年，菜店也只有两三家，珠宝一样摆放着从1000公里外的西宁拉来的菜蔬。路上颠簸了几天，菜蔬无精打采，像是患了高原反应症。

但博雷巧妇可为无米之炊，丈夫是在西宁念过书的人，早就习惯了在糌粑和牛肉外加点蔬菜，因此她是这里最会做内地菜的藏族女人。

博雷走过农业银行，看一张红纸贴在墙上，有人围观，她上前一看，原来是县委的汉文通知：

“为开发可可西里，造福治多人民，治多县委成立西部工作委员会，县委副书记杰桑·索南达杰同志兼任西部工委书记，现招聘工作人员。有意者到县委报名。”

博雷莱也不买了，急忙忙回家告诉丈夫。扎多眼前一亮，索南达杰！那是他的村人，他的老师。可可西里？无人区？管他呢，现在走投无路，去哪儿都行。

扎多与文扎、扎西来到县委见索南达杰。这个 38 岁的新任县委副书记对三位年轻教师非常客气，尽管他们曾是他的门生。“请坐请坐。”他热情地招呼。

“我们想跟你走。”扎多说。

“为什么呢？你们有那么好的工作。”索南达杰问。

三人讲述学校的遭遇，骂那校长胆小无能，出尔反尔。扎多与文扎口才好，说起来口若悬河。索南达杰的脸色渐渐沉下来，扎多以为索南达杰为他们义愤填膺，于是滔滔不绝，继续斥责：“我们和他势不两立！”

不等他讲完，索南达杰变了脸，手指伸出，指着三人大骂：“没出息！凭这些话，我不要你们！好像都是别人的错，还背地里说人坏话！”

三人张口结舌，无言以对。

索南达杰顿了顿，语气和缓一点说：“可可西里是无人区，到那里比索加牧民的生活还要艰苦，而且有生命危险。我为什么要贴海报呢？其实县委可以点名要人，但那里太苦了，我要拉人走，他和家里人会怪我，所以希望大家自愿。你们要充分考虑一下。”

扎多愣在那里，惴惴不安揣测他的意思，被他臭骂了一顿，好像没希望了，但又说“考虑一下”，难道还有余地？

索南达杰说：“西部工委最需要三种人：一是好司机，因为动不动就在无人区行驶上千公里，汽车坏了修不起来，我们就死路一条。我看中了一个司机，但他家里不同意，我也不好强求；二是医生，在可可西里能救命；第三种是有才的，像你们这样的年轻人，能帮我写写材料。但对治多人民来说，最重要的是医生和老师，我把最好的医生拉过去，是治多人民的损失，所以我没要；你们要是跟我去，治多就失去几个好老师，所以也不能要。我很矛盾。”

三人告辞出门，文扎气呼呼地说：“我不去了！哼，牛烘烘的，请我也不去！”他拿过报名表，将自己的名字划掉。扎西也“刷”一声划掉自己名字。

最后，索南达杰在 30 多位报名者中选了扎多一人。此后一年半，扎多跟随索南达杰进出可可西里，直到索南达杰牺牲。

索南达杰是治多的传奇人物，他青海民院毕业，任治多中学教师，后任县教育局副局长、索加乡党委书记、县委副书记兼西部工委书记。但他成为治多最有名的人物，并不因为他是官员，而是他的所作所为。

索南达杰自小没有母亲，只有父亲“幸福老师”，后来到西宁读书，本来可以进入城市，甚至北京，但像其他年轻人一样，他渴望报效家乡，于是回到治多中学教书。

他做事不教条，任校长期间，上头要求学生捡的虫草只能卖给县外贸公司，他却以高价卖给商人，收入由学校支配。

索南达杰当官后我行我素，他当面给县委书记起外号为“青蛙”，说完又摘下帽子郑重道歉，让领导尴尬难堪。所以后来领导评价索南达杰：“此人不可不用，不可重用。”

他是无神论者，不信佛教。在路上见到去拉萨朝拜者，他认为这些人不事生产，浪费资源；对大活佛也不敬，说他们受人供养，如皇帝一般，是“吃人肉者”。但对秋吉活佛却有些佩服，但绝不会去朝拜，只说：“如果再批斗他，我不会参加。”

在藏北和青海牧区，宗教气氛比其他藏区淡得多。藏区按方言分为卫藏、康区和安多；如果按地域，又分上阿里、中卫藏和下多康。藏人说，上阿里拜神山，这里有全藏区以及印度人崇拜的冈仁波切（冈底斯山）；中卫藏拜寺庙，这里有藏传佛教最早最著名的寺院，如桑耶寺、大昭寺和拉萨三大寺；下多康拜喇嘛，许多大喇嘛出生于多康地区，如十世班禅大师就生于西宁附近的安多。而藏北和青海高原处于卫藏与多康的过渡带，牧区人烟稀少，宗教不如农区及半农半牧区昌盛，“文革”期间大破“四旧”，宗教受到极大冲击，所以索南达杰这代人从小没接触佛教。从扎多与嘎玛幼时对宗教大相径庭的认识，就可知道牧区与半农半牧区宗教氛围之迥异。

索南达杰行侠仗义，扶弱救贫。他做老师时，带学生到牙琼山挖虫草，学生扎西突患急性阑尾炎，周围没有牧户，借不到牛马，索南达杰背着扎西，一夜急赶 40 公里山路送到医院。

很多人怕他，很多人佩服他。恨他的人恨不得给他下毒药，而爱他的人恨不得为他掏心挖肺。

1985 年之前，领导想让他去索加当党委书记，名曰“培养”。但索南达杰当场揭穿：“是不是我待在你们眼皮底下特别讨厌？你们不是培养我，是赶我走。”他说不去，也无人敢坚持。

1985 年 10 月 17 日，暴雪袭击青藏高原腹地，几天内，从长江源头的唐古拉到黄河源头，东西横亘 1 000 多公里、南北纵深 200 多公里的辽阔草原，被没腰深的积雪覆盖，气温骤降至零下 40℃，灾情最严重的就是索加乡，26 万头牛羊中，22 万头冻饿而死。

时为县教育局副局长的索南达杰来索加救灾，他带着几个牧民，背着几口袋羊粪，踩着厚厚的积雪奋力往山上攀登。到半山腰，索南达杰在雪地上用手画出巨大的“SOS”，指挥牧民把羊粪摆在字母上。兰州部队的救援飞机向“SOS”飞来，投下粮食、燃料、棉被和大衣。

人们一生积聚的财富，被雪花一夜之间化为泡影。这场雪灾刺激了索南达杰，他主动要求担任索加乡党委书记，从 1987 年开始一干六年，做了许多惊人的大事出来。

原来从索加往西直到 140 公里外的青藏公路，无路可通，索南达杰带领几个干部，在零下 30℃的冬天，历七天七夜，一步步量完和勘定从索加到沱沱河的冬季运输线，可以让索加人从青藏公路上运粮食。此事可谓开天辟地。

索南达杰曾告诉扎多，他一生所做“最伟大的事”是对上不交税，对牧民不征税。他不是傻瓜，知道这样做要免官坐牢，但牧民损失惨重，他实在不忍雪上加霜——实际上 20 年后，索加牧民的牲畜都没恢复到 1985 年的水平。他曾想挑出境况好一点的人家来交税，但牧民们都很艰难，矮子里拔不出将军来。他往上级做工作，但上级不免税，他只有一条路：抗税。所以，索加在交税方面倒数第一，年年如此，他敢做敢当，处之泰然。

但他在任时，没有索加人感激他，因为他冷峻寡言，从不示恩，人们不知道他为家乡做了什么。只要他下乡，听说索书记来了，全村人诚惶诚恐接待他，在他面前甚至连话都不敢说。他对牧民并不嘘寒问暖，做表面文章。在他任职六年间，独霸一方，为索加人争得许多利益。但他不谋私利，有一股凛然气概，令人敬畏。有一个故事说，县里开会，乡党委书记索南达杰迟到了，他身穿大衣，进得门来，会议桌前的所有人不自觉地站起，包括县委书记。

但不管他怎样努力，索加仍然贫穷落后。牧业是这个荒凉高原的主业，却能轻易被一夜大雪摧毁，这一阴影时时笼罩着他。他后来对扎多说："索加盯着牛屁股和羊屁股，永远翻不了身。"

一个春天的傍晚，一群地质队的汉人来到索加，索南达杰赶紧把索加最好的房子腾出来，又张罗着送来牛粪、开水，把屋子里烧得暖洋洋的。

地质队野外勘探极少遇到如此热情的干部，只见这位书记身体健壮，前额宽大，一脸络腮胡子，看起来既豪爽干练，又彬彬有礼。地质队出发时，在雇牛马上遇到了麻烦，牧民要价太高。索南达杰黑着脸骑上马奔了出去，告诉牧民，地质队是来为索加牧民找矿的，要帮助大家致富，大家要为地质队提供服务。

索加有六条水系汇入通天河，水利资源丰富。有一天，索南达杰与地质队员找建电站的坝址，回到乡里，兴奋无比，找来两瓶白酒庆贺。在与地质队员相处的两个夏季里，他学会了怎么找矿，如何辨别矿石标本，怎么看地质图，怎么定位。

地质队员们告诉索南达杰，既然你知道光靠牛羊搞不成现代化，为什么你不去可可西里？可可西里有黄金。

20世纪80年代中期，可可西里发现了金矿，出现淘金热，每年约三万金农非法进入采金，沉寂了几十万年的可可西里，被大肆开膛破肚。

索加乡一共六万多平方公里，几乎是海南省面积的两倍，四千余牧民生活在青藏线以东一万多平方公里的草场上。青藏线以西五万平方公里的可可西里，在行政区划上虽属索加乡，但因是荒蛮的无人区，没有草场，治多人早将之抛到脑后。现在那里的矿产资源令索南达杰兴奋起来，也许可可西里能救索加？

1991年3月28日，玉树州委书记史国枢来索加乡视察，在此之前，很少有州委领导到偏远的索加。索南达杰坐在史国枢的车里抽烟，史国枢讨厌抽烟，"灭掉烟。"他说。

索南达杰却对司机说："停车。"他下了车，一边抽烟一边对惊愕的州委书记说："你们前面走，我跟着。"

在史国枢面前，大部分官员低头哈腰，这个索南达杰倒不一般。

在此之前，索南达杰跑到一位州领导家里，与他谈玉树州西部索加等几个乡的开发，那位领导不耐烦地说："全州有多少个乡？要是乡党委书记都来找我，我就不用干别的了，天天接待基层干部吧。"

索南达杰大怒，一拍桌子，指着那领导的鼻子骂他"官僚主义"。

而史国枢喜欢索南达杰这样直率的干部。在索加乡，索南达杰向他汇报工作，无非是牛羊多少，成活率多少，各级政府层层上报的虚假数字。史国枢说："你少来这一套，我也在牧区干过，不是不懂，你给我实打实地说。"

索南达杰很激动，他终于找到一个喜欢听真话的领导。史国枢走后，索南达杰给他写了一个报告，提出治多的索加和玉树其他县的五个西部乡，海拔最高、气候最恶劣、交通最不便，应该成立西部工作委员会，做出适合当地情况的发展规划。

史国枢立即将他的报告转发全州，随后在三个县各成立了西部工委。索南达杰升任治多县委副书记，兼任西部工委书记。1992 年 7 月 23 日，成立治多县可可西里经济技术开发总公司，索南达杰任总经理。

他对扎多说："我是世界上最大的总经理，管五万多平方公里；但一分钱没有，也是最穷的总经理。"

现在，索南达杰与他的老同事靳炎祖、学生扎多，这三位前治多中学教师赤手空拳掌管着可可西里——这块与宁夏面积一样大的新世界。

第三章　荒原　　十五　可可西里

"可可西里"是蒙语，意为"美丽的少女"。蒙古人曾统治青海藏区，以蒙语命名，倒也有些道理。在《格萨尔王传》里，这里是妖魔之地，寸草不生，格萨尔把魔鬼埋在可可西里，所以这里的水不能喝。美丽的妖女阿达拉毛住在可可西里，她给格萨尔喝了忘情水，两人成亲，让格萨尔在九年里忘了妻子珠牡。也许因为这里有阿达拉毛，才名为"美丽的少女"。

但这里的环境远非那么美丽，自然环境严酷，气候恶劣，人类无法长期居住，在人类急剧改变世界的三千年里，这里基本没受人类影响。站在这里，远望苍苍茫茫，唯见雪山荒原，间或有高寒草原和高寒草甸，天地间一片萧索。如果格萨尔王一千年前真来过这里，他当时所见，恐怕与扎多和索南达杰看到的没什么两样——除了最近20年挖金矿与盗猎的痕迹。

可可西里名义上属于索加，但索加没人知道什么是可可西里。索加人传说，50年代解放军测绘队进可可西里，索加人赶几十头牦牛进去为部队服务，牦牛都受不了恶劣的环境，只有一头牦牛幸存。扎多跟随索南达杰进入可可西里，才知道这是什么鬼地方：这里最暖和的地方年平均气温零下4℃，最冷的地方年均零下10℃，气温最低时零下46℃。这也是全国风速最大的地方。扎多跟索南达杰进入可可西里，大部分时候没有帐篷，就睡在卡车车厢或吉普车里，每次睡下去，全身冻得麻木，听着冷风呼啸，担心第二天冻僵的身体还能不能化开。

在18个月里，索南达杰十二次进可可西里。他们没有钱，没有油，起初也没有车。从治多县城往西260公里是索加，再往西140公里是青藏公路，青藏公路以西，便是那世界第三大无人区可可西里。可除了结冻的冬天，他们无法西行直达可可西里，必须绕个大圈子：往北行1 000公里到西宁，从西宁西行700多公里到格尔木，再沿青藏公路南行200公里抵可可西里边缘。

第一次进可可西里的路上，索南达杰读着一本《工业矿产手册》，“你要不学知识的话，就变成野牦牛了”，他对扎多说。

他们歇脚在西宁的晨光旅社，那里五元一夜，到处乌烟瘴气，脏乱不堪，索南达杰并不觉得这小旅社的条件与县委副书记的名头不符。他和扎多走出旅社，兴奋地指着西宁的楼房说：“以后我们可可西里也要盖很多房子。等我们有空了，带着炒面口粮到沿海地区转一圈，考察考察，看跟谁合作好。”

谁也不知道他心里的蓝图有多大。在玉树和西宁的机关单位，索南达杰喜欢这样介绍扎多：“这是我秘书，很厉害的，懂英语。”扎多有点不好意思，但心里美滋滋地想：“原来索书记也吹牛啊。”

索南达杰并不只是吹吹牛，他要扎多学好英语，“我们以后有大事业，还要国际交往”。

成立西部工委时，文件上写明，西部工委成立第二年从县财政断奶，自收自支，第三年为财政做贡献。索南达杰的目标是可可西里的金山。

他们到了可可西里边缘，租了车慢慢进入，扎多惊讶地说："怎么有这么多车辙啊？这是无人区，怎么会有路？"

"你知道这路是怎么来的？是拉金子的，可见拉出去多少金子啊。"索南达杰说。

他们沿路见到许多被杀的野生动物：有的只剩骨架，有的藏羚羊骨肉完整，却被剥了皮，血肉模糊。

可可西里素有青藏高原"动物王国"美誉：栖息着藏羚羊、野牦牛、藏野驴、藏原羚、雪豹、棕熊等高原珍稀野生动物；有金雕、黑颈鹤、大天鹅等鸟类；湖中游动着裸腹叶须鱼等鱼类。这些均为青藏高原特有物种。

每年 5 月底 6 月初，成群结队的临产藏羚羊从东部向腹地卓乃湖、太阳湖一带迁徙产仔，数万只母藏羚羊在湖畔分娩，场景壮观。但随着非法采金人越来越多，藏羚羊被大规模屠杀。

从可可西里回来，扎多发现索南达杰空前焦急。西部工委买了一辆北京吉普，索南达杰兼任司机，这一天开车拼命往结古镇赶。他身体不好，腰痛时将一块石头放背后垫着，停车吃饭时，他吃不下，就在后排座上休息一下。

他们在下午赶到州委，史国枢书记正与新任州长谈话，索南达杰与扎多在吉普车里等着。等到晚上 10 点，史国枢走出办公室，很不耐烦地对索南达杰说："有什么事非要我出面？县委不能解决？"

扎多很诧异："这个人怎么这么坏？"

史国枢继续批评说："你做的这件事，我非常不满意。抓一个是一个嘛，为什么乱铺摊子？"

"这是什么意思？"扎多一头雾水。许多年后他才明白：这时的索南达杰已在考虑可可西里的环保问题，可上级领导并没意识到环境问题的严重，他们只想到开采资源。

"我只有 15 分钟，明天 5 点钟起床去西宁。"史国枢骂完后说。

扎多想，这下糟了，按索书记的脾气，他会指着史国枢的鼻子骂起来。但令扎多惊讶的是，索南达杰极谦恭地说："好的，书记，我简单汇报一下。"

扎多暗暗失望：索书记当了一点小官，就不敢得罪人了。

过了一会儿，索南达杰从办公室出来，告诉扎多："史书记是我们西部工委的父亲，没有他就没有西部工委。"

1992年11月12日，索南达杰在西部工委成立"黄金管理委员会"和"野生动物保护办公室"，后又成立"高山草场保护办公室"。人们被他搞糊涂了——西部工委成立的目的是开发可可西里，现在怎么成了"保护野生动物"？

索南达杰虽没有受过佛教教育，但藏族根深蒂固的传统文化，比如众生平等、不杀生、保护自然等观念，已令他开始关心藏羚羊等野生动物的命运。

扎多发现，索南达杰的脾气越来越不好，这个事事高瞻远瞩的人，无法被他的同僚和上级理解。

1993年夏天，县委组织到草原上野游。索南达杰让司机打来旱獭煮了吃。除了处在蛮荒之地的索加人，没人吃这种肉，在别人眼里那是肮脏的行为，如果一只锅煮了旱獭，别人会把锅扔掉。但那一天索南达杰表现怪异，故意跟同僚们过不去，"来吃旱獭肉，"他对县委书记和县长喊，"都是共产党的干部，不要满脑子迷信。"人们很恼怒，不欢而散。

扎多猜测，索南达杰必定有什么愁闷无法排解。在这个小地方，他的胆略和智慧使他成为孤独的人，没人是他的知己，包括他的下属。

扎多觉得索南达杰前后判若两人：扎多到西部工委之前，索南达杰对他客客气气，自从进了可可西里，却很少给他好脸色。他去索南达杰家里，索南达杰不对他说话，似乎没看到他，令扎多手足无措。扎多热切地想与他做朋友，像兄弟一样，而不仅仅是上下级，但他们无论如何做不到，索南达杰动不动骂他，守着外人也不顾忌，令扎多灰心。

索南达杰鼓励扎多在工作上有自己的想法，不要唯唯诺诺，扎多终于做了一次。在曲麻莱县与治多县边界有个盐湖，按行政区划应属治多，但曲麻莱县已对盐湖经营多年，扎多刚刚听说曲麻莱县又要有什么动作，兴冲冲来告诉索南达杰，希望得到他的夸奖。

索南达杰正坐在桌前用扑克牌算命，扎多说完，索南达杰没有反应，继续一张张出着牌，一句话也不说。扎多不知所措。

沉闷的几分钟后，索南达杰终于开口："那又怎么样？"

扎多嗫嚅道："我不知道。"

索南达杰把牌一扔，斥道："你不负责任！这是我一个人的事吗？你听到这个消息，应该有个对策。"

扎多好像兜头一盆冷水泼下，本来兴冲冲想得表扬的，不料反遭责骂。后来扎多不再提建议了，反正思路总也超不过索南达杰，干脆不要思想，老老实实执行，万事大吉。

1993年5月，西部工委在青藏公路设卡，阻止非法采金者进入可可西里。之前他们在《青海日报》登通知说，进可可西里采金必须先到西宁的玉树州办事处办手续。玉树州无人采金，采金者大多来自青海东部。但通知发过后，竟连一个人也没来，西部工委只好在青藏公路不冻泉设卡。后来发现淘金者其实另有通道，据说那里有私卡，过往者须交买路钱。

但索南达杰一直没找到那个通道，看着进出可可西里的车辙，索南达杰叹口气："这里不是无人区，是无法区。"

此时可可西里盗金已近疯狂。1989年2月，青海省黄金领导小组决定在可可西里马兰山40平方公里内试采黄金，人员限定为一万名。但当地官员大肆炒卖和重复发售采金证，大量金农涌进可可西里，5月25日，暴雪突降，8 000多名金农被困。他们没有吃的，一辆东风汽车只能换来两个馒头。政府动用直升机空投物资救灾，仍有42名金农丧命。据说空军驾驶员看到下面饿得疯狂号叫的人们，居然不敢降落，生怕被抢，只能远远地投下面粉。

可可西里除了淘金者，更有许多强盗。有些强盗一路跟随找金矿的老手，一旦发现金矿就劫夺过来，占地为王。扎多曾见过一个山沟，山的两侧修着碉堡，进山的车道两边挖成10米深的大坑，外来车辆一不小心就掉下去。更有些不法之徒随便圈起一座山，放出风去，说这里遍地黄金，派人到各地招徕农民，老乡骗老乡，很快一个所谓金矿就聚集上千农民。策划者发放自制采金证，每人交500元，若有不交者，打手们找机会打死个人，杀鸡给猴看。于是农民们在这里辛辛苦苦挖上一年的土，所谓"矿主"坐地生财。

金矿的幕后老板从来不去可可西里，进去的只是二老板、三老板等小角色和打手。冬天金矿停工，留许多人在可可西里运粮、运煤，看守金场。打手们也打猎，起初主要猎杀野牦牛，这样夏季大队人马进驻时有肉供应。后来知道藏羚羊的毛可以卖钱，于是夏天采金，冬天打猎。

其实他们不是最先猎杀藏羚羊的人，只是令凶手的队伍骤然庞大而已。

藏羚羊是藏北高原上的旗舰物种，但处于灭绝边缘。野生动物学家乔治·夏勒博士估算：20世纪初，生活在青藏高原上的藏羚羊超过100万只，而到90年代中期，只有65 000～72 500头，超过九成的藏羚羊消失了。夏勒博士认为，沙图什贸易是藏羚羊日益减少的关键原因。

“沙图什”意为“毛绒之王”，指藏羚羊的绒毛，它是世上最柔软、最保暖的绒毛，由它制成的披肩代表着稀有和奢华，备受贵族和富人的青睐。由于一条宽一米长两米的披肩可以轻松从戒指中穿过，所以被称为“戒指披肩”。

从20世纪80年代后期开始，沙图什披肩成为许多富人的时尚，可很少有人知道沙图什的来源。经营沙图什贸易的商人向消费者编织谎言：“在海拔超过5 000米的藏北高原上，每年换毛季节来临之时，一缕缕轻柔细软的羚羊绒从藏羚羊身上脱落下来，当地人历尽艰辛把它们收藏起来，织成华贵而精致的披肩。”这样的谎言令购买沙图什成为一种高尚行为——支持藏区的生态保护和改善当地人民的生活。但由于藏羚羊善于奔跑，难以活捉，更难以活体取毛，所以偷猎者驾驶吉普车追踪藏羚羊，在夜间包围它们，用灯光照射使羚羊视觉消失，然后用枪大批屠杀。

目击者如此描述他们看到的情景：“数百头藏羚羊全部被屠杀，血流成河，尸横遍野。倒在血泊中的藏羚羊妈妈身怀未产出的胎儿，它旁边还有一个正在吮乳的孩子，幼小的藏羚羊羔仍在沾满鲜血的红色乳头上吸取乳汁，羚羊妈妈的鲜血染红了小羚羊的嘴巴、鼻子和它那憔悴的面颊。失去母亲关爱的小羚羊过不了多久即被老鹰和狼吃掉……”

一头藏羚羊只能剪取100～200克羊绒，一条女士披肩相当于三头藏羚羊的生命，当人们戴着沙图什披肩炫耀着高贵和优雅时，其实正背着三具藏羚羊的尸体招摇过市。

藏羚羊皮被运送到西藏的日土、普兰、拉萨和青海格尔木，然后偷偷运往印控克什米尔地区。沙图什在那里手工编织成披肩，然后通过秘密途径销往全世界的时尚中心。

在中国的黑市上，每张藏羚羊皮的收购价约合80美元。在印度，一条纯沙图什披肩的价格在 800～5 000 美元，进入国际市场后，披肩的价格升至 5 000～8 000 美元，最高超过 15 000 美元。

1970 年以前，由于地理环境和气候条件的影响，对于藏羚羊的猎杀仅限于当地牧民，到了 80 年代，藏羚羊绒价格的不断上涨，引发了对藏羚羊的大规模猎杀。许多人专门从事这一行当，手持先进武器，驾驶车辆无情地追杀藏羚羊。

索南达杰带车进入可可西里，在路上，他下车捡起两块漂亮的花石头，很爱惜地装进口袋："送给我儿子当生日礼物。"

他们在野外烧开水煮方便面吃。这里海拔高，空气含氧量只有平原的一半；气压低，沸水温度只有摄氏 85 度。索南达杰吃了方便面，又吃了一块有点发霉的牛肉，过不多久，突然"啊哟"一声蹲下身去，身体佝偻着躺到地上。扎多和靳炎祖吓坏了，急忙去扶他，发现他身上冷汗直流，可能是急性胃炎。人们七手八脚将他抬到车里，索南达杰病情没有缓解，最后痛得在车里翻来滚去。扎多和靳炎祖决定立即赶回治多。

扎多与司机在前探路，发现有辆拖拉机停在旷野，旁边搭了顶帐篷，右边的土坎下有个东风卡车的车厢。"我的妈呀！"扎多心里叫出来，他看见车厢旁边的地上堆着藏羚羊皮。

扎多想下车看看，司机急忙叫道："他们有枪，会打死我们！"吉普车立即呼啸着冲回营地，汇报这一重大发现。索南达杰病得厉害，无法起身，命令扎多带人冲回去，他们只有一支冲锋枪，是索南达杰借来的。等冲回那个地方，天已黑了，只看见空帐篷和拖拉机，旁边扔掉很多羊皮，看来那些人刚刚逃掉。扎多手持手电筒钻进帐篷，"啊！"叫出声来，地上一支小口径步枪闪着亮光，拿起来一看，子弹已上膛。

正在此时，远处射来汽车灯光，人们立即埋伏起来。一辆吉普车开到帐篷跟前，三个人下车。"不许动！"扎多端枪跃起，三个人待在当地，这三人正是这群盗猎者的老板。

西部工委回到青藏公路，县里其他工作人员已将成百上千非法采金者堵在青藏公路上，采金者越聚越多，索南达杰觉得不妙，如果这三个老板与那些采金者有关系，说不定西部工委会遭围攻，他急令快撤。只凭卡子是堵不住的，不如撤了卡子，擒贼先擒王，那群人只是普通淘金者，而抓回三个盗猎头子才是正经。

他们驶到五道梁，五道梁北距格尔木 290 公里，是青藏公路的中继站，有兵站和道班，也有数家小旅社和饭店。索南达杰命令从五道梁往东开，直接回治多县城。他不想绕那将近 2 000 公里的大圈子了，但车行不久，卡车就陷进泥里，人们挖了一夜，等晨星东挂，往西边看去，五道梁仍在眼前。

好歹将车挖出来，走不多远又陷下去。这是五月底，冻土已融，荒漠和草地到处是陷阱，车一陷下，他们将三个犯人押到一边，奋力苦战。有一次实在累极，挖着挖着居然躺倒，死睡过去。冲锋枪就在犯人脚边，犯人虽然戴着手铐，但完全能捡起冲锋枪置他们于死地，好在犯人没起歹意。

索南达杰的病已有缓解，但有两天没吃东西，仍然在前开车引路。趁同事挖车时，扎多烧了点开水给他送去，打开车门，吓了一跳：索南达杰横躺在车里昏迷过去。人们手忙脚乱将他救醒，索南达杰睁开眼睛轻轻说："你们冷不冷？冻伤了没有？"扎多的眼泪涌出来。

起初几天，几个人白天挖车，夜晚搭帐篷睡觉，早上收起帐篷继续挖车走路，但走不多远又"扑哧扑哧"陷入泥潭。后来他们干脆不收帐篷，汽车随陷随挖，随行随陷，忙活一天也走不多远，走回帐篷睡觉正好。

索南达杰仍然病着，人们决定让索南达杰乘吉普车押犯人先走，扎多带人押送卡车和羊皮。索南达杰的吉普车消失在荒漠之外，天地间只余这一辆苟延残喘的卡车，扎多忽然觉得极为空虚。

他们日复一日地与泥潭搏命，夜里寒气袭人，没有牛粪取暖，只有从青藏公路上弄的沥青，扎多将沥青点燃，滚滚浓烟扑面而来，很快将全身涂得漆黑。"不知博雷和孩子能不能认出我来。"扎多躺倒在地，幽幽地想。现在他是两个女儿的父亲了，想着可爱的孩子，眼睛湿润起来。"这次回家后，还要再来可可西里吗？"他问自己。每次离开她们赴可可西里，他心里都很难过，不知道这次能不能回来，尽管到可可西里工作，除了在冰天雪地里遭罪和时时的生命危险，他没有得到什么，但他耻于有退缩的念头。"索书记能去，我就不能做胆小鬼。"他给自己打气。

第二天走着走着，看到一个土堆，上面有什么纸张。扎多下车拿起，是一个烟盒，上写："你们一定要保重！"

"索书记留下的！"扎多失声喊道。

八天之后，扎多终于回到治多，他浑身黑臭，声音嘶哑。索南达杰站在路边，含泪迎上来，将他紧紧拥抱。

第三章　荒原　　十六　最后一次巡山

1994 年 1 月初的一个晚上，结古镇一位官员家昏暗的灯光下，索南达杰擦着一把 54 式手枪。这是刚从公安局借来的，不知在铁柜里锁了多少年，生了厚厚的锈，与其说是一把枪，不如说是一块像枪的铁疙瘩。扎多说："反正打不响，还擦它干嘛？"

索南达杰笑笑，黑框眼镜架在他瘦削的脸上，显得有些大，大衣披在身上晃晃荡荡。他穿一条厚厚的羊皮裤，可并不感到暖和。可可西里的一年半搞垮了他的身体，使这个近一米九的魁梧大个子像瘦弱的病人。可他眼睛明亮，热切地盯着这块黑铁，擦了好久，看起来真像一把枪了，左看右看，交给扎多笑道："这个你挎着，你个子矮，挎上像汉奸一样。"于是扎多挎上那块打不响的铁疙瘩，心里纳闷索书记这次为什么一定要配枪。

这是他们第十二次可可西里之行。索南达杰虽是县委副书记，在县委并不设办公室，好像随时准备回可可西里。他手提包里的书籍，由《工业矿产手册》变成复印的散页《濒危动物名录》。扎多搞不懂索书记在想些什么。从《工业矿产手册》到《濒危动物名录》，不知不觉间，索南达杰对可可西里的认识发生巨大变化，可是他孤独寂寞，没人可以与他对话。

一个干部问索南达杰："可可西里的草场到底怎么样？能放牧牛羊吗？"

索南达杰说："那里怎么会有草场？"

"那你待在那里做什么？!"

索南达杰只有苦笑，谁也不知道他为什么要为那块蛮荒之地拼命。他得不到多少支持，甚至那辆吉普车的汽油也是靠西部工委三个人的工资垫付。但他一句怨言也没有，从来不说别人的坏话，扎多这才明白，当他找索南达杰报名时，索南达杰为什么那么痛恨他埋怨校长。只有一次，在数次向上打报告得不到回音后，索南达杰叹口气："不死几个人是办不成事的。"

不去可可西里的日子里，他找了个临时办公室，让扎多坐他对面。人们络绎不绝地找他办私事，为了自己的职位、儿女的工作，在他面前又哭又闹。有一日又有人来烦扰他，扎多不由感叹："原来当官有这么多烦恼！"

索南达杰似乎看出扎多想什么，冲他笑笑说："我们还是进可可西里吧，这里太烦了。"

1994年1月初，他们最后一次进可可西里。索南达杰这次十分郑重谨慎，跟县长借了一把77式手枪，跟公安局借了冲锋枪和54式，之前11次去可可西里只有一次带枪。他还每天400元租了一辆东风卡车拉着装备。

扎多要跨上西部工委的吉普车时，瞥了一眼车号：青G0519。这车号他早就看惯了，但这次忽然有不祥的预感："不好，519——'我要救'！"

"别胡说，这是'我要金'！"索南达杰说。

这个车号永远印在扎多心上，"我要救"，"救救我"，那是不祥的预兆。那辆可怜的车，最后被打得满是枪眼。

这次出行兵强马壮，除了索南达杰、靳炎祖和扎多，还有撒拉族向导韩伟林、从县上借的司机才扎西、东风车的车主和司机，一共七人。装备也是史无前例的充足齐备：索南达杰跟格尔木天池饭店的朋友借来被褥，买了几大桶汽油，买了塑料桶，在格尔木昆仑矿泉里装上山泉。索南达杰规定，在可可西里不许洗脸、刷牙和刷碗，节约用水。

1月8日夜里11点45分，两辆车从格尔木出发。动身前，索南达杰给夫人才仁发了一封电报："元月9日离格赴可，索。"没有写归期。

从青藏公路进入可可西里有南北两条线，他们八小时后到达南线，在靠近楚马尔河的地方发现了车印。在可可西里辨别敌我很容易：除了西部工委，所有人都是非法者。因此只要顺着车印追，肯定能找到盗猎者或采金者。

他们先遇到一辆东风车，那司机老马竟是熟人。索南达杰第一次进可可西里时碰到他，警告说这是西部工委的地盘，以后再进来要办手续。老马连声答应："啊，没问题，明年就去办手续。"

这次狭路相逢，索南达杰可不客气了，扣了他的东风车，押着老马进入可可西里。有趣的是，老马一路与大家吃吃喝喝、说说笑笑，幽默风趣，倒颇解大家的旅途烦闷。

他们顺车辙追到海丁诺尔湖，湖的对岸有个白帐篷，索南达杰让车队慢慢绕过去，接近帐篷时突然加速，人们跳下车端着枪冲进帐篷。十来个人还在睡觉，被抓个正着。在此之前西部工委无数次抓人，知道这些人露营时都把枪藏起来，生怕政府抓住偷猎证据。

“交出枪来！”索南达杰喝道。

“我们没枪。”

扎多把他们从帐篷里拉出来，站到冰面上。这时太阳落山了，四处黑暗，只有冰面的反光。扎多问：“你们进可可西里干了什么？”

“我们什么也没干，昨天刚进来。”

扎多看见有个人的脚冻伤了，“昨天刚进来，怎么可能冻了脚？！”他大声喝问。

他们张口结舌，但还是不承认有枪。一会儿，索南达杰在离帐篷 30 米的地方搜出两支小口径步枪和 3 000 发子弹。

索南达杰下令把盗猎者的柴油收缴，只给他们留下回青藏公路的油。那么多人无法抓走，只好让他们离开可可西里。但如果他们有钱，便可在青藏公路买了柴油再进来，索南达杰对此无能为力。

当天晚上扎营在库赛湖北岸，1 月 10 日扎多开车绕湖巡视，又抓了一伙人，缴获两支小口径步枪、一支改装半自动步枪和 3 400 发子弹。1 月 11 日下午，他们进入一个河沟，名为“豹子峡”，大家忙着搭起帐篷，埋锅造饭。

索南达杰在车边研究地图，没人敢打扰他。他很疼爱那些地图，怕弄坏了，用几十条一公分宽的透明胶带把地图粘起来，一直放到车里。北京吉普里面两侧有夹子，还扯着细绳，上面挂着他的宝贝地图，吉普车就是他的办公室。他边看边在笔记本上记录。

扎多不明白，这附近没有金场，索书记又写又画做什么？他们把茶烧好送给索南达杰，可索南达杰忘了喝，一杯凉了再换一杯，似乎浑然物外，一直盯着地图，不知想些什么。

索南达杰出去巡视，把 77 式手枪交给扎多。扎多把玩着手枪，“砰”的一声，子弹擦着他的腿飞出去，将地上的毡子打了个洞。扎多没敢告诉索南达杰。

13日，一行人沿昆仑山南麓西行，往北爬上一座高山，这是昆仑山的主脉，忽见北边一座高山雪峰连绵，那是海拔5 800米的雪山峰。索南达杰兴奋地说："开酒！"他们带了两瓶"互助头曲"，打开一瓶，你一口，我一口，顷刻见底。大家烈酒下肚，更觉一览众山小，无不欢呼雀跃。

1月14日，他们行至马兰山，在四道沟里发现一个金场，一袋袋面粉堆在一起，还有大批燃煤，就像粮站和煤站。看来这个金矿想在夏天大干一场。

索南达杰从帐篷里拉出几个青壮年，厉声喝问："枪在哪里？！"那些人嘴很硬，什么也不说，索南达杰拳打脚踢，靳炎祖也动手了，但扎多有些心软，犹豫着不动。索南达杰生气地说："我这些人手脚瘫痪了，要让我自己来动手。"

扎多有些不好意思，但不会下手打人，只好劝告那些采金者："我们肯定能找到枪的，你们又挨打又挨骂，何苦呢？"

索南达杰以前从不对盗猎者动粗，其他人吆喝吆喝，他还不高兴地说："这也是老百姓，不要粗暴。"但这一天索南达杰似乎变了个人，脸色铁青，愤怒地将那些人拉拉扯扯，大声呵斥。

最后从火炕底下搜出两支步枪，有一支枪栓很涩，索南达杰用手去拉，纹丝不动。他把枪交给金场一个老头，老头"哗"一下拉开，不费吹灰之力。

缴获了武器，西部工委撤出四道沟，谈论着那有蛮力的老头，老马说："你不知道他杀了多少人！他是打手队队长，常年不敢回家，回去后无数人找他报仇。"

他们出了沟来扎营，这才发现断粮了。索南达杰责备扎多没买够粮食，扎多自觉理亏，说："我回去借粮。"

扎多不喜欢舞刀弄枪，他放下冲锋枪，与司机进沟借了一袋面粉，返回营地时，索南达杰迎上来，挥手要车停下。扎多下车兴冲冲地说："索书记，我借到粮食了。"

索南达杰铁青着脸问："你的枪在哪？"

"放帐篷里了。"

“你干什么！”索南达杰喝道，像是平地打个惊雷，“我们是与犯人打交道！”

扎多一句话不敢说，急忙钻帐篷睡了。从这一刻起，索南达杰的脾气更加暴躁。

他们已有二十来支枪，索南达杰把枪栓卸下来，将枪支和枪栓、弹夹分开，塞到吉普车的座椅底下。

15 日，一行人顶风冒雪来到可可西里最西北角的泉水河河谷，这里是青海、西藏和新疆三省区交界处，顺河谷往前走，就会径直到新疆境内的鲸鱼湖。他们在河床上发现了许多车辙，扎多兴奋地说：“这是一帮大家伙。”

这一天雪大风狂，大家早上没吃饭，好几个轮胎又爆掉，人们情绪低落，索南达杰一直脸色阴沉，没人敢招惹他。

下午六点多钟，雪停了，远远望出去有几座雪山屹立。索南达杰乘吉普车顺车辙往前直追，将两辆卡车甩到后面。追到一处河谷，这里弯弯曲曲，是个避风处。索南达杰让司机停车，严肃地对扎多说：“你下车，等后面的车赶上来，告诉他们在这里扎营，等我回来。”

扎多依言下车，看索南达杰的吉普车远去。白雪皑皑，山谷寂寂，天地间很安静，他的心突然狂跳起来：“如果索书记碰到那帮大家伙，他单枪匹马，还不被收拾了？”

他急跑到半山腰往远处眺望，吉普车不见了，只有雪地中的车辙曲曲折折隐入山后。

两辆卡车赶上来，扎多告诉靳炎祖，索书记命令在此扎营。“但我觉得索书记有危险，我们是不是追上他？”他问。

靳炎祖犹豫着说：“既然索书记让我们扎营，还是在这等他回来吧。”

靳炎祖是扎多念治多中学时的老师。在只有三个正式干部的西部工委，索南达杰是他领导，靳炎祖是他老师，因此扎多总是服从者。但今天扎多做出反常举动，他跳上另一辆卡车，“快，快！”他冲司机叫。东风卡车猛地窜出去，“轰轰”的巨响回荡在河谷。

“东风”追出好久仍不见索南达杰的影子，天渐渐黑了，汽车减速顺河谷前行，忽然前方灯光一闪，一个黑影冲过来。扎多一惊：盗猎者？急令司机停车，挺起腰，将枪握紧。

来人很快冲到近前，车灯照耀下，却是索南达杰。扎多跳下车。索南达杰以为来的是盗猎者，见是扎多，怔了一下，收起枪，跨上一步，手指扎多的头，声色俱厉："谁叫你来的？"

"天这么黑了，我怕你有麻烦……"扎多道。

"谁是县委书记？你，还是我？"索南达杰气狠狠地叫："这是战场，只有一个领导！"

扎多打个冷战。索南达杰比他高出一大截，气势汹汹站在面前，如同一座黑塔。"他要打我了。"扎多想。

索南达杰继续大骂："我不相信你们，我给你们枪，都不知道你们枪口要指着谁！"

扎多小声说："我带车过来，是想……"

"你带车？你说了算吗？你是领导吗？谁任命的？"索南达杰句句如刀。

扎多嘀咕说："我以为你会有危险……"

"'我以为，我以为'，你以为你是谁？你读过几本书？"索南达杰喷出的怒火几乎要将扎多烧焦。

可可西里的寒风呼啸着，刮起雪花打在脸上，扎多苦苦熬着，可索南达杰狂怒未止，扎多站在他面前，心里冤屈苦涩，悲愤难言。可可西里很苦，他这个习惯受苦的孤儿都无法忍受，每次离开老婆孩子，心中又害怕又悲伤，生怕再也见不到她们，但一有退缩之念就骂自己胆小鬼。可如此受苦，换来的是什么？

他从来没得到索南达杰的尊重，索南达杰总是骂他，骂他，连他系错了鞋带都要臭骂。扎多仍然对他忠心耿耿，尽管后悔来可可西里，却从未下决心离开他，今天也是为了他的安全，没想到又被欺辱。"我越待你好，你越欺负我！"扎多灰心绝望，心里反生出一股力量，"你骂吧，我这一次出去可可西里，绝不再回来！"

扎多打定了主意，心神稳下来，反而淡定许多，不再辩解。索南达杰骂完，说："走，回去！"往吉普车走去。

扎多没跟他走，转身登上卡车。

索南达杰回身大喊："过来！这才是西部工委的车！"

索南达杰坐副驾驶位上，扎多默默钻入后排，不料索南达杰不解恨，扭过头来继续痛骂："你们那一拨人，自以为看过几本书，就自以为是。你们知道什么？你们什么也不懂！"他连扎多的朋友扎西和文扎也骂进去了。

"好好好，你骂吧，"扎多心想，"我再跟你，我不是人！大不了再回去当牧民，没什么了不起的！"他由害怕、伤心、绝望，渐渐转为愤怒。

快到宿营地时，索南达杰忽又转身，将手指着扎多的鼻子，愤怒和剧烈的胃痛令他的手颤抖着。扎多痛定思痛后，伤心像冰融为水，汩汩流出来。他甚至听不清索南达杰骂的什么，只觉得自己太傻。有人警告过他，索南达杰只是利用他，跟着他没有好下场，可自己仍然那么坚定地跟随他。

车慢慢行驶，车窗外一弯新月升起，照着白雪覆盖的可可西里，天地一片银辉。车行至宿营处停下，扎多满腔怨气，操起钢钎去河边打冰烧茶。

靳炎祖走到索南达杰面前，也许想给索南达杰消消气，说："我告诉过扎多不要再走了，他根本不听话嘛。"

扎多再也忍耐不住，回头大喊一声："你闭嘴！"

"你说什么！"索南达杰勃然大怒，如一头狮子般冲过来，右手将扎多手里的钢钎抢去，左手"砰"一下推到扎多身上。

扎多冲上去，一把将索南达杰推得"噔噔噔"倒退几步。他像野牦牛一样豁出去了，甚至想到了腰上的藏刀。

"你凭什么？我也是单位的干部，不是你儿子，你算老几？！"他圆睁双眼，恶狠狠地冲上司叫。

索南达杰愣一愣，喊："你个小娃子，你要是长到我这么高，我嚼都不嚼就吃了你！"

扎多的怒火倾泻而出，"我怎么就不如你？我不当官就不是人吗？我也是男子汉！你能干什么，我就能干什么！你要是动手，我今天就跟你拼了！来来来，今天就是两个男子汉来拼一拼！"

索南达杰看着他，呆在当地。

"你以为你是谁？你是县委副书记？你的椅子坐热过没有？你是被人家赶到可可西里来的！"

扎多意犹未尽，用藏人中最恶毒的话骂索南达杰："吃你父亲的肉！"至于索南达杰的父亲就是他的"幸福老师"，却也顾不得了。

索南达杰忽然像小孩子一样低下声音说："你跟我过不去不要紧，为什么要骂我父亲？咱俩是一个村子，我靠得住的，不就是你一个人嘛，当年我从多少人里把你挑来的？"

"没人愿跟你，你不就是看我孤儿好欺负嘛。"扎多叫道。

索南达杰说："我把最好的枪给你……"

"别说什么枪不枪，"扎多喊，"明天我不拿了！"

"你还这么说！为了你们的安全，这是我一个个求来的，子弹也是我一颗颗求来的，这些你都看到了……"索南达杰说。

"我没看见！"扎多喊。

索南达杰彻底软下来，低声说："这两年来，我在这里迈一步，你也迈一步，我们在可可西里的每个脚印，我们受过的苦，只有你我知道，我老婆也不知道嘛。"

"我不知道！你少来这一套！"扎多喊，"你不就是利用我吗？我再也不干了！再也不受你欺负了！"终于痛快了的扎多越来越有劲。

索南达杰气得胸膛起伏，怔怔地说不出话，忽然大喊一声："你走！"

"好，我走！"扎多大叫一声，手持手电筒转身便往黑暗中走，他知道自己单身一人走，不是饿死就是冻死，但在狂怒中哪还顾得上这许多。

索南达杰在身后喊："那电筒是西部工委的财产！"

扎多闻言，将电筒举过头顶，奋力砸到地上，电筒立即稀烂。他抬脚便走，一抹额头，满手的汗水。在零下 40 摄氏度的冬夜，他全身火烫，恨不得索南达杰过来动手，他扎多会往死里打！虽然他比索南达杰弱小得多，但愤怒激起的勇气，让他敢以死相拼。

人们冲上来拉住扎多，靳炎祖也来劝："我刚才只是随便说一句嘛。"扎多有点不好意思，也知道自己往外走是死路一条，只好钻进帐篷。他吵完后脾气消了一点，却也不想补救了，反正是撕破脸了，破罐子破摔吧。

索南达杰坐在帐篷里，用一条毡子将全身裹得紧紧的，缩成一团，脸上冷冷的满是伤心绝望。靳炎祖给他倒杯热茶，问："要不明天休整一下，修修轮胎？”

“别问我，”索南达杰说，“我不是领导了，我管不了了。”

他打开包掏出一大把药片，一般人吃 4 片，他是一次 16 片，一把一把地咀嚼，如牦牛吃草一般。他不喝水，也不吃饭，如同一个风烛残年的老人，而不是那个 40 岁凶巴巴的壮汉。

管他呢！扎多吃完饭，将铺盖收拾好躺下便睡，平时他负责整理索南达杰的铺盖，今晚理所当然不再理会。其他人很尴尬，帐篷里气氛比外面还要冷峻。

索南达杰一夜辗转反侧，扎多却睡得酣畅，这一夜昏睡如同一盆冰水浇到头上，将怒火熄灭，扎多早上醒来突然觉得不好意思：索南达杰来可可西里不是为私利，是为了家乡，我和他是家乡人，他又是我的老师，他又病又累，就是打我一通出出气又有什么了不起？我为什么沉不住气？

索南达杰起床后自己收拾被褥，装到口袋里。那是重活，平时是扎多帮他做的，在海拔 5 000 米的地方，爬上卡车，将东西递上去扔下来，就是扎多这样的小伙子也勉力支撑，需要时不时停下歇一阵。看索南达杰喘着粗气艰难地收拾行李，扎多一下子想通了：这么可怜的人，我何苦再添他烦恼？

又快断粮了，索南达杰拿起枪，开车去打猎。他们本是在保护野生动物，但现在不打猎就要饿死。扎多看索南达杰孤单的车影远去，越来越后悔，忽然觉得索南达杰没错，全是自己的错。

上午 11 点钟，索南达杰回来了，没打到什么猎物。大家急忙倒茶给他，他坐在毡子上，不喝水，不说话，只是捂着肚子扭头看着地下。扎多知道他的病有多严重，亲眼见他在可可西里痛得死去活来。就在这次进可可西里前，他对扎多说，以前在索加，冬天把冰块放胳膊上，看着胳膊冒热气，还是觉得全身火热。“现在不行了，穿着羊皮裤还是觉得冷，哎呀，40 岁了，人老了，不行了。”他说。

扎多说：“是啊，上一次赛马会上你穿着公安制服，我当时感觉你怎么连衣服也没撑起来，没那么魁梧了。”

“是啊是啊，老了老了。”索南达杰感叹道。

索南达杰低头坐着，显得苍老孱弱，扎多偷眼看他，越看越难过，终于鼓足勇气走过去说："索老师，我昨天错了，对不起。"

索南达杰将头扭向一边说："算了，别来这套了，我们两个这辈子就这样了，以后你走你的阳关道。"

扎多蹲在他面前，低着头，手抠着地下的土，眼泪一串串滴下来，打湿了地下。索南达杰抬起头，眼望远处说："别这样了，你昨天说得很清楚了，我们各走各的路。"

扎多不知道说什么，"吧嗒吧嗒"掉着眼泪。索南达杰忽然端起杯子喝了口水，好像一下有了精神，喊："韩师傅，今天修修轮胎吧，我们休整一下。"扎多知道他不生气了。

人们听他开始说话，无不大慰。恰在此时，轰轰的马达声传来，还没回过神来，一辆吉普车已冲到跟前。人们手忙脚乱抄起枪大喊："停车！"吉普车迟疑了一下，猛地加足马力冲过去。

人们举起枪冲吉普车轮子"啪啪"射击，索南达杰跳上自己的吉普车，大喊一声："注意后面！"吉普车"轰"地一声追了下去。

扎多拿着枪冲来路紧跑几步，果见有烟尘滚滚而来，是一辆卡车。那卡车司机来到近前，见面前五六个汉子黑洞洞的枪口对着自己，戛然停车。人们将车里的几个人拉下来绑起，上车一看，满车血淋淋的羚羊皮。

索南达杰押着逃跑的盗猎者回来，扎多将昨天的气全撒到盗猎者身上，穷追一个家伙，狠狠踢了几脚，那人吓得钻到吉普车底下，扎多一脚踢过去，"当"一声踢到车上，"啊呀！"扎多大叫一声，脚几乎骨折，痛入骨髓。

这一仗抓获盗猎者八人。扎多存了警惕之心，跑到河对岸，那里看得更远，见又有烟尘一路而来，"啊，又来了！"他大叫。

一辆卡车开过来，见有人用枪指着他们，立即放慢速度，人们以为要停车了，可车开到跟前突加油门，横冲而过。人们一边躲避一边噼里啪啦地开枪，水箱打破，玻璃"哗啦啦"打碎，轮胎也被击中，汽车一头栽在路边，汽油哗哗地流出来。扎多想，电影上打中油箱总会起火，看来并非如此。司机一侧的驾驶室门上有三个弹孔，人们把司机拖出来，他"哎哟哎哟"地叫着，原来大腿中了一枪。

又是一车血淋淋的羚羊皮。

扎多把司机拖进帐篷，发现伤口青青的，并没流血，正想怎么包扎，远处又冲来一辆吉普车。索南达杰将皮大衣扔到地上，手拿小口径步枪冲上去将车截下。过了一会儿他觉得冷了，对扎多说："把我衣服拿来。"扎多奔跑着去拿大衣，心里很高兴，索南达杰又理他了！

这一仗又抓获 12 人，缴获一支火枪、一支改装半自动步枪、9 支小口径步枪和 3 000 发子弹。

司机才扎西悄悄对扎多说："韩伟林打了很多子弹，应该节省着用啊，不知道还要遇到多少人呢。"韩伟林手持冲锋枪，一射一梭子弹，其他人只是一枪枪地打。

扎多想到驾驶室门上的三个枪眼，一个念头一晃而过，"原来是他打伤了司机。"

盗猎者全部拿下，大家欢呼雀跃。索南达杰悄悄问扎多："司机腿上那一枪是谁打的？"

扎多说："可能是韩伟林吧，听说他冲车打了一梭子。"

索南达杰沉吟一下，肯定地说："是我打的。他们讨厌得很，我就对着门上打了三枪。"

扎多怔一下，心想："他是不是要抢功？"

索南达杰悄悄说："你回到治多千万别说是他打的。他是老百姓，是我们拉来当向导的，如果这些人报复他，他就没法混了。我们是政府人员，没事。"

扎多呆在当地。枪声甫歇，索南达杰居然想得那么深远。

第三章　荒原　　十七　英雄之死

扎多手持冲锋枪，命令当天抓获的 20 个盗猎者面对悬崖，每人相隔三四步跪下。这 20 人都来自西宁附近，没有一个藏族人。西部工委的人急急埋锅造饭，他们在缴获的吉普车里发现一只刚打死的藏羚羊，身体还温热，西部工委断粮了，正好煮肉吃。

那些盗猎者被可可西里折磨得不成人样，戴着破毡帽，只露出两只眼睛，胡子拉碴。有些人的裤子撕开了，用绳子捆扎着。有个高个子得了高原肺水肿，不停咳嗽，看样子快要不行了。这种病是在高原地区急剧缺氧而引起，应立即下高原治疗，严重者会死亡。

太阳快落山了，大家搭起两个帐篷，西部工委的人和前几天抓的盗猎者住一个帐篷，扎多将新犯人押入另一个帐篷。西部工委只有一副手铐，却有 20 个新犯人，也不知道该铐谁，干脆谁也不铐。索南达杰钻入犯人帐篷，扎多持枪跟着。

索南达杰温言抚慰说："你们是犯了罪，但也不要紧张，只不过杀几个动物，也没杀人放火，只要好好配合我们，罪行不严重。"

扎多知道索书记在极力安抚他们，使之不起歹意。就凭几个工作人员押解 20 多个不法之徒横穿可可西里，不测之险太多。

20 人中，受伤者的哥哥穿得最干净，戴一顶牛皮帽子，别人对索南达杰点头哈腰，但他一句话不说，恨恨地盯着索南达杰。扎多隐隐觉得这个家伙很危险。

索南达杰出了帐篷，命令将一辆东风车开动马达，车头对准帐篷打开车灯。这辆车时好时坏，他生怕过一个寒夜之后再也发动不起来，因此不能熄火。他喊来扎多、靳炎祖、韩伟林和才扎西在车里开会，很严肃地对向导说："韩伟林，我正式宣布，你现在是我们西部工委的干部。"

大敌当前，他要团结更多的人。

韩伟林提议，明天开拔时以租来的那辆"东风"开路，这样可给车队限速，不允许超车，索南达杰坐吉普车押后以保车队安全。大家觉得有道理。

突然一阵哀叫声传来，大家钻进帐篷，受伤的司机痛得滚在地上，被哥哥紧紧抱着。情况紧急，必须立即送伤员出去治疗。西部工委又开会讨论，扎多提议索南达杰带伤员先走，其他人押犯人殿后。索南达杰沉吟不决，他担心自己的人分开更加危险，最后说："扎多带两个伤病员先走，到格尔木医院，我和其他同志押犯人。"

如果索南达杰先走，那么永远留在这里的就不是他，而可能是扎多了。

索南达杰把 77 式手枪给扎多，问："你会不会用？"扎多说会，但没敢说走火的事。

“你试给我看！”索南达杰命令。扎多装弹演试。索南达杰又细细教他怎样用保险，要他不要怕手冷，必须24小时持枪。他低低而坚决地说：“万一他们有什么动静，不管三七二十一，干掉！天塌下来我撑着！”

扎多觉得索南达杰过于紧张了，他后来才知道，对于形势的险恶，索南达杰比他清楚得多。

索南达杰细细叮嘱：如果迷路了，要认准北极星，要是阴天，就看地上的冰块，哪边化得多一点就是南方。如果发现一丛草，哪边草密一点也是南方。“如果真的迷路，他们就是不打死你，你自己也活不下来，要是走错了二三十公里，汽油不够用，也回不来了。不要看车印，那也许是自己的。记住，所有的山和河都是东西走向。”

索南达杰安排扎多坐后排的右边，肺水肿病人坐副驾驶位，伤员坐扎多左边，这样扎多可以持枪监视两人。

伤员的哥哥突然冲进车里，他也要跟着走。扎多劝他不要去：“我们会救你弟弟的。”

“我弟弟要是死在路上，连个念经的人也没有，我可以给他念经。”那人叫嚷道。

他说得也有道理，索南达杰发了脾气，说：“把你的手铐上，一起走吧。”

盗猎者中跑出一个人拉住伤员的哥哥说：“你不能走，你走了我们怎么办？”

看来伤员的哥哥是一个头目，其他人怕他跑掉。他只得下车，哭着抱了一下弟弟。

索南达杰又把扎多叫到一边，从口袋里把所有的子弹掏出来，他的药片和子弹混在一起，扎多从他掌心挑出子弹，索南达杰拍拍他的肩说：“一定要活着出去。”

他转头对肺水肿病人厉声道：“你好好跟着扎多走，如果动了他一根毫毛，我下半辈子不当书记了，专门抄你的老窝！”

扎多的车慢慢驶离营地，回头看，索南达杰还站在那里看着他。经过昨天的争吵之后，在他们相处的最后一天，他与索南达杰才有那种他所盼望的兄弟情谊。

扎多又回头看一眼，索南达杰仍在，母亲被牦牛驮着离开他的情景，一下子回到眼前。

扎多走不多久果然迷路了。雪花纷纷扬扬，星星看不见，山脉也看不见。索南达杰还教过他，实在辨不出方向，就原地不动。可留在这无人烟的可可西里，岂不是等死？再说再拖三天，两个伤病员必死无疑，还是硬着头皮往外冲吧。

没多久，车也出了毛病，机油和水混到一起，走走停停。扎多问："我们的速度和手扶拖拉机相比，哪个快？"司机才扎西说："当然拖拉机快。"

更糟糕的是吉普车的水箱漏了，四人轮流往水箱里小便，吉普车像蜗牛一样往 300 多公里外的青藏公路挪动。小便很快没了，他们把雪塞进水箱，好在大雪下个不停，扎多一直咒骂的坏天气救了他们的命，如果不是所到之处都在下雪，他们必被困死。

这正是可可西里全年最冷的时候，大约零下 40 摄氏度，雪塞到水箱里不化，他们用喷灯来烧化。喷灯需用大量的汽油，他们的汽油迅速消耗，扎多的心渐渐往下沉，不知汽车能不能坚持到五道梁。

吉普车在可可西里踉踉跄跄了两天之后，1 月 18 日晚上，终于快接近青藏公路了，才扎西突然说："索书记不好了，索书记很危险。"

扎多说："没事没事，"他跟索南达杰在可可西里征战 11 次，总能化险为夷，"索书记身经百战，没问题。"

才扎西一直嘟囔道："我不舒服，很不舒服，可能索书记完蛋了，索书记不好了。"扎多后来才知道，那恰是索南达杰出事的时候。

才扎西原来是和尚，后来还俗，这次去可可西里，行至西宁时告诉扎多，他梦见治多县一个小伙子的床被人劈掉了，"他可能完蛋了"，他说。他们在可可西里时，那人果然在治多被人砍伤。

才扎西是第一次进可可西里，他走到结古镇的时候，听说秋吉活佛在此，赶忙去见他。他知道索南达杰不喜欢求神拜佛，不敢问他。他问扎多去不去，扎多想去，秋吉活佛不但是扎多的上师，也是他父母的上师，"扎西多杰"这个名字也是秋吉活佛取的，但他害怕索南达杰批评他封建迷信。才扎西回来时，手里拿一个打了结的黄色哈达，是活佛给他的。

秋吉活佛还送给才扎西一些盐，那是十世班禅大师1989年圆寂后，喇嘛们用来擦他的法身的，在藏传佛教信徒来看，这也是极珍贵的宝物。才扎西分了一点给扎多，扎多偷偷藏起来，不敢让索南达杰知道。他相信，自己身上有了佛的加持。

扎多与索南达杰一样，从小受的是无神论教育，但与索南达杰不同的是，1981年6月这里宗教恢复时，扎多19岁，仍在治多中学读书。他虽然对佛教接触不多，但世界观尚未成型的心灵不拒绝本民族的传统信仰。

索南达杰出事后，扎多一遍遍回忆那些似有若无的先兆：他们从玉树向西宁出发时，过黄河源玛多野牛谷，发现右边不远处有一只狼。牧区人认为，男人出门遇到狼和鹰非常吉祥。但索南达杰不管这些，他一枪打断狼的脊梁。他把枪递给扎多，让扎多把狼打死，扎多不干，他觉得狼太可怜了。才扎西也不打。索南达杰骂他们："封建迷信！"韩伟林一枪把狼崩掉，剥了皮，到了西宁，索南达杰把狼皮送给靳炎祖的父亲做褥子。

扎多后来对一些牧民说起此事，牧民们说："哎呀，太不吉利了，你看出事的三个人，索书记、靳炎祖和韩伟林，一死二伤，都跟这只狼有关系。"

在黑夜沉沉的可可西里，扎多的吉普车缓缓挪动，终于汽油耗尽，颓然趴下。两天的折磨后，伤员和病人已半死不活，才扎西和扎多也几乎瘫痪。油箱里一滴油也没有了，座位底下的副油箱也见了底，他们把副油箱拿出来，将它斜立，将喷灯里仅余的一点油倒进去，汽车艰难地开起来，当它耗完最后一滴油时，刚刚走到五道梁！

扎多命不该绝。假若这车真在可可西里抛锚，他与才扎西不是死于严寒与饥饿，就是死于身后的匪徒之手。

扎多带伤病员离开后，1月17日早上，索南达杰带车队出发，前方是租来的卡车，后面是西部工委的北京吉普，中间夹着几辆盗猎者的车。风雪交加中折腾一天只走很少的路，天黑后便宿在大雪峰上。索南达杰让卡车车厢上的盗猎者下来，坐在驾驶室里，否则会冻死。他自己驾车出去寻路。

这些盗猎者中后来被抓住的人供认，他们夜里悄悄商量，想把索南达杰吉普车下面的机油帽拧掉，这样第二天开不多久机油漏掉，索南达杰困住，他们乘机逃跑。可晚上一直没机会下手，索南达杰手持冲锋枪守夜，一夜没睡。盗猎者于是密谋了另一方案——把西部工委的人抓住，再赶上扎多，抢走伤员。

这一夜奇寒难忍，索南达杰走到靳炎祖和韩伟林跟前问："有没有冻坏脚？"给他们脱下鞋来替他们揉脚，生怕二人入睡后冻伤。如是者一夜三次。

18 日走了大约四五十公里，来到太阳湖附近的马兰山，此处地面犬牙交错，北京吉普颠簸严重，索南达杰已经三天没吃饭，几天没睡觉，身体极度虚弱，受不了颠簸，于是坐到老马的卡车上。卡车比吉普车平稳一些。西部工委的北京吉普里只韩伟林和靳炎祖两人，以及所有的资料、笔记、地图、行李和几十条枪。

行至太阳湖西岸时，索南达杰所乘卡车两个左轮爆胎，索南达杰对韩和靳说，加速前进拦住车队，让他们烧水做饭，"几天没吃饭了，一会儿我们过来喝个热茶"。

靳和韩领命而去。晚上 8 点，他们在太阳湖南岸赶上大车队，让租来的车去接索南达杰，其他所有的吉普车和大车排成"一"字形，他们则将西部工委的吉普车停在车队的对面。"好好好！"盗猎者连连答应。

韩伟林坐在驾驶位上，下体裹着大衣，冷得要命。太阳要落山了，可可西里能将人轻易冻死。靳炎祖好久没见那些人下车烧水，对韩说："我去看看。"他把冲锋枪放座位上，挎着一把手枪径直走向中间的吉普车。"你们怎么不烧水？"他问。

一人下车说："水烧着呢，局长，外面太冷了，进来坐。"他们都喊政府的人"局长"，也不知哪来的规矩。一人在吉普车里拿喷灯喷着火，火上是一个铁杯子，里面的水快冒气了。

靳炎祖好几天没喝水吃饭，那杯热水具有巨大的诱惑力，于是他径直上了后座。副驾驶位上一人急转回身，一把抓住他头发，旁边的人抓住他胳膊，外面的人打开门，将他三下两下拉出去，正想挣扎时，一个铁棒砸在腰上，将他打翻在地。

韩伟林正在车上昏睡，什么也没看见。一个盗猎者走过来招呼："我们茶烧好了，你把碗拿过来。"

韩伟林比靳炎祖警惕，说："不要了，我不喝茶，"他又补了一句，"再说我也没有碗。”

“没关系，我们有，给你端过来。”

那人一手端着碗开水，一手托着碗炒面过来。韩伟林把冲锋枪放副驾驶座上，打开车门，两手去接水和炒面，眼看要接到时，那人手一松，两只碗掉在地上，韩伟林“啊哟”一声，那人顺势抓住他的双手往外急扯，韩伟林腿上裹着大衣，无法借力，“扑通”摔倒在地。一盗猎者从另一边打开门，拿起冲锋枪，七八个人围上来毒打，打昏过去，醒来再打，很快身上血肉模糊。

一个年轻人说：“干掉他！”一个老者劝住说：“人不要害，人不要害。”意思是不要杀人。

盗猎者将两人扔到西部工委的吉普车里，韩伟林被反绑在驾驶座上，嘴里塞了床单。靳炎祖被反绑在后排座上，头被狐皮帽套上，挡住了眼睛。韩伟林虽不能动，但眼睛看得清清楚楚：

他眼看盗猎者拿出吉普车里的几十支枪，装上子弹。

眼看他们人手一枪，排兵布阵。

眼看他们将车发动，一辆辆车排成弧形，面对索南达杰来的方向，形成半包围圈。

眼看车灯熄灭，可可西里陷入沉默和黑暗，像死亡一样令人窒息。

眼看远处车灯闪亮，索南达杰来了！他的车在车阵前 50 米停下，过了几秒钟，索南达杰下车，像是有所警惕地慢慢走过来。

眼看盗猎者们慌乱起来，举起枪，枪口对准他。

索南达杰下车前，他的司机听到他自言自语：“可能出事了，”他拔出那支生锈的 54 式手枪，“太大意了。”他说，然后走上前去。

伤员的哥哥从对面走过来，好像与他打招呼，走到跟前，那人突然一个虎扑将索南达杰抱起，两人撕打起来，只见索南达杰一下将其摔在地下，抬手一枪，那人再也不动。54 式手枪居然打响了！

枪声“叭叭叭叭”响起，一排排子弹射向他。所有车灯打开，照着索南达杰。他手持 54 式，冲那一片车灯射击，就像舞台上的孤胆英雄，又像一只藏羚羊，在灯光照射下失去视觉，任人枪杀。索南达杰似乎中弹了，一条腿跪下，艰难爬起绕到车后。人看不见了，但枪声持续，韩伟林和靳炎祖不断听到

“哗啦”“砰砰”的声音，那是子弹击中汽车。后来方知，索南达杰凭一支旧枪打烂了大部分车灯。

枪不响了，可可西里静悄悄的，一片死寂。

过了好久，一个盗猎者冲索南达杰的卡车司机喊：“把车开走，要不吃肉喝汤一块干！”

那司机“轰轰”地将车开走，灯光下，只见索南达杰匍匐于地，右手持枪，左手拉枪栓，怒目圆睁，一动不动，犹如一尊冰雕。

没人敢过去。即便死了，他也令人胆寒。

曹乘瑜：

财经记者需要有勤快的手和勤快的大脑

涂画　采写

清华大学新闻与传播学院2005级本科生。2009年本科毕业之后，她继续攻读了财经新闻的硕士学位，并于2012年加入《中国证券报》，两次获得报社年度优秀记者的称号。曹乘瑜长期从事财经新闻的采写报道，其多篇文章在社会舆论中引起了极大反响，《刷卡刷到手软规避购汇监管 大额保单搬钱出海"涛声依旧"》一文有力地推动了"银联卡停刷资本项下投资型保险"措施的出台。

从2016年开始，人民币贬值速度加快，在贬值预期下，资金削尖脑袋“花式出海”。大额保单成为大额资金出海的新途径，借助银联卡5 000美元/笔的额度，大量资金通过疯狂刷卡违规出海。所谓的大额保单不过是幌子，几年后可以零成本退保，从而实现保本，而在退保前还可以借助银行将保单高比率抵押贷款，提前套出资金。

这一出海方式实质上是绕开国家外汇管理局对境内个人购汇的监管，加速了外汇储备的下滑。《刷卡刷到手软规避购汇监管 大额保单搬钱出海“涛声依旧”》一文对这一“地下出海”通道进行了详细的报道，并指出银联国际“收口不严”。同时，还指出上述行为背后存在保单纠纷风险，洗钱和境内售保等违法违规性质。

曹乘瑜从2015年12月中旬开始，从香港保险代理人、香港保险公司、内地投资者、监管层等多个角度进行采访，对大额保单“搬钱出海”的模式调查采访，由于这一行为属于行业潜规则，采访艰难。她采用了大量的暗访方式，才揭开了其涉及的资金链条和运作方式，探明其业务本质如何踩上监管红线。

2015年10月21日《刷卡刷到手软规避购汇监管 大额保单搬钱出海“涛声依旧”》文章刊发后，被大量转载，并引发了包括外汇监管部门、银联、境内外保险行业的高度重视，当晚外汇管理局致电报社，指出这篇文章舆论影响重大。报道有力地推动了“银联卡停刷资本项下投资型保险”措施的出台。10月29日，银联国际发布公告，要求境内银联卡不可用于支付境外购买投资性保险（包括大额保单）。境外保险公司包括友邦、保诚等都陆续收到通知。银联方强化监测商户交易。“银联卡停刷资本项下投资型保险”，是2015年下半年以来一系列外汇管理动作的重要一环，其后，监管层进一步收紧跨境投资审核，并禁止个人购汇监管投资未开放资本项目。监管部门加强了个人购汇的信息申报管理，对于“蚂蚁搬家”式的逃汇行为给予重罚。在相关措施下，境内资金利用银联缺口流入香港的通道被大大压缩，根据媒体报道，11月银联卡境外保险交易暴跌，下降幅度超99%，有力地维护了汇率稳定。

这篇文章也具有报道示范效应，文章刊登后带动了其他财经媒体对大额保单借银联通道搬钱出海进行大量的跟踪报道，继该报道之后，记者又继续写了《刷 VISA 万事达卡仍可在港购大额保单 随时可能被掐断》等文章，对资金“违规出海”进行了广泛而持续的报道，引发了监管层和社会的持续关注，市场舆论对资金出海的关注持续多月，影响深远。

选题的确定

有价值的选题是一篇报道能否成功的前提，在曹乘瑜眼里，对选题敏感性的培养是长期跑口的回报，一个对金融深入了解，能够衡量任何一个政策或经济现象变化的重要性的记者自然能够把握哪些选题有意义。她认为，能够挑动人的神经的选题不外乎有这三大特征：①选题与当前阶段社会经济背景相关；②选题反映了某个领域的供需矛盾；③选题涉及机制漏洞，为舆论监督的建设作用提供了空间。

对于大额保单这篇报道而言，选题的产生其实很偶然，曹乘瑜在跟保险经纪公司工作人员聊天的过程中得知了这个经济现象，同时，她香港的朋友也提及香港现在进入了一个“全民代理”的时代，但目前大陆的相关报道却并不是很多。结合上述三大原则来看，首先，大额保单的背后涉及资金的出海方式，这和自 2016 年下半年以来人民币汇率波动的大背景有关，同时也是全社会都非常关注、政策频出的领域；其次，正如报道中所提到的，目前银联卡在境外保险机构的单笔刷卡支付限额为 5 000 美元，因此每一笔大额保单的实现都要通过刷多次卡，靠“蚂蚁搬家”的方式实现巨额资金的流转，出海需求与国家政策具有矛盾性；最后，该投资方式同样存在着风险。她希望能够通过调查性的报道为监管层提出一些建设性的意见。完美符合这三个特征的选题就这样被确定下来了，曹乘瑜希望能厘清大额保单的整个产业链状态，揭示这种途径在大趋势下的地位。

当被问及公共媒体采访边界的问题时，曹乘瑜认为，对记者来说没有不能做的选题，记者的职责在于把真相弄清楚，发布与否，则是报社和监管层的事。记者在做任何选题前都要做好事倍功半，甚至事倍功“零”的准备。

采访对象的确定

一个选题能否顺利进行，既取决于记者本身专业知识的积累，也受到采访资源的影响。为了实现报道的客观性、全面性，能够采访到产业链上各个环节的对象自然是最理想的状态，但实际情况却会让记者不得不做一些取舍。就这篇报道而言，投资人愿意接受采访的概率是比较低的，抛开大额保单本身的合规性不谈，投资人往往不希望将自己的理财方式公之于众，因此曹乘瑜的做法是通过对保险代理人一方的访谈将投资人的主观状态刻画出来。

争取到对保险代理人的采访同样不容易，因为他们通常都经过了相关培训，要求对客户信息进行保密。对此曹乘瑜采用了三种方式：①通过网络检索出相关业务公司代理人，以《中国证券报》记者的名义发邮件请求采访；②暗访，自己假装成客户与保险代理人交谈。“但这种方式是很难的，因为你要装出富人的语气和心态”，曹乘瑜笑着说。③通过朋友介绍直接与相关保险代理人取得联系。在与数十名采访对象沟通之后，她发现开门见山的方式反而更加容易取得他们的同意。“我是记者，我想要从你这里获得一些专业的信息，并会对你的个人隐私保密。”这样，采访对象出于被保护的信任往往更愿意积极配合采访。

采访技巧

对于新闻报道来说，客观性与真实性是需要遵守的一条重要准则。一名记者可以有自己的观点，但其观点也只能在记者手记或社论中表达出来。在新闻报道中，记者自己的观点只能拿来与采访对象进行交流，而在采访中，记者自己的观点有时是很重要的“突破性”武器。记者不光是问题的陈述者与介绍者，也能做一名问题的分析者与洞察者，在访谈过程中，记者的观点可以推动受访者思考，形成双向信息输出，各有裨益；也能令访谈对象真正认可记者的水平，使得访谈能够愉快而深入。反之，如果只提出一些表象问题，容易引起采访对象的反感，让他们感觉这样的采访于自身而言只是单方面的信息输出，有些浪费时间。

财经报道中的数据处理

在资本市场的报道中，数据是非常重要的一类信息。对于专业的财经报道，使用具体的数据会增加报道的信服力，使报道更加专业客观。但同时特别需要注意的是需要将数据量控制在一定的比例与程度上，而使其在有效增强报道说服力的同时，不至于泛滥于全文，流于数据的堆砌。

曹乘瑜认为，对于普通的读者来说，太过专业的数据会显得晦涩难懂，而对行业外的人来说，数据本身也并非其关注的重点。因此，若要做数据综述的报道，对于记者而言至关重要的一点还是要能够从数据之中提炼出有效信息，并以文本翻译出来。结合良好的修饰与表达，数字也可以极大地增加报道的可读性。这样的实例有很多，如资产管理行业的记者会经常报道与公私募有关的新闻。曾经有一家媒体给新闻起这样标题：惊天大逆转，私募规模超过公募。这样的标题就很容易一下子抓住读者的眼睛。这样的报道的优点在于把维度较低的贫乏无味的数据转化成生动丰富可读的语言，与传统的仅仅报道具体的数字相比，效果当然更好。

当今做数据新闻，对数据越来越深入地做分析报道是一种趋势，从数据入手也是做深度调查报道的一个特别好的角度。但就现状而言，数据新闻还没有到达成熟阶段，仍然存在许多需要发掘和探究的空间。目前国内的新闻行业所达到的阶段仍然是最初级的阶段，许多记者对于数据的再生产以及找选题的能力还远远不够。事实上，对数据的处理分析也是很多文科出身同学的一项短板。未来若想在这一方面有所发展，还需要在前期学习的过程中增强数据分析能力。

财经记者的素养

财经记者要求做到新闻专业性和经济专业性并重，是一个具有很强挑战性的领域。基于对财经记者这一行业隐隐约约的期待，曹乘瑜在本科期间修了经济双学位，但当被问及优秀财经记者所应具备的素养时，她却认为专业知识是第二位的，具备适合做财经记者的性格才是第一位的。

首先记者需要“脸皮厚”，也就是需要有足够的勇气与魄力去迎接未知的挑战，与别人大胆交流而不怕被人嘲讽。由于财经领域的知识非常专业，如果需要深入地了解其中的原理，闭门造车是不够的，更需要与别人多多交流。曹乘瑜曾经做过一篇理财产品“分级基金”的报道，现在这类产品因为机制复杂已经被限制发展了，但是当时非常火爆。为了弄懂这一产品，除了要不停地看相关的报告之外，她也不断打电话“骚扰”基金公司了解相关知识，甚至在晚上 9 点还打电话给基金经理咨询。只有厚着脸皮大胆求教，才能卒有所获。

其次，好奇心也是财经记者的一项重要品质。财经记者很容易被有价值的线索挑逗起来，然后在这股好奇心的驱使下，对线索层层挖掘、抽丝剥茧，在钻研线索的过程中也能够一次次地更新自己知识的广度与挑战学习能力的上限。在这一过程中，学习能力，尤其是自学能力至关重要，只有能够及时地跟进知识更新的速度学习，才能保持学习的劲头。而在学习的过程中，事实上专业知识是学习其他知识的基础，尽管在实际的学习中，它们只占了 5% 左右。

再次，还有一个很重要的品质就是要保持勤奋。在金融领域，变化日新月异，兼之有大量的政策，想要适应这样的节奏，就要随时学习、随时跟进市场变化的步伐，不能有片刻的松懈。事实上，与国外相比，国内金融领域的变化速度更是惊人，这是因为：中国的金融行业相较于国外比较初级，政策对金融行业的影响非常大。对于财经记者而言，需要经常性地参加各类研讨会议，不停地与他人交流对新政策的看法和计划。跑得越多，才能懂得越深入。

最后，曹乘瑜认为，财经记者需要具备一双勤快的手和一个勤快的大脑，能随时做到晚上九十点钟仍然是打鸡血的状态。

相关作品：刷卡刷到手软规避购汇监管
大额保单搬钱出海“涛声依旧”

香港九龙一幢冷气十足的写字楼里，保险代理人 Jack（化名）与他的同事，正挥汗如雨地刷银联卡。在他们面前，三台 POS 机一张一张地吐着签购单据，旁边的一位内地客户一单又一单地忙着签名，每一单的金额都是5 000美元。花了1个小时，100万美元的保费终于刷完。顾不得舒展一下酸软的手臂，Jack又拿出一摞某银行私人银行的投资品种介绍材料。很快，这名客户刷卡购买的保单将被抵押到这家银行，客户希望将抵押获得的贷款直接进行全球资产配置。这种“刷卡刷到手软”的情景今年频频在香港的保险公司上演。本周，某保险经纪公司签下一份保费高达400万美元的大额保单，业务人员又“刷卡刷到手软”。

今年“十一”之后，人民币对美元汇率中间价跌破6.7，一些大资金受贬值预期推动寻找“出海”的路径，但个人换汇额度受限，“内保外贷”业务收紧，地下钱庄被严打，大额资金出海的几个管道中，大额保单成为一些大资金的首选，银联卡则成为进入这一管道“口子”。根据国家外汇管理局相关规定，银联卡在境外保险机构的单笔刷卡支付限额为5 000美元，但一些大资金不在乎“刷到手软”的麻烦，刷卡购买境外大额保单，根本原因在于大额保单可以提前退保或抵押贷款，实现资金快速“出海”变现。

形成完整产业链

“上半年来咨询大额保单的内地客户明显多起来。”Jack告诉《中国证券报》记者，目前他正在跟进几个内地客户的大额保单。做了多年的保险代理，他的生意从没这么兴隆。所谓大额保单，在香港通常以万用险形式存在，实际上属于寿险，定期派息，但条款更灵活，保险公司和投保人可以调整保额和保费，也可以调整保单的储蓄和投资比重。

50多岁的香港保险代理人老王（化名）介绍，其所在机构在售的一款香港某知名保险公司的大额保单100万美元起投，可以用人民币认购，每年保底派息率1%，近几年派息率能到3%～4%。按照这样的派息率，只要持有3年，投保人的利息收益就能弥补提前退保的损失，意味着购买3年后投保人即可退保，拿到等值100万美元的港元资金。通过这样的操作，投保人实现保本换汇。由于香港实行联系汇率制度，还能享受美元升值的好处。

除退保外，大额保单还可以用于抵押贷款，抵押率高达 70% ~ 80%，投保人在投保后可以立刻将保单变现并进行资产配置。老王销售的那一款产品就可以在银行按 70% 的抵押率融资。投保人拿到贷款后，通常贷款银行会要求投保人认购其提供的投资品种。贷款的年利率在 2% 左右，但如果投资得当，这点成本在大资金的眼中几乎可以忽略不计。

为了方便客户，保险公司通常会提供“一站式”服务。Jack 表示，他们会提前给客户在私人银行开好银行账户，客户抵达香港签单购买大额保单的当天就可以拿到贷款并进行投资。“私人银行什么投资品种都有，除常见的基金产品外，国际性债券、股票都可以投，视客户的喜好而定，”Jack 说，“我们有个客户是苹果公司的‘粉丝’，拿到 80 万美元抵押贷款后马上全部买了苹果公司的股票。”

Jack 介绍，内地客户对全球资产品种不了解，为此他们会做一些推荐。“例如，我们会推荐一些中东国家发行的债券，收益率和安全性都比较高。内地客户在境内做的投资有很多是高风险的，我们倾向于让他们配置一些低风险的国际债券。”

有迹象显示，内地借道大额保单“出海”的资金提振了香港保险业。今年以来，报考香港保险代理人资质的香港居民明显增多。在香港从事 IT 业的 Alan 黄表示，今年他有好几位朋友都考取保险代理人牌照，自己公司的合伙人都开始兼职做保险代理人。

Jack 透露，虽然做一笔大额保单很不容易，除了要帮客户做计划书、预约保险公司外，还要帮客户开私人账户、做财产证明，全套流程往往耗时 2 个月。但签下一单便可以拿到 5% 的佣金，收入不菲。银行也乐于为大额保单变现和投资提供服务，从中赚取利息和手续费。

一些境内外金融机构已提前布局，试图分食这一“出海”通道的“蛋糕”。九鼎投资 (48.610，–0.58，–1.18%)、复星国际以及李泽楷旗下富卫保险去年竞购香港富通保险，最终九鼎以 106.88 亿港元拿下该保险公司的 100% 股权，成功获得香港保险牌照。此后富通保险推出多款大受欢迎的万用险产品，购买者以内地客户居多。

部分香港的资产管理机构紧盯内地资金“出海”后的全球配置需求，它们将资管产品对接香港银行，希望获取大额保单变现后资产配置的业务。有的香港保险经纪公司与财富管理公司合作，当客户成功签单并抵押贷款后，财富管理公司便会推荐自己管理的海外投资基金。

“出海”通道一枝独秀

今年以来，人民币对美元汇率中间价跌幅达3.6%。中金公司认为，加息预期下美元阶段性走强，叠加明年初个人将获得新一年度的购汇，预计未来一段时间人民币相对美元汇率仍将承压。

10月14日，国家税务总局发布《非居民金融账户涉税信息尽职调查管理办法》，设立了对账户开展尽职调查的时间表，中国税收居民在海外账户的信息也会通报给国家税务总局。有保险代理人称，这意味着大额保单会更受欢迎，因为大额保单的赔偿金在多国税法中均属于免税范畴，有助于个人的税务优化。

根据香港保监会的数据，上半年香港共新增保额301亿港元，而去年全年仅为316亿港元，2014年为244亿港元，2013年为149亿港元。能实现快速“出海”的大额保单成为部分内地富人转移资产的首选通道。某保险经纪公司高管表示，其公司今年的新增签单中，内地客户签单数量占20%，而且因为大额保单增多，平均保额呈上升趋势。

多位香港保险代理人表示，2/3的大额保单会选择抵押贷款或提前退保来变现。与香港普通的储蓄型保险相比，大额保单可以抵押贷款，且零损失退保的时间更短。就普通储蓄型保险而言，投保人持有保单7～8年后的利息收益才能覆盖退保损失。

业内人士认为，大额保单是目前所剩无几的大额资金“出海”通道。

首先，根据国家外汇管理局相关规定，个人每年凭身份证件即可购汇的额度为5万美元，超过该额度需提供购汇用途的证明文件。

其次，“内保外贷”和“内存外贷”在收紧。此前，少数有境外分支的境内银行对私人银行高净值客户提供这两种服务。投资人可将其个人金融资产作为抵押，以固定年限存入贷款银行的境内银行账户中，由境外分支机构向投资人的境外账户发放贷款。这一操作的成本较高，主要体现在汇费、利息以及银行存款额和期限等方面，并且由于此前通过这一通道“出海”资金的较多，近期受到监管部门的限制。

最后，通过地下钱庄汇出资金系违法行为，近年来受到公安机关重点打击，风险很高。其他的方法如境外购买奢侈品再典当套现会产生折价损失。

风险不容忽视

内地资金购买香港大额保单并变现，实质是绕开国家外汇管理局对境内个人购汇的监管。此前，这一通道已被有关方面发现并予以限制，但在具体操作资金“出海”的人看来，仍有“口子”。今年 2 月，银联国际发出指引，规范银联卡在香港保险机构的支付限额，要求限额必须符合国家外汇管理局单笔限额 5 000 美元的规定。根据银联的解释，保险机构一直属于境外限制类商户类别，适用单笔限额 5 000 美元的规定，但银联发现有收单机构未使用对应行业类别的限制类商户类别码，因此需要予以规范。不过，据香港保险机构反映，虽然单笔刷卡有限额，但刷卡笔数并无限制。

对于借道大额保单“出海”，业内人士表达了两方面的担忧。一是境外大额保单存在发生纠纷的风险，并且纠纷发生后处理的成本很高。今年 4 月，中国保监会发布的《关于内地居民赴港购买保险的风险提示》提示，投资者购买的香港保单不受内地法律保护，一旦发生纠纷，只能按照香港地区的法律进行诉讼。与内地相比，香港法律诉讼费用和时间成本较高，尤其是大额保单，香港的保险索偿投诉局可裁决的赔偿上限是 100 万港元。

二是具体操作过程涉嫌违法违规，包括违规销售、洗钱。有的保单客户通过内地中介机构的推介签单。今年 5 月，中国保监会发布的《关于加强对非法销售境外保险产品行为监管工作的通知》明确，境内机构或个人收受境外机构利益，在境内宣传、推介境外保险机构保险产品的行为，或者安排有意投保境外保险产品者赴境外投保的行为，构成“为促成交易而开展宣传、招徕的销售境外保险产品”的行为，即“境内介绍、境外签单、境外承保”方式变相到境内销售保险产品属于违法，一旦被发现，相关机构可能被吊销牌照，投保人的保单也会变成“孤儿保单”。

洗钱风险也不可忽视。有的保险代理人、保险公司要求投保人提供资产证明，有的则明确表示不需要。某保险代理人士认为，超短期即可保本退保的产品可能触犯香港保监会反洗钱相关规定。恒天财富资产管理事业部董事长崔同跃认为，保监会发文提示去香港购买保险有风险，在境内推荐也不合规，再加上银联有刷卡限制，恒天财富不会主动开展这类业务。

多位香港的保险代理人认为，内地监管部门从资金外流和保护内地保险业的角度考虑，不鼓励内地客户购买香港保险，但资金“出海”并不仅仅是因为汇率原因。人民币在内地投资渠道有限，内地的无风险收益率也在下降，所以资金自然而然流向香港，毕竟在香港就能进行全球配置。

《中国证券报》（2016 年 10 月 21 日 A01 版）

刘少华：

《小燕子，他们说你爸是皇上》——和“小粉红”的一场遭遇战

何垠晗　采写

清华大学新闻与传播学院2013届硕士毕业生，《人民日报》（海外版）记者，2014年、2015年、2016年连续荣获《人民日报》（海外版）“十佳记者”称号。刘少华是《人民日报》（海外版）“侠客岛”“学习小组”创始成员，团队核心策划与写作力量，多篇作品被全网头条转发，文章被中宣部、统战部、国资委、网信办等部委点名表扬，其策划的“跟习大大去出访”系列在舆论场中引起广泛反响。

2008年的5月，武汉的气温已经逐渐爬升，刘少华穿着短裤从宿舍楼出去买雪糕吃。如今看来，那一年是中国真正跃升为世界大国的关键年份，但那一年也是汶川地震、拉萨3·14事件、奥运火炬被抢等意外事件频发的年份。刚下楼，刘少华突然看到有人举着红旗喊了一声“中国加油”，当天并非什么特殊的纪念性日子，也没发生什么重要事件。当他还没反应过来的时候，又有一声“中国加油”在他耳边响起。他当时有点懵，这是怎么了？

4年后，同样是个夏天。已经到清华大学就读研究生的他，有一天从亮马桥地铁站回学校时，发现几百人围着地铁站的小电视机不动了。他好不容易挤到跟前去，才发现电视里播放的是伦敦奥运会比赛的现场，刘翔即将开跑。“砰”的一声，发令枪响，围在电视机前的人们开始尖叫。然而一秒之后，尖叫变成一串长长的吁声：刘翔在出发的瞬间就摔倒了。一两秒内，黑压压的人群像潮水一般退去，只剩下他一个人在电视机前。

被人肉的记者

“如果我现在想知道自己的记者证号，我可以直接在天涯上搜索。那个帖子人肉我到141楼。”

这两次经历让他不断反思。爱国主义、民族主义这些词，开始有了具体的意象。

每天上午10点半是“侠客岛”开会的时候。大部分文章都是在一个逼仄的办公室敲定议题的。刘少华在“侠客岛”上拥有一个专栏，名曰“壹周侃”。他的文章风格相对独立，一般情况下独立成稿，最后大家一起讨论。

正如他的文章《小燕子，他们说你爸是皇上》(以下简称《小燕子》)开头所写，在那一周，“每天一觉醒来，都错过了一夜大新闻”：2016年7月14日晚法国尼斯空袭、7月15日土耳其军事政变……人类社会的疼痛在这紧张的一周连续爆炸，然而最后，刘少华选择动笔写“赵薇事件”。这篇评论文章成稿之后照例由五人进行讨论。当时没有人会预见到，这篇在他们看来“三观极正”的评论稿会引起这么大的风波。

“那个事情对我本人造成了重大的影响。我的照片、信息、记者证号等都被曝光了。但是你要问我第二次还要不要写，我的回答是要。”

刘少华不是一个好斗的人，跟人争吵对他而言是一件十分尴尬的事，所以无论是生活中还是网络上，他都会尽量避免跟人争吵。但用他自己的话来说，他是个媒体人，会有很多不吐不快的东西。

“很多公共议题是有灰度的，两个方面都有其可取之处，但这件事在我看来黑白分明。有一方为了达到自己的目的去歪曲事实，这就失去了与其讨论问题的基础。”

刘少华所指的是在整个赵薇事件中起到舆论领袖，甚至恶意操控作用的一些微博大号。“新浪微博专门声明过，帖子之所以被删是因为一些违法违规关键词，属于触发性删除。然而他们看到这些声明后，转身继续去发更激进的内容。”

《小燕子》之所以能产生这样的舆论效应，脱离不了如今的新媒体环境。

2013年，刘少华正式进入《人民日报》开始工作，三四个月后他对党报的工作已较为上手了。与此同时，处在新旧媒体转型时代的他，就像在校时读的《正在消失的报纸》一书所言，看到整个行业充满着危机感，希望找到出路。他决定去尝试新媒体。

毫无疑问，新媒体对当下的舆论事件有着巨大的推动作用。“赵薇事件”中，从最初“赵薇启用台独艺人”的新闻，到“被删帖”“资本控制媒体”言论，可谓一浪高过一浪。迅速发酵、迅速完成、迅速反转，成为许多网络舆论热点的共性。

弥合，而不去撕裂

“不管中间走不走得下去，我首先说服不了我自己倾向某一边。”

正如传播学上讲沉默的螺旋理论，这次事件也让许多舆论沉默以对，反对的声音越来越小。“很多人心里和我的想法一样，但是不敢讲，或者没能讲好。那么我讲出来了，就会有更多人站出来。”

有一个很有意思的细节。当《小燕子》一文发出后，许多体制内的朋友、同事都对刘少华表示了支持。

“有些人想要掩盖很多东西。他们微博上发的东西动辄是煽动性的，好像我们只能以他们的方式爱国，不然就是不爱国。这是我不能忍的。”

反对派永远争取不来，但相比除了人身攻击就是揭黑底、谩骂的低端手段，刘少华用了非常好的文字、令人舒服的技巧和通顺的逻辑，意图把中立派争取过来。

在此前的采访中，刘少华谈到舆论场的割裂：在很多引人注目的焦点事件上，舆论场成了左派和右派斗争的角斗场。“人民日报社社长杨振武同志给我们定了一个基调，叫‘持中守正’。”

不去撕裂，而要去弥合。所以刘少华在很多情况下，想要用一种同情及理解的态度去看待事实。站在中间，他希望争取最大可能性的认同。但在“赵薇事件”上，他态度鲜明地写道：

> 我花了很长时间才想清楚，赵薇如何在遍地大新闻中，成为舆论焦点。尼斯的血洗、土耳其的政变、南方的洪水、南中国海的岛，在我的价值观里，都比赵薇重要万倍有余。不须讳言，制造这起舆论公案的，赋予了她更为重要的角色，方法是挑动了那根长存的民族主义神经。过去许多年里，这根神经曾指挥着热血青年上街砸日本车和车里的同胞，抵制某货和用某货的所有人，用最粗鄙的语言宣泄最不容置疑的正义感，只要看法相左，便是敌人。
>
> 民族主义这个话题百年来争论颇多，1937 年的时候费孝通和顾颉刚就此问题产生了一轮巨大的对战。顾颉刚等人认为，不应再用民族和疆域的概念；费孝通是个人类学家，他通过自己的研究发现这些是客观存在的。问题的解决方式颇为极端，学术对战成为政治对战，论战以费孝通在云南的研究所被关而告一段落。

刘少华意识到，他所做的、参与的也只是这个历史潮流中的一部分。什么是对的，什么是错的，也许真的没有太多黑白分明之处。因为全世界关于民族主义、民族的研究也一直在往前走，而时代的变化会催生它变化。但是为什么他们敢这么理直气壮去论争呢？

“我在哲学上是思辨的，我非常清楚自己不是全知全能的，但能理直气壮去对辩的原因，是知道他们在曲解事实。他们篡改证据，向特定方向进行言论煽动。我爱国，但跟他们完全不是一个爱法，我基于事实去爱国。”

无论左右，其选择均应基于学术积累和个人认知，对刘少华来说，这才是讨论问题的基础。但是“赵薇事件”中，占舆论领袖地位者却显然不具备这种基础。

对“精英主义”的反思

“你想要的那种‘爽’我真给不了。”

2014 年，微博用户增长至 3 亿，根据微博数据显示，其中 60% 是三、四线城市用户，这是 2014 年之后才出现的新的景象。而微信加上英文版的 WeChat 一共有 8.6 亿左右的用户，但从两者的传播效力上来看，前者显然具备更为巨大的力量。实际上，微博是非常典型的大众传播的媒介。而微信是圈子化的、垂直的。

“微信是关注之后才能够看到相关的内容，某种程度上来讲朋友圈决定你的层次。所以‘侠客岛’的微博粉丝和微信订阅用户在知识层次、理解能力和讨论问题等方面都会有区别。”

事实上，刘少华在《小燕子》一文中确实是以一种精英主义的视角来辨析问题的。

“‘侠客岛’有时候也确实需要思考，我们是否过于‘精英主义’了，是否更应该去争取、去影响特朗普抓住的那群人。”其实，刘少华曾经专门反对过只考虑中产阶级利益的媒体倾向。他认为，一方面中国必须要走向橄榄型社会，要让中等收入阶层越来越庞大，但另一方面，在这样的情况下，更多的人群将被舆论“无视”掉。

“和颐酒店那个女生遇袭，为什么会引起那么大的关注？北京 7·21 大雨，死了 70 多个人，但为什么只有二环桥底下被淹死的那个引起了全民甚至外媒的关注？这是因为这些人属于中产阶级，而中产阶级的意识是觉醒的。”而在中关村二小事件之后，他也写了一篇文章来阐述他的观点：公众的舆论重心根本没有必要放在这个事件上，因为它是顶尖名校，处在舆论的曝光之下、风暴眼中，是一定会得到解决的。但是大量解决不了的是几千万的留守儿童、单亲儿童、流动儿童的问题。

值得说明的是，他所认为的“精英主义”绝不代表“只看精英”。精英主义于他而言只是一种思考问题的方式。“精英主义认为的是我对这个世界、对这个社会是有责任感的。”在《小燕子》中他写道：

> 以抵制外敌入侵的名义，抵制同胞，这便是全部的故事。我看不出这比抵制日货时，用锁砸同胞的脑袋高明到哪里去。

这是他的态度。

在文章中还提到：反华、“台独”都是旗帜鲜明的事情，我们都知道对错是什么。但在整个舆论事件中始终不见证据，只见到阴谋论的心态。文字是种艺术，很多时候他更想回到写作本身。虽然他在写时事热点，但是很多人觉得像是作家在写，这是一种杂糅的状态。文字能带来快感，但如果只会说刺激感官的大白话，快感将会意义全无。

在对一条来自“小粉红”微博评论，刘少华直接回复道：我给不了你想要的爽。

“莆田系”大夫

刘少华说，《小燕子》的那篇文章实际上写得已经非常克制，甚至有权衡左右、瞻前顾后之感。文章中提道：

> 或多或少，我们都是民族主义者，区别是“非我族类虽远必诛”

> 还是“屹立于世界民族之林”。两百年的近现代史早已指明方向，喊打喊杀的时代应该永远过去。中华民族是伟大的民族，但我们只是伟大的民族中的一个。这片民族之林中，没有高矮之分，每棵树都带着祖先留下的模样。

但他直言，对这些无心恋战。刘少华讲了他最近买书的一件事情，他看上了几本书，正犹豫买还是不买的时候，回家却发现书架上已经有了。“我实际上很惭愧。因为工作很忙，知识摄入量在变少，但心里知道不能对知识太怠慢。我还是对自己内在‘拥有些什么’很着急。所以没有时间理会所谓的谩骂。对‘自我’的焦虑会远远超过批评的声音。”

《小燕子》之后，微博上还冒出了不少让人哭笑不得的评论。一些“小粉红”指责“侠客岛”是“莆田系”，还@《人民日报》官方微博要求“管管”。刘少华由此笑称自己是“莆田系”大夫。这些污名化在《人民日报》发布了内部对“侠客岛”的采访文章之后被粉碎。

当然，因为《小燕子》这篇文章，刘少华开始有了一些“黑”，也因一些恶意中伤愤怒过。如今搜索“司徒格子”，还会发现微博上赫然躺着一篇博文，题为《从司徒格子三篇文章看：文如其人》，“我谢谢他那么认真读了我的文章（《礼炮为谁而鸣》），可是他真的没有读懂。我都快把眼泪写出来了……还说我反对九三大阅兵，读到这里的时候我真是生气了。”

但是对他来说，“侠客岛”更像个试验场，《小燕子》也只是一次和“小粉红”的小规模遭遇战。“真正重要的，是检讨自己的公心是否掺杂利益。我们应该清晰地意识到，即便出自私心也得知道，一个更好的社会、更少偏见的舆论场，对个人生存最有利。”

相关作品：小燕子，他们说你爸是皇上

一

这一周睡得并不踏实。生命中总有这样的日子，每天一觉醒来，都错过了一夜大新闻。一辆卡车绕着S型的弯在人群中冲撞，把蔚蓝的尼斯染成血红。一群心存不满的军人将坦克开上街头，直升机飞到总统府，亚欧之间的伊斯坦布尔草木皆兵。

容我说一句实话，这些都是新闻业的狂欢时刻。目之所及，恐怕只有这一个行业永远信赖乱世出英雄。我等在战火、瘟疫、政变、抗争、运动与灾难中所获得的，远远超过太平时刻。在人类的愁苦与悲戚中，以近乎无情的冷静博得生前身后名。

没有谁比詹姆斯·纳切威更符合这个评价，40年前他开始做摄影师，记录下了这世界最混乱的地方。大概时无英雄，这么一个极为腼腆的摄影师竖起了一座行业丰碑。前年《时代》庆祝他为这份杂志工作30年时总结说，纳切威的一生，都在人们拼命想躲开的地方度过。早些年罗伯特·卡帕说，如果你拍得不够好，那是因为走得不够近。于是纳氏端着相机，按着祖师爷古训，一步步走遍了世界。我对他唯一的意见是此公不苟言笑，想必生活中会有些无趣。但我也据此断定，他并不以人类的苦难为乐，不然看了一辈子灾难，还不长成一朵灿烂如花的脸？

我不知道一个人看遍世界之后会有何等世界观，不过我猜，他起码不会变成一个狭隘的民族主义者。2008年在我脑海中有着独特的烙印，我记得那年的情绪到夏天来临时似乎到了极点，长江畔的宿舍楼下旗帜招展，不远处的广场上是激动的人群。我等从未走出校园，就在网上抓住观点相左的陌生人，互骂三百回合，最后以“还是多读点书吧你，××”，“你这点见识不配跟老子讨论”结尾。如今时光荏苒，当年的陌生人估计早背上了房贷，我亦不复当年之勇，连侠客岛后台的谩骂，都从不问津。

年龄增长唯一的好处在于，人终于欣然接受，自己的快乐可以跟全世界都不一样。有时我坐街边喝点东西，会像探头一样扫描走过的人群。十之八九跟我年龄不同，十之六七皱着眉头，十之五跟我性别不一，十之三四戴着眼镜，十之一二刚陷入热恋，但凡尚存一丝理智，我都不会拉住他们中任何一个问：你觉得赵薇所代表的资本势力，控制了中国的媒体吗？

二

纳切威说，当代战争的最前沿并不在战场的前线，而是在人们的家门口。要我说，这话说得比拍得好。如今我们正迎来一个表态的时代，眼前有黑白两个球，你只能抓一个。不抓就是反对我。遍览人类史，只有战争才会这么黑白分明，你死我活。

我花了很长时间才想清楚，赵薇如何在遍地大新闻中，成为舆论焦点。尼斯的血洗、土耳其的政变、南方的洪水、南中国海的岛、在我的价值观里，都比赵薇重要万倍有余。不须讳言，制造这起舆论公案的，赋予了她更为重要的角色，方法是挑动了那根长存的民族主义神经。过去许多年里，这根神经曾指挥着热血青年上街砸日本车和车里的同胞，抵制某货和用某货的所有人，用最粗鄙的语言宣泄最不容置疑的正义感，只要看法相左，便是敌人。

……

或多或少，我们都是民族主义者，区别是“非我族类虽远必诛”还是“屹立于世界民族之林”。两百年的近现代史早已指明方向，喊打喊杀的时代应该永远过去。中华民族是伟大的民族，但我们只是伟大的民族中的一个。这片民族之林中，没有高矮之分，每棵树都带着祖先留下的模样。

三

昨天看土耳其的政变新闻，我想每个国家的前进都殊为不易。奥斯曼帝国崩塌后，凯末尔带领土耳其建立共和国，使土耳其成为世俗国家，然而直到现在，这个国家的宗教化与世俗化还在纠葛。

我并不反对所有反对者的观点。比如，在一个普遍联系的变化的世界中，内政和外交并没有一条清晰而分明的界限。亚马孙河畔的一只蝴蝶振翅，我市就可能迎来一场龙卷风。赵薇要拍一部电影，的确可能牵扯到“台独”、反华这些严峻的议题。我们应对这些保持十足的严肃，在一个现代民族国家里，对于黑白分明的话题，早有共识。

但眼下的声讨，一言以蔽之，在阴谋论者的嘴里，祖母的怀抱外皆为坏人。这本是哄孩子惯用的方式，却成为一个社会草木皆兵的逻辑。一个剧中有不合适的演员，替换掉便是，一定要以一个神秘的故事，让整个社会都进入阴谋论者的战壕。这让人想起过去许多年里，曾经盛行过的货币战争、化学战争、生物战争。无所不能的共济会，最新流行的偷肾方式，政府捂着盖着的无数惊天大秘密，最终一个都没有发生。并不意外的是，阴谋论者也从未脸红。

以抵制外敌入侵的名义，抵制同胞，这便是全部的故事。我看不出这比抵制日货时，用锁砸同胞的脑袋高明到哪里去。

四

14 世纪有过一个叫奥卡姆的修士，他在《箴言书注》中说：“切勿浪费较多东西，去做‘用较少的东西，同样可以做好的事情’。”如今我们称之为“奥卡姆剃刀”原则。简而言之，如果我们有着诸多判断，那么选择简单或可证伪的那个。

显然，阴谋论不在此列。阴谋论者不但让事态复杂化且不做证明，还有着让人尴尬的自信——总是逼当事方自证清白。我看到某教授最近的指责，说“由于资本集团渗透了几乎全部的网络媒体和有影响的传统主流媒体，从新兴媒体到某些官媒的网络版和微博版在重大政治问题上的言论和新闻立场出现严重的舆论一律，不同的声音，基本发不出来”。

用时下的话说，看完这段，我的尴尬症都犯了。这是很有心计的逻辑，因为其话语中裹挟着政治正确的力量。然而我等身处主流媒体之中，从未感受到教授恐吓的这股力量。如何自证清白，惜其未能指条明路，不妨组织一场“我的银行卡里没有资本”大赛吧，教授。

五

有时我想，明明你我大脑都简单如许，为何世界却在下一盘那么大的棋?

微信公众号“侠客岛·壹周侃”（2016 年 7 月 17 日）

刘志毅：

《危险的宝藏》——内蒙古包头市包钢尾矿库调查报道

何根晗　采写

清华大学新闻与传播学院 2011 级硕士研究生。2010 年在《南方周末》实习期间因报道《潜伏富士康 28 天手记》声名鹊起，2012 年 6 月进入《财新新世纪周刊》综合部环境科技组实习。其间撰写的《危险的宝藏》对内蒙古包头市包钢尾矿库污染治理全貌进行了深入的调查报道，该文获得南都“2012 年南都新闻奖学金”一等奖。2013 年 7 月，刘志毅正式入职《南方周末》经济部。2015 年 12 月至今，刘志毅在《今日头条》工作。

2012年7月中旬，一场突如其来的大暴雨让整个北京地区陷入瘫痪，《财新周刊》总部奔赴至这61年来最强暴雨及洪涝灾害的现场进行报道。与此同时，却有一位被遗忘的记者在内蒙古包头市待了将近两周，直到北京雨水淹没建筑物的痕迹渐渐消散，他才拖曳着疲惫和兴奋归来。

内蒙古包头市。刚来到这个城市的刘志毅对它的第一印象无比美好：这首先是一座花园级城市，市中心是始建于1953年、占地面积11.2公顷的人民公园，周围还有库布齐沙漠和马鞍山原始森林。在包头市，刘志毅还参观了阿尔丁大街上的包头博物馆，在那里，他了解到“包头”在蒙语中的意思——“草原上的鹿聚集喝水的地方”。然而他知道，就在包头市区12千米、九原区和昆区交界处，有一座占地11平方千米的尾矿库。这座在谷歌地图上清晰可见的尾矿库，因为其富可敌国的潜在价值和连篇累牍的负面报道，成为当时新闻界的明星。

环境记者生涯的重要一刻

在清华新闻与传播学院读硕士期间，刘志毅注意到这样一个现象：污染正在从城市向农村转移。在城市，工业生产造成污染成本越来越高，面对追责和定期调查，农村的信息不对称使得企业有动力向农村转移。“或许从政策、经济的角度它们可能受到同样的伤害，但是相比城市，农村的自救的能力和措施明显会弱很多。”刘志毅选择了这样一个社会学问题作为自己的硕士论文题目。“在环境科技组实习期间，带我的宫靖老师首先提到了‘包钢尾矿库’这个题目。在经过前期文献调研之后，我发现它属于农村污染的一部分。从某种程度上来讲，《危险的宝藏》的策划过程和我的硕士论文的策划过程有了一些重叠。”

包钢尾矿库是一个巨大的尾矿库，在《危险的宝藏》的开头，刘志毅这样写道：

> 如果从高空俯瞰包头市，在主城区以西数公里，黄河之北十余

公里处，可见一个黑灰色的庞大椭圆形“湖泊”，占地达 11 平方公里之广。

这座中国最大的尾矿库之一让刘志毅感到十分震撼。当他攀上高高堆起的尾矿库，向脚下俯望过去，发现这里是人们头顶悬起的“海上宫殿”“湖泊”。“它是堆起来的，堆得很高，当你上去之后会发现到处都是稀土。如果我弯腰去捡，可能就会有人来阻止我，因为太值钱了。”登上这样一座财富堆成的湖泊、一座富可敌国的“污染源”，于刘志毅而言是人生中极为独特的经历，无怪乎宫靖对他说了这样一句话：“这是你作为环境记者的生涯中，非常非常重要的一刻。”

正是由于这座尾矿库之“大”，让它无法从舆论的视野中隐匿而去。当地媒体也好，省内外媒体也好，甚至于外国媒体，都已经对此进行过非常多的报道。所以当刘志毅踏上这片土地时，发现当地的民众已经处于一种复杂的状态：一方面是媒体反复曝光和民众持续上访却毫无成效所带来的麻木、抵触；另一方面是赔偿和搬迁的方案没有谈妥所造成的无奈、伤心。刘志毅并没有把自己当成救世主，但他认识到，之前的记者只是碎片化地把每一个小事情写了，但是没有能概括出来污染的全貌。没有把村民所处的状态和他们的故事穿插在整个全貌中间，把这些东西推到全国的读者面前。更关键的是，包钢尾矿库所蕴藏的财富和价值，是包钢集团的战略储藏库之一，而以金融见长的《财新周刊》更能够提供一种专业考量下的全局视角。

在此前的采访中，刘志毅曾提到要把调查报道的过程切割为三个层面：判断、采访和写作。“判断就是要确定选题是否具有吸引力和可操作性，这考验的是记者个人的知识水平。随着材料的积累，你会看到整个新闻事件在眼前慢慢铺开，这时只要把焦点放到那几个关键点上，就可以明确采访的目的。”

刘志毅将焦点放在了“撕扯感”上，而这种“撕扯感”处处存在。

“花园级城市紧紧连接的是这样一个世界、这样一种环境和这样一些人。你会觉得很震撼。刚开始从市里出发到包钢尾矿坝，我甚至会有一种‘又到月球了’的感觉。”

“又到月球了”，大概也就 10 千米路。

不仅如此，“撕扯感”还体现在包钢尾矿库同时具有“天使”和“魔鬼”的两副面孔上。报道中提及：

……业内对该尾矿的估值，从 1 万多亿元至 10 多万亿元不等，最高曾达到 80 万亿元。即便按 1 万多亿元计算，已达中国 GDP 的 1/30，超过全球许多小国的 GDP。

同时也提道：

……媒体发现，该尾矿库环境污染极其严重，至少 7 个村的 6 万余亩良田的土壤被污染，其中 2 万余亩已不能耕种或减产严重，3 000 余村民十余年来为此事到处吁告。

而最令人疼痛的“撕扯”，则源自“可治理却没动力”的逻辑沼泽。

无疑，包钢尾矿库这个题材以其特殊性和矛盾性，成为一个极具探究的话题。作为一名环境记者，刘志毅对此感到十分兴奋：这块肉已经放在了他的砧板上，使用什么刀法，才能照着他预想的纹理去切割，将是他接下来至关重要的难题。

跌倒了也要抓一把泥

陈建民（化名）不是刘志毅采访的第一个人，但绝对是和他相处时间最长的人。陈建民是一个种了十几年地的典型农民，在土地被污染之后他选择开黑车拉活儿挣钱。那两周，刘志毅就是坐着他的车四处奔波的。作为土地污染的受害者，陈建民提供了许多刘志毅意想不到的线索和素材。“他会告诉你每年这里收成减产了多少，哪些地方已经长不出来庄稼了，哪些地方引进更加坚强的物种才能长出来一点，哪些地方去年还能够种玉米，今年已经完全不行了。他会给你去描述每个地方随着时间变迁发生的变化。”除此之外，陈建民介绍给了他不少熟悉的人，一些持续上访的，一些家里做了健康证明的，或是村委会一些有索赔依据的。

依照调查报道的传统思路，抵达包头市后，刘志毅的第一反应是去寻找那些生活在“现场”的受害者。“采访老乡是比较顺利的，因为他们的生活就在那里，你和他交流生活就可以。难点则出现在对一些专业人士的采访上，考虑到自身与当地政府的关系，他们都不太愿意表态。”刘志毅说。

不仅如此，刘志毅在采访期间还遇到了一点麻烦。当地宣传部门发现他的踪迹后，曾派人来敲他的房门，当时他就躲在房间里不开门。宣传部门的人走后又去给杂志社施压，让这篇报道积压了很久才发出来。

在包头市的两周里，刘志毅和《财新新世纪周刊》总部一直保持着交流，其中《财新新世纪周刊》的一句话，尤其让刘志毅印象深刻：“作为一个调查记者，可以卡壳，可以受阻，可以‘被敲门’，但是最重要的，是跌倒了也要抓一把泥，一定要有收获。”

“跌倒了也要抓一把泥”，这是作为调查记者的素养，但某种程度上，也是一种调查技巧和手段：够不到空中的枝干时，俯身去抓住地上的泥土。

在采访教授和学者的过程中，面对顾虑和抵触，刘志毅选择了一种更为回环的谈话方式：“我之所以能够知道要去找他们，是因为他们发表过一些相关论文。所以有一些话头是论文里有的，我就此可以请求他用更平白朴实的话来进行详细的解释，让一般人看懂。”当刘志毅提供的信息与这些教授和学者所掌握的不对称时，他们便会主动作补充说明。通过已经掌握到部分资料，刘志毅“套取”到了他们的回答。

这样的采访着实费力：“你需要不断地去聊他最熟悉的事情，他的论文，他的学生，他的发现，才有可能找到一丁点有用的东西。”这其中，对于内蒙古科技大学教授张雪峰和包钢稀土研究院原院长马鹏起的采访，更是格外曲折。

“张雪峰教授我等了两三天，还帮她一起接待了一个来参访她实验室车间的团。”当时刘志毅正在和张雪峰教授进行交流，一个参观团不期而至，张雪峰便起身去接待，并随手把扩音器交给了刘志毅。“参观的是个大团，她实验室车间介绍、讲话，声音就从我这边出来”，刘志毅在身上比画着，“也没有很尴尬。帮她点小忙罢了。”后来还是赶在张雪峰去机场的车上，刘志毅和她聊了一会儿，得到了部分有价值的信息。

马鹏起则是个退休的老人家，不愿意说话的主要原因则是“过去说得太多了”。“其实做任何报道都是这样，第一落点完成之后，后面的很难重复。一个人说了一次话就会受到来自很多方面的压力。”刘志毅解释道。在拜访了马鹏起教授三四次之后，他也未能获得理想的信息。转机则来自马鹏起教授终于成稿出版的新书。包钢尾矿库的历史脉络，和他本人多年积累的专业知识，都作为结晶在书中体现出来。马鹏起最后对刘志毅说，他的答案都在他的书里，这最终为刘志毅的报道提供了极为权威的数据和理论支持。

“你永远不知道突破口什么时候会来，因此要随时做好准备。”

每天独自躺在异土的床上，刘志毅的心中好似有个小钢球，不断碰撞着眼前巨大而高耸的墙壁。他在期待一个缺口，所以不得不一直试探，直到“砰”的一声，钢球集中弱点，高墙轰然倒塌，然后，露出事实的真相。

文本是末技，调查是中心

刘志毅每天的工作流程像是富士康的车间流水线：采访、整理录音、写“memo”（备忘录）。在写“memo”的同时，他也会随手“烧烧砖”。“‘烧砖’是我们的专业术语，我当天采完后知道这一段肯定会用，我就用报道的语言把它写在那里了。”

如果把最终的报道看作建楼，那么烧砖无疑是非常重要的步骤。不烧砖，意味着建楼的时候面对的将是一堆烂泥巴。“砖”既影响着“楼”的轮廓、结构和质感，也构成了“楼”最终的风格、理念和灵魂。

在《南方周末》实习期间，刘志毅偏重于文本呈现的锻炼，力求在文字上打动人心。《南方周末》是一家特点鲜明的媒体，概括起来有三个字——特稿化。“特稿化”是指在不违背新闻原则的情况下，偏向于用描述性的语句进行细节的展示，给予读者文学式的体验。但《财新新世纪周刊》则是旗帜鲜明的另一种风格。

“之前提到过的‘又到月球了’的那种撕裂、突兀、鲜明的对比感，在‘烧砖’的时候有‘烧’过，但是最终成稿的时候删掉了。因为没有信息。”

刘志毅很清楚《南方周末》和《财新新世纪周刊》两家媒体的区别。选择去《财新新世纪周刊》实习，是因为他想在调查报道的操作层面上得到新的能力提升。于是在《危险的宝藏》一文中，他更加注重如何通过层层的调查和分析把新闻硬核的逻辑推演清楚，以及如何用简练、精确的语言和数据去写作。“那种对比感、撕裂感，只是我个人的震撼而已，写上那么一两句话或许能够带起一点共鸣，但不具有信息量。《财新新世纪周刊》并不像《南方周末》那么强调‘现场感’。”

“现场感”是一种通过错落有致的文本安排，来引起读者身临其境、情感共鸣的技巧。“写特稿和做影视是一样的，我给他一个长镜头，还是广角，我是推上去看他的细节和毛孔，还是看大全景中这些人在一起的状态。写的时候我们就会想象自己在拍，拍的时候就好比在写一样。那个时候现场感会很强。”但对于《危险的宝藏》来说，这种“技法”的安排显得并不那么重要。刘志毅反复提及：“文本是末技，调查是中心。”相对特稿，调查性深度报道更看重事实、逻辑、结构。

除此之外，作为调查性报道的骨架，“提出问题—分析问题—解决问题”，这三个环节都需要做到完备。“宝藏与灾难”“变废为宝探索”“有出路没动力”，这是整个报道的逻辑脉络，其中构成逻辑链条成立的关键要素在于：

> 既然正常开采铁矿的现行工艺顺带回收的稀土就已数量惊人，造成市场供过于求，那么耗资开采尾矿库中的稀土对于企业和当地政府来说，就没有了内在动力。显然，这是导致尾矿库环境危害的更深层次原因。

最终，报道的观点落脚在这样一句话：

> 新的思路与技术都已经出现。差的，只是政府和当事企业的抉择。

得出这样的结论似乎很容易，但如何让人信服就有了难度。《财新新世纪周刊》不断提醒刘志毅要“一环一环地找证据”。在《危险的宝藏》中，刘志毅通过两方面展开了调查：一方面是受害者。从村民们了解到尾矿污染对农作物、家畜和人的危害情况，从曾去上访的村民那里拿到了地下水和土壤的环评鉴定书，还有近几年死于癌症的人员名单等。另一方面则是智力资源。包头市的宣传部门、内蒙古科技大学的教授、包头稀土研究院的退休院长和工程师等。此外，刘志毅还在包钢集团已经知晓他底层采访已经做完的情况下，通过邮件和集团内部人员进行了沟通，获得了部分官方数据，用以印证他的观点。这些材料都构成了非常重要的证据链。

朴素但直击要害、牢固且严丝合缝，这样的砖才能砌成一篇优秀的调查性报道。

2017 年，坐在《今日头条》的会议室里，刘志毅回忆起近 5 年前那次北京暴雨时“被遗忘”的调查，还能够说出两三个污染严重的村庄名称：打拉亥上村、打拉亥下村、新光一村……

“我记得当时是在白云鄂博建立了一个新的尾矿坝分担压力，之后，就也没有了解过了。”后来，刘志毅还和“黑车司机”陈建民聊过两次，他仍在当地，没有离开那片乡土。接着，在日日飞转的时光的催促下，这片钉在“花园城市”包头角落里的污染地，在他的脑海中也渐渐淡化了。

每一个人成为自己，不可不究其来路上因果的积累，而一篇报道称为佳作，也必有能够追溯的一番前情。刘志毅算是“少年成名”，2010 年富士康的卧底报道让他成为新闻界的一颗明星，“富士康”成为他的一个标签。“标签一旦贴上，就难以被撕掉，我能做的，只有给自己贴上更多的标签，而新的标签必须要达到甚至超越已有标签的质量或价值，这需要我付出更多的努力。”

于是，从《南方周末》到《财新新世纪周刊》，从“文本”到“调查”，这期间他一直尝试、不断积累。

2012 年第 46 期的《财新新世纪周刊》，3 篇环境科技类报道——《危险的宝藏》的土壤主题、一篇空气主题和另外一篇水污染主题，共同构成了杂志的封面，介绍了中国几种污染样态的样本调查。“一个实习生能够操作一期《财新》的封面。主要是老师愿意信任你，愿意让你独立执笔。”从这种意义上来讲，《财新新世纪周刊》给了刘志毅一种新的环境，一种独立去操作一篇深度调查稿件的环境。经历了《危险的宝藏》，刘志毅对于“富士康”这个标签有了更深层次的看法：“当时自己做的工作只是整个报道中的一小部分，观察、记录，但是当时的能力也好，资历也好，并没有能够达到驾驭整篇报道的水平。”

毫无疑问，《危险的宝藏》成为他的又一个标签。在 2013 年 7 月正式入职《南方周末》之后，编辑部曾希望他继续做环境记者，在《南方周末》绿版工作。但是正如他所说的，“为自己贴上更多标签”，他选择去了经济部。可能难以想象，选择了《南方周末》《财新新世纪周刊》的刘志毅，也曾有过成为一名央视体育记者的想法。“我递了简历。结果考试的时候考英文，就我一个人没有带字典，我以为是闭卷，结果他们都带了字典。最后我就最早交卷了。”谈起这段经历，刘志毅笑起来。

可见，他从来都不安于现状。

相关作品：危险的宝藏

中国最大的尾矿库之一包钢尾矿库，一方面潜在价值富可敌国，另一方面环境污染严重。变废为宝却难以举步。

如果从高空俯瞰包头市，在主城区以西数公里，黄河之北十余公里处，可见一个黑灰色的庞大椭圆形“湖泊”，占地达 11 平方公里之广。

它并非真实的湖泊，是内蒙古自治区大型国企包头钢铁集团的尾矿库。这座高出地面 20 余米、由土和混凝土围成的尾矿库，内中已堆存近 1.8 亿吨细粉末状的尾矿，是中国最大的尾矿库之一。

在这座城市以外，这座已使用 60 多年的尾矿库原本鲜为人知，但近两三年以来，该尾矿却成为全国新闻报道中的常客，甚至部分外媒也亲临探访。

该尾矿成为新闻明星，一方面在于其富可敌国的潜在价值。该尾矿内富集 930 万余吨稀土资源，以及众多其他稀有金属。业内对该尾矿的估值，从 1 万多亿元至10多万亿元不等，最高曾达到80万亿元。即便按1万多亿元计算，已达中国GDP的1/30，超过全球许多小国的GDP。

稀土元素被称为“工业维生素”，广泛应用于电子、石化、冶金及众多高新领域。稀土是全球重要战略资源，中国保有其资源量一半以上，而尾矿稀土的最初来源白云鄂博矿区则是全球第一大稀土矿。

2012年上半年，中国A股市场上因传言该尾矿库可能注入上市公司包钢股份(600010.SH)或包钢稀土(600011.SH)，两股股价逆势上扬，涨幅一度翻倍。直到包钢集团声称该尾矿库属于集团而非两家上市公司，此轮爆炒才终结。

让该尾矿成为新闻明星的另一面，则是连篇累牍的负面新闻。媒体发现，该尾矿库环境污染极其严重，至少7个村的6万余亩良田的土壤被污染，其中2万余亩已不能耕种或减产严重，3 000余村民十余年来为此事到处吁告。

《财新》记者调查发现，已有相当数量村民因此尾矿付出严重健康代价。不仅如此，该尾矿因存在放射性污染以及潜在的溃坝风险，业已成为包头市及周边地区严重环境隐患。

一座尾矿库，集天使与魔鬼两副面孔。求解之道早已昭明，通过科技手段变废为宝已成为政府、企业的共识。但是，在现有科技手段和全球稀土格局之下，实现并不容易。

宝藏与灾难

数月之前，《财新》记者曾登上尾矿库的坝墙。从一根大钢管引出的众多小钢管，其时正向库内注入类似稀泥、深棕黑色的尾坝水，库内相当面积因此呈湖泊状；而更远处，已干涸的矿渣泥，则像黑灰色的滩涂地。

宝藏就在面前。包钢稀土研究院原院长马鹏起对《财新》记者指出，该尾矿库的资源价值，相当于又一座白云鄂博矿。此语分量尤重，因为后者是全球第一大稀土矿，工业储量达3 600万吨，占全世界的36%。

公开的学术论文显示，此1.8亿吨矿渣之中，所含稀土元素比例，比百里之外的白云鄂博原矿更高。与原矿相比，尾矿所含的稀土平均品位已从 5.5% 提高至 7% 以上。对尾矿库矿渣取样分析显示，这些矿渣成分为 : 铁 15%、稀土 (REO 即稀土氧化物)7%、铌 (Nb_2O_5)0.14%、萤石 (CaF_2)23%。仅萤石之价，其实已超包钢集团前期提取的铁的价值。

对该库最高的估值来自包头市政府专家顾问组，其估值达 80 万亿元。该份报告的摘要部分至今可在包头市政府专家顾问组网站找到。其表述称“包钢尾矿坝 (库) 内储存有稀土 (钍)、铌、铁、萤石等富集了的珍贵宝藏，匡算潜在价值大数为 80 万亿元左右，相当我国 2010 年 GDP 的近 2 倍”。正是这个估值，引爆了 2012 年资本热炒包钢系股票的行情。

2012 年 11 月上旬，曾参与上述报告的前包头市政府专家顾问组成员熊家齐，向《财新》记者否认了 80 万亿元估值。他说 :“这个数值肯定太高，我们一批老同志可能不太了解具体情况，建议媒体不要采用这个数字。”

也有学者依据稀土含量进行过计算，认为估值有十多万亿元。但事实上，对该尾矿库进行估值并不容易，因为仅稀土元素就有十几种之多，每种价格不同，且波动极大。

马鹏起数十年研究该尾矿库，他在论文中认为，按 2008 年全年 12 个月的平均价计算，该尾矿库仅稀土价值达 5 000 亿元，其他矿藏价值超过 6 000 亿元，因此在 1 万亿元以上。

稀土界学者对尾矿库估值有不同看法，但对其严重的环境污染却有共识。学者一般认为，包钢尾矿库的建立，是在困难时期进行的错误决策，把宝藏放在了错误的地方。

《财新》记者了解到，在上世纪 50 年代建设包钢时，由于白云矿区没有水源，不具备建设钢铁厂和选矿厂的条件，只能在百里外包头市郊区靠近黄河的地方建设钢铁厂和选矿厂。最终，尾矿库就近选址在厂区周边。

官方资料显示，目前，包钢选矿厂每年向尾矿库内排入尾矿 700 万 ~800 万吨。此外还有包钢稀土华美公司及冶炼厂往尾矿库内排放工业废水 (酸性水)，每年约 210 万立方米。

上世纪 70 年代末，尾矿库引发的环境污染开始显现。内蒙古科技大学教授王建英告诉财新记者，由于水压等原因，尾矿库内高度盐碱化的污水通过土壤渗漏，进入周边地区的潜水层(地表以下第一个稳定水层)，严重污染了附近地下水水质。

那时起，尾矿库周边耕地肥力开始下降，动植物陆续受到影响。如今，大片耕地无法正常种植农作物，几乎全部荒废，潜水层地下水无法灌溉或供人畜饮用。共计超过 7 个村、3 000 多人、6 万多亩土地受到影响。王建英说，污染物在地下水的带动下，还在以每年 20~30 米的速度逼近黄河。

打拉亥上村在包钢尾矿库西侧 1.5 公里。根据村民提供的包头市环境监测站 1995 年、2000 年以及 2006 年的监测数据，村里的井水中，硫酸盐、氯化物、氟化物的含量，绝大部分已经超出国家规定的农田灌溉水质标准数倍至数十倍不等，遑论饮用水标准。财新记者发现，遇到同样危害的还有打拉亥下村，新光一村、三村、八村等村落。

变废为宝探索

在民间环境危害之外，内蒙古、包头市两级政府以及环境学者则担忧该尾矿库的放射性危害以及潜在的溃坝风险。

中国辐射防护研究院三废治理研究所废物安全研究室副主任孙庆红等发布调查结果显示，尾矿库附近区域 Y 辐射空气吸收剂量率较包头市区有不同程度的升高，在尾矿库南部、东南部升高明显。当然，研究人士目前尚未找到这些放射危害对人体产生实际影响的证据。

由于近年国内多地发生尾矿库溃坝灾害，而包钢尾矿库临近内蒙古最大城市包头市以及中国北方最重要河流黄河，一旦溃坝，后果不堪设想。此外，该库位于地震多发地区，地震威胁也如影随形。

公开媒体报道显示，每遇地震和严重汛情，内蒙古自治区和包头的各级领导即到现场督察，开会部署安全工作更是每年的常态。

在稀土学界，一直呼吁官方和包钢集团自身将该尾矿库变废为宝，利用新科技提取稀土，同时逐步消化该库可能的环境风险。

为回收矿藏中的稀土，上世纪 80—90 年代，包钢集团就与长沙矿冶研究院合作，开展了物理法的选矿工艺试验。该试验利用弱磁—强磁—浮选法，使尾矿中铁的回收率达 79%~80%，稀土的回收率约 20%。但这种物理方法对于稀土的回收率不高，不具备实用价值。

沈阳化工大学应用化学学院副教授于秀兰曾于 2009 年撰文，介绍从包钢尾矿中提取稀土的化学方法——脱氟—碳热氯化法。该方法可将稀土的提取率提高至 84%。

“我们做的是氯化方法，但是稀土学界好多人都不支持氯化反应，因为污染严重，所以申请资金也困难。”于秀兰告诉《财新》记者。

于秀兰称，氯气的大量使用有危险，产生的氯化物对环境隐患极大，因此现在尾矿稀土回收，主要仍用浮选法。氯化法之外的其他化学方法，也仅在实验室研究阶段。

多名学者指出，当前对尾矿中有价元素的综合利用，仍旧只能在物理法的思路内寻求突破。

2010 年，包钢技术中心助理工程师张永、包钢稀土研究院原院长马鹏起等共同撰文，公开发表了一种新的尾矿利用工艺，称为“串级闭路工艺”。

文章指出，以此工艺回收包钢尾矿库中的稀土，可以使稀土的精矿品位达到 60%，回收率达到 87%，完全可以达到工业生产的标准。该工艺还实现了对萤石一定程度的回收。

在进一步的稀土的精炼生产过程中，酸法与碱法是两种主要方法。马鹏起告诉财新记者 :“新的回收方法将稀土精矿品位提高到 60% 以上后，根本上改变了生产稀土的工艺，也消除了稀土冶炼阶段的污染问题。”

但马鹏起颇为遗憾地表示，“串级闭路工艺”的成功，可以说从科技上解决了工艺技术问题，“但新工艺却没有硬件、没有新厂房来支持应用，目前还只是个实验”。

有出路，没动力

“这个方法虽然好，但是他不用你的，也没办法。”马鹏起解释道，“因为愿望没那么迫切”。

《财新》记者了解到，在现实情况下，不但尾矿中的稀土未开始利用，包钢集团本身仍旧在沿用上个世纪老的工艺进行选矿。该选矿思路以选铁为主，而非以价值更大的稀土元素为主。

一位不愿透露姓名的前包钢研究机构人员告诉《财新》记者，包钢长期开采的铁矿主要是稀土伴生矿，如果估算一年产量在 1 000 万吨钢，按照 5%~6% 的伴生比例来算，就可以产出大约 50 万 ~60 万吨的稀土，但是全世界的市场不过十几万吨而已。

既然正常开采铁矿的现行工艺顺带回收的稀土就已数量惊人，造成市场供过于求，那么耗资开采尾矿库中的稀土对于企业和当地政府来说，就没有了内在动力。显然，这是导致尾矿库环境危害的更深层次原因。

马鹏起指出，对于包钢集团而言，钢铁生产已经具备很大的生产规模，要保持产量，那么必须保持开矿量；如果减少自己开矿而从国外进口贵得多的矿石，就将面临亏损。

“用自己的矿，虽然在稀土上是浪费了，但是对于铁精矿而言，则是便宜了。”马鹏起解释。

除了上文提到的张永、马鹏起等所发表的从尾矿中回收稀土的新方法，还有不少专家提出，包钢选矿的思路应当从根本上转变。

多年从事稀土污染、矿冶废物回收利用研究的内蒙古科技大学教授张雪峰在接受《财新》记者采访时表示，应当先提炼矿石中的稀土，后提炼钢铁，从源头将稀土的利用率提高，这是提高冶矿效率、减少污染的最好方式。

“现状是，(包钢)先选铁，再选稀土，而铌根本没有利用；我们提出的一个新思路是，先选铌、稀土，最后选铁。铁是最不值钱的东西，包钢实际上是利用了最不值钱的东西，而把最值钱的东西留下了。”张雪峰指出。

马鹏起更是建言，包钢集团应减少原矿的开采量，“全世界用多少稀土，我就供应多少，然后把矿山保护起来，作为国家和企业的储备”。

公开资料显示，包头白云鄂博铁矿按照现在的开采速度，再过25年左右，铁矿区的稀土将被开采完。

马鹏起提出，若以稀土为本位进行开采，则可以开采得久得多，同时还可以把其他的铌、钪、铁、萤石等全部利用起来。

“可能我这样采1吨，比现在采3吨产生的价值还要高。最关键的是，这样做可以减少环境危害，为中国的未来储备资源。”马鹏起说。

事实上，中国科学院院士徐光宪曾于2005年、2006年联合十多名学者联名上书国务院，提出类似的呼吁与建议，当时曾得到国务院总理温家宝的批示。然而，建议在包头至今未见落实的迹象。

新的思路与技术都已经出现。差的，只是政府和当事企业的抉择。

《财新新世纪周刊》（2012年11月26日第46期）

包丽敏：

《无声的世界杯》如何振聋发聩

王嘉兴　采写

清华大学新闻与传播学院2003届硕士毕业生，本科就读于清华大学中文系。获得硕士学位后，包丽敏进入中国青年报社工作。2004年6月，原先仅一个版的“冰点特稿”扩展为4个版的《冰点周刊》，包丽敏此时进入《冰点周刊》担任记者，后历任编辑、副主编，写出了《火车惊魂记（乘客版）》《万家灯火为谁熄灭》《别了，土地》等脍炙人口的作品。

因为“想要看看外面怎么样”，包丽敏离开了《冰点周刊》，到《中国新闻周刊》任执行副主编。后来，她又回到《中国青年报》做《青年参考》，一度希望办一张与《环球时报》完全不同的国际新闻报，之后又到《中国青年报》的《思想者》栏目任主编。她还曾在《智族GQ》杂志担任过总主笔，2016年年初辞职，全心照顾孩子，并写作出版了《孩子，我愿意这样爱你》一书。

广州街头，深夜，大雨。路上偶有行人匆匆而过，几乎没有人会注意到，几个农民工举着伞，仰着脖子聚精会神地观看露天大屏幕上正在转播的世界杯。哗啦啦的雨声里，音乐会传来收音机的声音——大屏幕没有声音，他们特地花 65 元钱买了一台收音机。

和千千万万农民工一样，他们僦居在城市的缝隙里，却用双手搭起了城市全部的繁华。农民工，可能是中国最无声的一群人。那块无声的屏幕，正是农民工这个沉默群体的象征。

2006 年，一篇名为《无声的世界杯》的新闻记录了这群人，也打动了无数读者，这篇特稿也获得了 2006 年《南方周末》年度致敬之最佳特稿奖。我们找到了这篇报道的作者包丽敏，和她聊了聊这篇报道的前前后后，以及她与新闻的故事。

与“冰点”结缘

用包丽敏的话说，她进入清华大学学中文“纯属偶然”。尽管高中时有过做记者的念头，但在她那届以前，清华大学中文系是不招文科生的。从她高考那一年起，清华大学中文系开始了试点，文科生包丽敏被保送进入中文系就读。在当时的纯文学、计算机语言和新闻与传播方向中，她选择了新闻与传播，之后进入刚成立的新闻与传播学院、成为记者则是按部就班发展的结果。

回想起来，包丽敏坦言，经过那么多年的应试教育，她其实并不知道要做什么，只是心里有一些隐约的感受，这可能源自于自己的高中语文老师——毕业于复旦大学新闻系、一个相对有趣的老师。而在大学里，研究生导师李希光老师则为她打开了新闻的大门。

也是在李希光老师的熏陶下，包丽敏很早就接触到了特稿的写作，她也很喜欢新闻文本中的特稿元素，本可能很硬的新闻、社会现象，用一个动人的故事、一个让人印象深刻的人物切入，就变得非常生动。她曾经研读一本书，叫作《美国最佳报纸新闻写作》，里面有篇长篇报道，得了美国报纸主编协会最佳写作奖，其实写的是一个不那么重要的事情。特稿记者到一个蓝领高中，和高中生们待了一段时间，看他们怎样排演一出话剧，排演话剧过程中，那些孩子怎么经历了各种感受和成长。这件事太小了，都构不成一个新闻事件，但是读者们都被它打动了，在报纸上连载了好几期。从很早开始，包丽敏就会在自己的新闻报道中有意识地追求这种风格。

毕业后，包丽敏进入《中国青年报》成为一名记者，主要跑法制口。一年后，"冰点特稿"由原来的一个版扩展为一周四个版的《冰点周刊》，内部招人时包丽敏都没敢报名，因为觉得自己写不了整版的、大块的特稿文章。但《冰点周刊》的副主任杜涌涛找到包丽敏，鼓励她去报名，因为曾经看过她在法制口的一篇报道，写的是北京一个老汉手持《宪法》抵制拆迁。这篇报道的开头部分有特稿的色彩，包丽敏猜测，杜涌涛老师因此觉得她有潜质，便来鼓励她报名。

重新认识世界

进入《冰点周刊》，包丽敏很快融入这个环境，"这就是我想去的地方"。之前在《中国青年报》进行日报的写作，包丽敏形容那是"干巴巴""硬邦邦"的写作，全是数据、说理，内容都是专家说、你说、我说、他说，她觉得这不是她想要的东西。在她看来，"冰点"给自己最大的改变不是新闻写作技法上的，而是价值观的启蒙。

技法上，最开始大家都很痛苦，觉得在受编辑们的折磨，一篇稿子交上去，往往要改动好多次才行，有时编辑看不过去还会亲自上手改。不过因为过去就接触过特稿，也很喜欢特稿，包丽敏很快就度过了这个阶段，只有第一篇稿子写完后被编辑打回来重写过。

麻烦的是价值观的问题，因为这涉及对新闻的判断、看法。进入《冰点》后她才开始重新认识世界，开始质疑自己脑子里被灌输的所谓"正确观念"，形成批判性思维。而这些东西，在她以往所受教育里都是缺失的。包丽敏说，"我要对自己脑子里的各种观点重新一一质疑和验证，这是一个非常痛苦的过程。有段时间我非常焦虑，有些抑郁，重新开始思考人生。过去在应试教育下好像没有过青春期，没有怀疑过人生，一路都是乖乖女、好学生，直到工作以后。”

包丽敏还记得每周在报社拼版时，编辑们坐在办公室里各种侃，聊新闻时事、社会思潮，记者们都会在外头听，同时感慨，原来事情是这样的。记者们每次开会都觉得自己脑子里的世界崩塌了，“经历巨大的冲击和震撼”。编辑们还常常发一些泛读的文章，和业务、报道没什么关系，但学理性很强，记者们最初读来都觉得很痛苦，但看完后都有很大收获，“发现世界有另外一种理解”。

“虽然我不敢说我没有得到内心的自由，但是我知道要走下去，信心满满，充满乐趣地追求内心的自由、头脑的自由，而不是被固有的观点束缚。”包丽敏觉得，这是人一生最重要的东西，也是《冰点周刊》给她最大的馈赠。

冰点与世界杯

《无声的世界杯》的选题其实只是源于一张照片。2006 年 6 月中旬，广州一家媒体发了一张照片，时任《冰点周刊》编辑杜涌涛看到了这张照片，觉得被打动了，当即决定派记者前去采访。

当时世界杯非常火，媒体一定要有所反映，也有责任，不能在重大的新闻事件中缺席。对《冰点》来说，自己的角度是什么，有什么与众不同的东西，这也是编辑、记者们在思考、焦虑的事情。世界杯也有很多媒体到工棚中报道农民工看世界杯，但这样会让稿子很散。大屏幕则成为非常棒的意象，能将原本看上去散漫的细节和素材都串起来。

其实这也是《冰点》一贯的选题特点，关怀底层人群—关怀边缘人群—关怀社会的弱者。体制内媒体的好处在于，它不用在乎市场喜不喜欢。

包丽敏回忆，为了写作《无声的世界杯》一文，首先寻找采访对象就不容易。当时唯一的线索就是报纸上记者拍的照片，而摄影记者的特点是，他们只管拍摄画面，而不用留联系方式，也不需要问别人问题。她首先找到了摄影记者，问到了大屏幕的位置，然后每天晚上就到大屏幕下去等。事实上，当时照片里的人，包丽敏最后只找到了一个。找到人后，获取信任是比较容易的事情，他们都很愿意和记者交流，对记者也没有戒备。

为了保证安全，报社派了驻广州记者李润文，报道的另一个作者，陪当时还是“单身小姑娘”的包丽敏一起采访。他们每天晚上都要进出工棚采访工人，白天工人们都在干活，记者们就到工棚里去找人，约好采访的时间，还会看工人们工作。等到工人下班，他们会请工人吃饭、吃夜宵，并且约好一起看一场球。

对包丽敏来说，另一个大的困难是，她和李润文都不懂球。两个球盲和几个球迷聊天，很多时候没法接他们话，大屏幕上的比赛也看得莫名其妙。

特稿写作对文学性的要求比较高，这就需要记者提前构思文章的写法，想好要分几个方面写，并在采访前就对每个方面设定具体的问题，才能保证写作时材料充足。包丽敏觉得，一篇特稿在采访完的时候就应该知道该怎么写了。如果采访完了，都不知道哪些是动人的东西，哪些是重要的细节、引语，那说明采访还没有结束。故事都不能打动记者自己的话，更遑论打动读者了。

回头来看，文章还是有一些遗憾。这篇报道从出发到成稿大概花了 10 天，时间比较紧张。决赛当晚包丽敏和几位工友一块儿看球，第二天就往回赶，在飞机上写稿。因为稿子要得很急，必须写出来，包丽敏也没有时间构思什么精巧的结构。文章的开头也让她不太满意，因为找不到结构，包丽敏不知道该怎么进入故事写一个特别带劲儿的开头。最后见报的稿件基本没有修改，就是编辑杜涌涛重写了一个开头。

如果放到今天来完成这篇报道，包丽敏觉得自己会更有经验，也能更好地和采访对象沟通、打交道。更重要的是，十多年的记者生涯让她对农民工群体的理解更深入，所看到的东西也就更多。特稿的写作技巧很重要，但思维的深度和广度才是决定作品质量的关键。新闻本身就是不完美的艺术，每个记者心中都有理想的文本，但受制于时间、采访条件和方方面面的限制，那是永远达不到的。

在报道刊发的 2006 年，农民工群体是媒体关注的热点。那个时候很多市场化的媒体，以《南方周末》《南方都市报》为代表的一系列媒体都会有这种草根情结，关注弱势群体。这篇报道获得《南方周末》评选的 2006 年年度致敬之最佳特稿奖，整个部门都很看重。它的评选标准和主流的新闻奖不太一样。《冰点周刊》都认为，得这个奖，比获得中国新闻奖更体现专业水准。包丽敏觉得《无声的世界杯》打动人的力量在于它的故事有反差，在世界杯那样一个欢腾盛宴下让农民工群体参与了进来。他们热切的样子，和整个世界融为一体，身份变得不再重要。但当比赛进入最激烈的点球决胜时，大屏幕停止了播放，他们生活残酷的真相又体现出来。那幅画面具有震撼人心的力量，折射出农民工的生存状态。包丽敏说，她只不过是把这个意象具象化了，更详细地呈现出来。那个时候关于农民工有很多很棒的报道，她做的只是其中一种。

冰点之后

包丽敏于 2009 年离开《冰点周刊》到《中国新闻周刊》任执行副主编。因为做过了记者、编辑，她开始对操作一个媒体感兴趣了。《中国青年报》是体制内的媒体，并不面向市场，包丽敏说自己“忍不住想看看一份市场化媒体怎样赢得市场”。

作为编辑，考虑选题时都会有一个传播途径的预测，知道什么选题会引爆舆论，什么选题会受到大家关注。体制内的媒体只能看到门户网站的转载、读者评论，但市场化媒体的传播效果直接体现在发行量上，有好的报道、有好的封面人物和故事，这一期的销量就会很好。

包丽敏还在《智族 GQ》杂志短暂工作过一段时间。这段经历让她感受到了不同媒体的巨大差别。作为一份一个月出一刊的杂志，《智族 GQ》有着自己的特点。杂志的阅读与报纸的阅读差别很大，一篇报道至少是几千字，采访量和选题的挖掘深度要求都会比较高。杂志的文本呈现也和报纸不同，会有更多个人化的东西，有自己的调性，太像新闻报道是不行的，成熟的特稿写作不应该有新闻腔。

很多人认为特稿的写作不够客观，但包丽敏觉得，在某种程度上，特稿反映的更接近真相。一般的新闻文本为了平衡信源，都会尽可能地找到正反两方，表达出各自的观点。但特稿不是简单地呈现观点，它需要记者做大量的前期工作，深入采访双方，并且要有所甄别。特稿难免有主观的腔调，但只要做足了功课，它会更有深度。

在包丽敏看来，特稿记者需要具备很好的文学功底，具备采访中捕捉细节的能力和感受力，以及对社会问题的思考能力。为了深入剖析新闻事件，记者可能需要很多其他领域的知识，如社会学、经济学、政治学等，来提供认识世界的角度。新闻不是一个可以追名逐利的行业，但对真心喜爱的人是非常不错的，它提供给你体验不同生活的机会。她希望有志趣的人能够坚定地走下去，形成自己的价值观，努力探索这个世界的真相和本质。“媒体更新换代特别快，你们能做出我们不具备的东西，创造新的图景。媒体新的活力在你们手上。”

对后来者，包丽敏告诫，发声时一定要谨慎，不要说那些脑子里不成熟的、别人告诉你却没有经过自己思考验证的东西。不管在哪个时代，都要慎用话语权，不要主动说假话，更不要创造性地说假话。这是传媒行业的底线：不谄媚权力，也不谄媚大众。

相关作品：无声的世界杯

天下着大雨，6 名农民工卷着裤管，打着伞，深夜站在广州街头一个露天大屏幕下，仰着脖子凝神观看正在转播的世界杯。因为大屏幕只有画面而没有声音，为此，他们中的一人专门花 65 元钱买了部收音机，6 个人支着脖子，边听广播电台的直播，边看无声的大屏幕。

其实，农民工看不看世界杯，看不看得上世界杯，原本没人关心。但 6 月中旬广州一家媒体的一则报道，却深深触动了我们。我们联系到写这则报道的记者，试图打听到这几个农民工的联系方式，对方告诉我们，他们也只是路过时看到了这一场景，就写了这篇报道，并未留下他们的联系地址。于是，我们决定前去广州，深夜等待他们的出现。

NO.1

这块大屏幕安装在广州至尊国际夜总会大门的上方。每当夜幕降临，夜总会里穿白制服的服务生和穿红色露背长裙的女招待便忙碌起来。很快，他们的客人坐着奔驰、宝马、尼桑等各种名牌轿车陆续光顾。

夜幕下，大屏幕上有时飞出一张张红唇，有时播送出一两副撩人的身段，或者像万花筒一样呈现着各种花样图案。每天，这块大屏幕就这样播放着夜总会“宣传片”：“尊贵”“激情”“时尚”“梦幻”，几个口号一遍遍在大屏幕上翻飞。

直到今年 6 月中旬足球世界杯开幕后的某天，夜总会三四百米外的建筑工地上，一位开塔吊的农民工突然看到远处这块大屏幕上出现了德国的绿茵场。

“……大屏幕上转播世界杯啦！”消息很快从塔吊工人那里传遍工地。

顷刻间，这个工地上就有 4 名农民工跑到了夜总会对面，坐在马路牙子上，一人买了一瓶啤酒，仰着脖子沉浸在大屏幕转播的无声世界杯之中了。这几个人并未意识到，他们是在分享全人类一个共同的狂欢节日。

一个当时只是凑热闹的农民工还记得，两个漂亮入时的女孩从他们身边经过，其中一个用四川话嘲笑道：“看，四个瓜娃子在看球呢。”

另一个农民工似乎没听懂，还对着她们高声调笑：“靓妹，来看球！”

那时，这个工地上 60 层的大楼正要封顶。水电工陶辉那几天连续加班，等到收工已是晚上 9 点半了。他顾不上冲洗，只是换上一双拖鞋，浑身汗水和着泥浆，就跑到大屏幕下，看下半场比赛。

事实上，陶辉在大楼 54 层加班时，就不时远远地瞅一眼这边的大屏幕。当镜头拉近时，他虽然看不清球员球衣上的号码，但能看到足球，“看到带球速度”。当镜头推远时，只能看到满屏的绿色。有一天，陶辉实在忍不住了，背着当班的监工偷偷跑到了大屏幕下。

6 月 13 日那天，陶辉终于不用加班，但广州却下起了大雨。“下那么大雨，今天别去看球了。”妻子说。但陶辉抓过一把伞就跑了出去。

世界杯小组赛的比赛每晚 9 点开始，但那天 8 点半时，陶辉已经撑着伞站到夜总会对面的马路上了。

他到那儿时，早有一个骑着自行车的人正打着伞抬头仰看大屏幕。接着，陶辉隔壁工地上一个叫老王的农民工也打着伞来了。他拎着一张小板凳，手里还拿着个小收音机。

老王的收音机里也在直播世界杯。他一边看无声的大屏幕，一边听收音机。据说，收音机是他为这届世界杯花了65元特意买的。

那天刮着风，雨把陶辉衬衫的后背打湿了。他打着伞站着，直到雨停，然后把伞垫在湿湿的地上，坐在伞上，继续观看无声的比赛。

陶辉举着伞仰看大屏幕的姿势，就是这时被摄影记者抓拍到的，并上了当地的报纸。

据说，夜总会的大屏幕最多时曾吸引来上百名农民工看球。他们占据了夜总会对面的一长溜马路牙子和人行道。一些人来自陶辉所在的工地——正建造的60层“富力中心”写字楼，一些人则在夜总会斜对面为铂林国际公寓建造32层的商品住宅楼，另一些人在附近修建地铁，还有一些人来自不远处的海关大楼工地。

他们有的铺着凉席，有的垫着报纸。大多数人趿着拖鞋。有人打着赤膊，露出精黑的上身，有人像陶辉一样披着上衣敞开胸，也有人像要出门一样特意穿戴得整整齐齐。

一部分人拿着收音机，将耳机塞进耳朵里。所有的人都仰着脖子在看大屏幕。大屏幕右侧，“至尊国际”大招牌上，七彩的霓虹闪动着，像在跳舞。

下方的大门内，两名身穿白制服的服务生，各将一只手矜持地背在身后，一边将大门拉开，一边优雅地向来客鞠躬。

夜总会似乎没有想到“相当于广告牌”的大屏幕招来了这样一群看客。他们原本只是“转播给过路人看”的。

记者想向这家夜总会探问转播世界杯的详细情况，一位发福的中年男人显得狐疑而又不耐烦地回答：“这跟你们有什么关系？”说完转身便走。

“对不起，你们不能在这里待了，我们管事的下了逐客令了。”一位工作人员客气地说。

此前，另一位工作人员则说：“这是显示我们这家夜总会的实力。我们是广州唯一一家有大屏幕的夜总会。”

NO.2

不管怎样，夜总会的大屏幕让陶辉看上了世界杯。他总是趿着一双蓝色的廉价塑料拖鞋，卷着裤管，按时坐在对面的马路牙子上。他的妻子李向云趿着一双红色塑料拖鞋也看球来了，抱着他们 9 个月大的女儿陶安康。

李向云坐在马路牙子上给陶安康喂奶，或在中场休息时，给远在重庆老家两岁的大女儿打一件鲜黄色的毛衣。

两个女儿的父亲陶辉今年 24 岁，1 米 7 出头的个子，憨憨的，上嘴唇还留着一层软软的黑胡须。

“他是我们的‘钢杆’球迷。”他的一位工友介绍。不过，陶辉本人从来没有踢过足球。

陶辉就读的山村初中，只有一只足球，也只有一位物理老师和一位音乐老师会玩。学生们总是站在操场上，看他俩一个踢，一个扑。

2002 年，中国队在世界杯预选赛中出线。在一位老乡的带引下，陶辉开始看起了足球。同一年，陶辉几乎一场不落地从老乡出租屋里一台 17 英寸电视里看完了在日韩举办的世界杯。

“足球赛我一看就喜欢。”陶辉说，“够刺激，看他们的带球速度啊、配合技术啊，多好啊！”

不过今年在德国举办的世界杯，陶辉落了好几场。两三百人的工地，食堂里有两台电视，但据说除了播过一次安全宣传片之外，从来没有打开过。一位包工头花 200 元买了一台 14 英寸电视，但因为没有安装有线，有时能收到的比赛转播信号很差，有好几叠重影。人们开玩笑说：“这里一下可以进 5 个球。”

工地外的小卖部也有一台电视，不过通常播放电视连续剧。而夜总会的大屏幕，每天凌晨一点半关闭，两三点开始的球赛，大屏幕下的人们看不上。

每天下午 6 点半收工后，陶辉就到工地外买一份报纸。先从体育版的足球版看起，再看邻近的国际版，再看国内版“有没有什么稀奇的事情”。他关于足球的各种知识大部分来自这些报纸。他喜欢葡萄牙的菲戈，德国队的克洛泽，不喜欢像罗纳尔多这样“耍大牌的”。“贝克汉姆就是帅，好多女孩就爱看靓仔，”陶辉说，“我喜欢技术好的球员。”

NO.3

陶辉今年 2 月来到广州，带着妻子李向云和当时 4 个多月的小女儿陶安康，加入这个建筑工地。他参与建造的是一座“超五星级豪华写字楼”。

他们一家三口与 7 个男工友同住一个工棚。

8 张床里，陶家三人的那张床加宽了三四十厘米。李向云让这张床比单身男人们的床整洁得多。床头简陋的木架上，整齐地叠放着三个人的衣物，一只闹钟，一卷手纸，还有工友送给陶安康不多的几个小玩具：一个塑料的金发女娃娃，一只简易的塑料小汽车，一只捏一下会叫一声的橡皮小狗。

陶安康刚长出两颗牙，拿到玩具就用嘴啃：娃娃的脚、汽车的轮子和橡皮小狗的屁股。

陶安康在工地上的 5 个月里，已经大病一次。那次她得了肺炎，烧了 4 天后，夜里 10 点多送到广州一家医院，那时她的体温已经 40.3℃。医院让交 3 000 元押金，可她父母只凑了 800 元。

陶辉央求说：“能不能先治，我们再想办法？”医院先是松口说交 2 000 元，最后坚持最低也要交 1 500 元。陶辉急哭了。

夫妻俩抱着最后一线希望，决定连夜买火车票回老家给孩子看病。可是火车票卖完了。

“好怕啊！”李向云事后回忆说。凌晨两点多，两人哭着回了工棚。

幸好，哭声吵醒了同屋的一位带班师傅，他立刻找到一位老乡，曾经是乡卫生院的儿科医生，当时在广州卖保险。陶安康被连夜送去，这位大姐收了他们 600 元药费，几天后将陶安康治愈了。

“医院真黑！”陶辉摇了摇头说。

事实上，陶辉在这 5 个月里已欠了工友们 2 000 多元债务。7 月 3 日这天晚上，陶辉说，虽然他一个月的工资是 1 500 元，但从他来工地到现在，“老板”就没有发过工资，总共只领到了 900 元生活费。一周前他又向同在广州打工的哥哥借了100元，也已花完了。

陶辉能从食堂里领到一份菜和足够多的米饭，夫妻俩分着吃这只有五六小块肥肉的一份菜。“一个人吃都不够，什么味都没有，只有盐味够。”陶辉笑道。

“哈，吃完饭碗都不用洗，用水冲一下就干净了。”李向云在一边帮腔。有时，她自己买菜偷偷做着吃。不过，自从手头没钱后，他俩又已经连着四五天分吃一份菜了。

NO.4

这个工地的工友们就是吃完这样一份饭菜，冲过澡，然后三五成群地坐到夜总会对面的马路牙子上，跟这个星球上所有正在观看世界杯比赛的人们一起，分享着这场盛大的狂欢。

这时，夜幕下的广州，暑热稍稍退去，数不清的外地人不知从城市的哪个角落钻出来，遍布这个城市，开始各种营生。夜总会两三百米外的天桥上，一个黑瘦男人卷着裤管蹲在水果筐后叫卖。一个胖女人懒洋洋地举着各种透明的文胸带子。年轻的外地小伙凑上来招呼：“欧美打口CD！”两个少女埋着头坐在地上，请求好心人资助她们读书……

这是6月30日晚12点开始的德国队与阿根廷队的比赛。马路牙子上坐着40多个农民工，许多人攥着收音机，戴着耳机。

“冷静点！冷静点！”一个光头朝着大屏幕喊。

德国队进球了。一个光着上身的年轻人兴奋地大叫：“老子进球啦！老子进球啦！”下半场，阿根廷队也进了一球，人群里阿根廷的球迷也大叫起来，鼓掌，大笑。不知谁大喊一声：“你要输啦！”

9个月大的陶安康也在“看”球。她一边啃着手指，一边呜呜地出声，有时还兴奋地尖声大叫。妈妈逗她：“你是中国第一小球迷！”比赛间隙，工友们逗她：“小妹！”“你这个小丫头！”他们抱着她像飞机一样，一会儿俯冲，一会儿上升，她高兴得皱起鼻子哧哧地喷气，把妈妈逗笑了，说：“怎么跟我们家乡的牛一样。”

当不远处海关大楼尖顶上的时钟指向一点半时，双方的比分还是 1：1。眼看点球大战即将开始，大屏幕突然一片黑暗，绿茵场和明星球员顿时消失。

“啊——”人群中响起一片失望的号叫。“这些王八蛋！”有人高声叫骂。“回去睡觉吧——”有人快快地嚷。

很快，人群又重回到附近各自建筑工地的工棚中去，给午夜的广州街头留下一地坐烂了的报纸。

捡垃圾的来了。路灯下，晃动着一个大人一个孩子的身影，他们将烂报纸塞进塑料袋。

陶辉回到宿舍，在阳台上站着，等听收音机的工友报告比赛结果。当地粤语台报告了最后比分 5：3。陶辉喜欢的阿根廷队输了。他懊丧地想，今天晚上白看了！然后去冲了个凉水澡，倒头就睡。

凌晨两点左右，情侣们还在路边的吃食店吃夜宵，一个中年男人推着垃圾车经过，跟陶辉的那些工友一样，他也戴着耳机。耳机线穿进制服的领口，在路灯下闪着银灰色的光。

NO.5

这场四年一度的全球盛事笼罩了这个城市。一家餐馆进门处贴着标语：“我爱世界杯！”不少饭馆打着广告：“现场直播世界杯！”还有店家橱窗里贴出大幅的球星照。人们的话题离不开世界杯。各家报纸争着出版世界杯专刊。

珠江岸边的酒吧街，悬挂起一串串小足球，江风吹动着一长串各国的小国旗。对岸，海珠广场附近的一家酒吧打出广告：“性感撩人的足球宝贝，狂热的说唱文化，炫目的街舞足球。”

跟陶辉们不同，在这里，人们以另一种方式享受世界杯的狂欢。

这里，人头攒动，劲爆的音乐震耳欲聋，每一记低音都像在人的心脏上踩上一脚。7 月 1 日晚，两台电视正直播英格兰对葡萄牙的四分之一决赛。电视下的小舞台上，身着迷你裙的足球宝贝风情万种。人们喝着三百多元一打的“英格兰队指定饮品”嘉士伯啤酒，以及两三百元一瓶的红酒，每张桌上点着红蜡烛。有人脸上画着英格兰或葡萄牙的国旗。人们塞满了通道，以致侍应们只能挤进挤出。

一个歌手留一撇小胡子模仿张学友演唱。他扭动着身躯，大喊："来，让我们发泄一下感觉！" 台下人群里口哨声和尖叫声刺透了音乐。

足球，美女，音乐，暧昧的灯光，还有酒精。一对年轻的情侣开始热烈地接吻。

凌晨一点半，这里的电视中，英格兰队与葡萄牙队的点球大战开始了。劲爆的音乐暂时停息下来，人们都盯住了电视屏幕。

"每次点球大战都那么残酷！" 酒吧的 DJ 在麦克风里叫着。

但这种残酷，坐在至尊国际夜总会对面马路上的人们感受不到了，因为大屏幕又准时关闭了。

上半场比赛快要结束时，陶辉曾预言："葡萄牙的小小罗肯定要进球，就他表现最出色。"但最终，他没有看到这样一幕：小小罗将足球捧到嘴边印了一吻，然后一脚将这粒点球送进了英格兰队的球门。

这一晚，陶辉奢侈了一把，他花 3 元钱买了一瓶啤酒，坐在马路牙子上边喝边看球，"给自己助助兴"。

NO.6

收音机带给大屏幕下的人们一个奇特的世界杯，一个图像与声音错位的世界杯。

大屏幕上转播的是广东一家电视台播出的球赛，"普通话广播台"的直播与大屏幕上的转播并不同步，相差一二十秒。有时，画面上还没有射门，广播里已经进球了。

但当地的粤语台与大屏幕同步。李晓峰是人群中不多几个能听懂当地粤语广播的人之一。这位来自湖南新宁县的 33 岁农民工，总是戴副耳机，双手抱膝，一个人垫着报纸坐在马路牙子上观看。

他在百米外新建的海关大楼内做墙面油漆工。世界杯刚开始，就遇上工期吃紧，老板要求加班，小组赛的前四场他都没看上。这让他有些懊恼。

“你们没说你们要看世界杯吗？”记者问他。

“说了，但他们还催着要交工。”

“他们没问你们，为什么想看世界杯？”

“没问。”

如果没有世界杯，工地上的生活是单调的。“工地上最大的娱乐是玩扑克。”一位工友说。

李晓峰的闲暇时间靠看报纸杂志来打发。每天看报纸要花四五十分钟，除了广告，基本上所有版面都看。他一年买两三百份报纸，每月看六七本从旧书摊上买来的旧杂志，看完后再到旧书摊去换，两本换一本。

他从不读工地办公室里的报刊，因为“你进去他们好像看不起你一样”。

随着世界杯拉开战幕，只要有可能，李晓峰就会按时坐到大屏幕下看球，一场都不舍得落下。并且，他也为此专门买了一只带耳机的收音机。

但是李晓峰从大屏幕下回到他的工地后，却像水珠进了大海般“消失”了。记者到海关工地去找他，询问了十多位农民工，包括衣服沾满着油漆的油漆工人，却没人知道李晓峰是谁。

甚至有一种可能，工地上几乎没有人知道他的姓名，就像大屏幕下另一个球迷“眼镜”。

“眼镜”在大屏幕斜对面的铂林国际公寓工地上当铁工，陶辉雨中打伞看世界杯被记者拍下的那天，据“眼镜”的工友王福利说，“眼镜”也打着伞在现场。但没过几天，“眼镜”便离开了工地，回了老家。同一工棚宿舍里一同干了近半年的几位铁工工友，没有人知道他的联系方式和姓名。

他们只是叫他“眼镜”，只知道他是湖南人。

事实上，这些工友在这里也只有一个代号。一位来自新疆克拉玛依的铁工聂艮盆被叫作“新疆”，来自贵州的铁工王前钢被叫作“贵州”，王福利则被叫作“山东”。

“新疆，你看，这是法国队的亨利！”7 月 2 日晚，王福利指着路过的一家小饭馆里正重播的比赛，招呼道。他似乎有些自得于自己能准确叫出球员的姓名。

他们三人常一起到大屏幕下看球，住同一间工棚，却从不询问彼此的姓名。

“我们从不相互打听对方的家庭、经历，”“贵州”说，“也没人感兴趣。”他在这个城市不下 10 个工地做过工。“工地就像舞厅一下，如果曲子好，那我们就多跳一曲，曲子不好，我们就换家舞厅接着跳。”

黑瘦矮小的“贵州”就住在“眼镜”的下铺。他只知道，“眼镜”回老家前，有几次，一天干完两天的活，然后夜里看球直到凌晨 5 点才回工棚，白天再补觉。他并不清楚大屏幕关闭后，“眼镜”又在这个城市里哪个角落找到了看球的地方。

用王福利的话说，在这个工地上，对球的了解，“眼镜”第一，他第二，其他人算不上球迷，就是看看热闹。“喜欢足球，必须有自己喜欢的球星，必须有一支自己喜欢的球队。”对于足球，他喜欢用“研究”这个词。

那是 2002 年，中国队在世界杯预选赛出线后，王福利亲眼看到青岛五四广场上球迷的狂欢，敲锣打鼓、歌声震天，“整个广场、青岛市都像沸腾了一样”。几个男孩爬上了 10 多米高的铁塔振臂高呼，对面一个女孩高喊着：“跳下来！跳下来我就嫁给你！”

“究竟是什么东西使这些人疯狂？”王福利说，“从那个时候起，我就开始有意识地研究起了足球。”

除了当班，王福利也是一天不落地到大屏幕下看球。葡萄牙队将英格兰队淘汰出四强的比赛他就是在这里观看的，但等到四强开赛时，他却离开这个城市，去了广东顺德的一个工地。

他们总在流动，常常不知道下一个工地在哪里。下雨那天跟陶辉一同打伞看球的老王，以及一位与他同岁的小伙儿，已经有好几场比赛没有出现在夜总会的大屏幕下了。

NO.7

陶辉有一个奢侈的打算。他跟几个工友约好，等到决赛时，要到远一些的中华广场大屏幕看通宵转播的球赛。晚了可以花 30 多元钱打车回工地，还要买些酒助兴，费用大家分摊。他们甚至商量，也许可以找家酒吧的包间看球，一起承担费用。

“你知道酒吧消费多高吗？”记者问他。他愣了一下，说：“不知道。”

“如果人均花费 100 元，你能承受吗？”

他想了想，最后像是下了决心似的：“应该可以吧，看决赛可以。”“难得奢侈一下，四年才一次。”他又补充道。

不过，这些计划要付诸实施，前提是 7 月 7 日，“老板”能把答应付清的拖欠工资发下来。即使工资发不下来，哪怕再发 300 元生活费也行。陶辉说，否则，“估计就看不上了，那就等下一届吧”。

他有一个梦想，“等我有了钱，一定要去现场看一场球，”他希望中国能申办世界杯，这样，“去现场看球的费用会低得多。”

陶辉没想到，世界杯决赛之前，他和工友们以这样一种方式争取到了被拖欠的工资。

7 月 7 日中午，“富力中心”工地上几十名工人在四川工人曾强的带领下，上街堵住了工地门口的马路。随后，这位皮肤黝黑、赤裸着上身、穿着大裤衩的矮个胖子，拨打了“110”报警电话。

“是我报的警，我是让你们来帮我们解决工钱问题的，”曾强亮开嗓子，挥动着胳膊向警察呐喊，“我们干了活拿不到钱，没人管，温总理都说了，农民工的工资绝对不能拖欠。有困难，找巡警，巡警就是‘110’！”

这位领头者把记者也叫到了现场，“你们来了就好”，他说。

工人们这一招很快使建筑商坐上了谈判桌。曾强不停地给劳动部门打电话，当地劳动局答复是：当天休息，没人上班。“周五你们不上班，你们到底来不来人，我要告你们行政不作为！”曾强对着电话大吼。

NO.8

曾强也是球迷。陶辉打着伞看球那天，曾强正在加班，只能在大楼里听着收音机里的球赛直播。他心中的偶像是罗纳尔多。2001 年罗纳尔多伤愈复出，第一场便进了两个球，从此他喜欢上了罗纳尔多。“现在别人都叫他‘肥罗’，可对我来说，他就像情人一样，有缺点也好看。”

只要有可能，他也跟陶辉一起，坐在大屏幕下，听着收音机观看比赛。他有 200 度近视，看大屏幕有些模糊，便花了 8 元钱在地摊上买了一副近视镜。最近，这个剃着光头的粗黑汉子时常歪歪地架着这副方框眼镜。

但曾强不是普通工人。在这个工地 200 多名工人中，有 38 名是“我带来的人”。

这位小包工头这样解释他带头“拦马路”的行为，“我要得罪了老板，大不了换个工作，可要得罪了工人，以后自己想带人单干，也没人愿意帮我干了”。

“不想当元帅的兵不是好兵。”他补充道。这位没有读完高中便从四川乐山来到广东打工的 27 岁年轻人，从工地上一名普通的铁工干起，攒下了七八万元钱，现在，他正准备着将这笔钱作为垫路资金，带着他的人到一个新工地去独立承包那里的铁工活，开始他的“老板”生涯。

大约两个月前，他买了一瓶 32 元钱的红酒，给自己怀着身孕的妻子在珠江边过生日。“来，给你讲点浪漫的。”他说，他给她分析了这项“事业”的前景，“今年干完，我们就有十多万元存款啦。”妻子提议拿这笔钱回老家县城买套房子，开个小店卖花卖水果。

“去你妈妈的水果篮子。”野心勃勃的曾强说，除了罗纳尔多，他的另一个偶像是房地产商人赖军，“他就是从带几个人干起，越带越多。”

NO.9

7 月 7 日，工人与建筑商谈判结束，拿到了共 70 余万元工资。一部分工人拿到全部被拖欠的工资，另一部分人拿到了部分工资。曾强说，陶辉属于另一个老板手下，原本 5 000 多元的工钱，他只领到了 1 000 多元。

“以后再想要回来，估计难了。”他皱了皱眉说。

曾强、陶辉和其他两个球迷工友本来约好了，大家一起打车去中华广场的露天大屏幕看半决赛和决赛，车费和酒费大家均摊。

但是，拿到工资的工人们迅速离开了这个工地，急着到下一个工地去挣钱。7 月 8 日下午，在德国队和葡萄牙队争夺第三名的比赛开始之前，陶辉也带着妻女匆匆搬到了下一个工地。

陶辉搬走时没跟曾强打招呼。工棚里，满地狼藉，陶辉那张加宽的床只剩下光光的床板，还有床头上一个装辣椒酱的空罐。

“这就是工地，”胖子曾强摊了摊手说，“这就是我们的生活。”

陶辉的新工地依旧在这个城市里。“城市不太好，太吵。也就是交通好。你要有 50 万，在城里算不了什么，可你在老家要有 20 万，人家都愿意听你的。城市的竞争太激烈了。”7 月 3 日，陶辉坐在大屏幕下的马路牙子上接受采访时这样说。

“可是我喜欢城市，”他的妻子插嘴说，“我不喜欢山区，这里看着舒服一点，连走路也舒服。”

“可是你看别人舒服，别人看你不一定舒服。”陶辉笑着反驳。

“这里能看到的人也多。”李向云接着说。

“可是看的人多是多，真正接触的人并不多，能沟通的又有几个呢？”陶辉接着反驳。

“那也不错啦！”李向云有些不高兴了，“总比山区好。”

NO.10

曾强突然发现，7 月 9 日凌晨，只剩他一个人看半决赛了。陶辉搬走了，另外两个球迷工友，一个回了老家，一个也搬去了新工地。这两场球赛，他们不知道会在哪里看。

而他自己，也被老板派到另一个住宅工地，连夜加班赶工期。他心里惦记着半决赛，偷偷跑了出来。他进了一家洗脚房，本想奢侈一回，花 25 元钱边洗脚边看世界杯，可是，这里的一位女顾客正霸着电视看连续剧。

不过，这天曾强获得了意外的惊喜。他在新工地附近发现了一个酒店的露天大排档，将电视投映到一块幕布上，并且接上了音响。虽然幕布比至尊国际夜总会的大屏幕要小得多，但却是曾强今年看的第一场有声的世界杯。

他没有坐进排档里喝啤酒，只是坐在路边的树下，远远地看比赛。因为在洗脚房花了 25 元之后，他的钱包里当时只剩下 15 元钱了。

但是 7 月 10 日凌晨，法国队与意大利队决赛时，他请记者坐进了排档，要了 5 瓶啤酒。他周到地招呼："要不要吃点什么，点吧。"接着摇了摇钱包，说："100 块钱我还是消费得起的。"

"两支球队都是防守进攻型，好看！"这个胖子光着黑黑的膀子，兴奋地说。

点球大战中，法国队败北。他快乐得大吼起来。这是曾强希望的结果，因为此前法国队曾淘汰了他喜欢的巴西队。胖子说："这下我可以睡个安稳觉了。"

他将剩下的啤酒一饮而尽，然后伸出手来跟记者握了一握，总结似地说："感谢你们陪我看了一场精彩的足球。"

此时，天已微亮。四年一次的全球足球盛宴，随着电视画面中绚丽的焰火熄灭也已曲终人散。曾强着急着要赶回工地去。这一天，他要把在工棚里同住了许久的怀孕的妻子送回老家待产。工地上还要继续加班，有很多活等着他干。

《中国青年报》（2006 年 7 月 12 日）

鞠焕宗：

用镜头定格新闻瞬间

王子凯　采写

清华大学新闻与传播学院2003级本科生，在校期间曾担任《清新时报》记者、图片总监、广告部长、副社长等职务。先后获得学士、硕士学位，后进入新华社浙江分社工作，担任摄影记者。2016年，鞠焕宗被调往新华社北京分社摄影部，其摄影作品《保重》成为反映春运的经典之作。他还曾参与过2011年7·23甬温线特别重大交通事故报道，是最早一批进入现场的摄影记者之一，用镜头记录下了事故第一现场。

2011 年 1 月 18 日，鞠焕宗挎着相机走在宁波火车站的月台上。

春运时期宁波火车站聚满了回乡的旅客，而这个时候也是各路媒体的摄影记者十分忙碌的阶段，他们要用镜头去记录这场人口流动量达到二三十亿人次的人口大迁徙。而鞠焕宗在那个拥挤的月台上拍下了这场浩荡迁徙中堪称经典的一个瞬间：一个身着蓝色外套的中年男子垂头正用右手擦拭眼角中的泪，头发已近斑白的他眉头紧皱，正对着他的那节红色车厢窗子上写着“保重”二字。在之后对这位中年男子的采访中鞠焕宗得知，这位姓白的先生在宁波工作，他要送别的是即将回甘肃老家过年的父母，父母在车窗上给白先生留下“保重”二字。

“除去那些所谓的构图、光线不谈的话，如果一个摄影记者没有那种普遍的人文关怀和最基本的素养，即使碰到了这样的瞬间，也没法将它呈现出来。”这位新华社的摄影记者回忆起自己的作品时这样说。

摄影初体验

第一次见鞠焕宗是在清华大学 105 周年校庆时，清新时报社在新闻与传播学院 109 编辑室里举行了“新老骨干座谈会”，欢迎已经毕业的社员回社交流。鞠焕宗是新闻与传播学院 2003 级的校友，历任《清新时报》记者、广告员、摄影记者、图片总监、广告部长、副社长等职务。座谈会开始前 10 分钟左右，他坐到了屋内较为靠里的位置，那里正对着编辑室门口，当时负责会议摄像摄影的我就站在他的身后——那里是拍摄会议的最佳位置。短粗硬朗的头发配上整洁的深绿色外褂让他在镜头里看起来比别人干练许多。屋子里慢慢坐满了人，鞠焕宗从脚下的包里掏出了一部尼康 D4 相机，捋了捋缠绕在一起的相机绳放到了桌上。开会发言时，鞠焕宗双手不时托起机身然后放下。对于鞠焕宗来说，相机是他工作中最值得信赖的伙伴。

鞠焕宗的第一部相机是从朋友那里借来的。大一暑期实践期间，鞠焕宗所在的实践支队需要一个摄影师，摄影在当时的清华园里虽然已经较为普遍，但是相机的价格却是不菲。“我当时自己没相机，也没学过摄影，但觉得摄影应该很好玩。”鞠焕宗回想当时接触摄影的经历说。他从一位师兄那里借来了一部胶片相机，自告奋勇地承担起为支队摄影的任务，这段经历培养起了鞠焕宗对摄影的兴趣。后来暑期实践结束回到学校，鞠焕宗咬咬牙省吃俭用，终于在2004年年底买了一部佳能350D相机。“现在看看这相机并不怎么好，但也算是开启了我的独立摄影之路。”鞠焕宗笑着说。

在摄影界有这样一句话：单反穷三代，摄影毁一生。要想学会摄影，首先要有一部自己的相机。但在价格动辄上千上万且型号更新换代极快的摄影器材面前，不少人望而却步。但反过来说，这些五花八门的摄影器材对刚刚接触摄影的人来说又具有很大的吸引力。当时鞠焕宗对那些五花八门的摄影器材也很感兴趣，“在学校接触摄影可能是兴趣偏多一点，那些器材本身就很有趣，但是真正到了工作中，更多的是去考虑如何完成自己的工作，就不太在乎器材了，它只是一个手段”。鞠焕宗坦言自己刚开始接触摄影时也十分热衷于器材，“对摄影的内涵理解不深的时候会很容易过多看重器材的好坏，这种现象很普遍”。

“新闻摄影”是清华大学新闻与传播学院学生必修的专业课，也是鞠焕宗第一次系统学习摄影相关的专业知识。“当时教授我们摄影课的老师都是一些新闻业界有名的摄影记者，有一位是新华社的摄影记者张赫嵩，当时他已经从新华社退休了。他们教授的好多东西确实都是从实践中总结得来的，而且会在课上讲一些自己的经历。因为我本身就对摄影感兴趣，所以当时学得就特别认真。”鞠焕宗很感激那段系统学习新闻摄影的经历，后来，鞠焕宗与另外几位清新时报社的同学一起承担了视觉版的编辑任务，成为了报社的图片总监，每周鞠焕宗都会背上相机在校园里到处转悠，寻找可以拍摄的对象。教室、图书馆、食堂、宿舍……偌大的校园几乎被他转了个遍，他的镜头也记录了清华园里的人人事事与角角落落。

在不同的报社做实习摄影记者时，鞠焕宗感受到了摄影记者的“自由”，他不用像其他同学一样每天都要在固定时间去实习单位上班，待够一定的时间之后才下班。“报社里会安排一些选题任务让你去拍，但不会让你每天都去报社报到，自己拿着相机直接去拍就行。”鞠焕宗说。而这也是鞠焕宗喜欢摄影记者这一职业的原因之一，每天在外面跑来跑去在他看来至少是自由的，遇见的每一个人、每一件事都有可能给生活带来意想不到的美好。“如果包括时间在内，生活中的一切都被安排好的话，那还有什么精彩可言呢？当偶遇真的来临的时候，我们内心的那种真情实感才能被激发出来，摄影其实就是这样。”

与现场同在

“对于一名新闻摄影记者来说，在职业生涯中能够亲临现场参与一件重大新闻事件的报道是十分幸运的。”谈到记忆最为深刻的新闻事件时，鞠焕宗若有所思地说。2010 年研究生毕业的时候，鞠焕宗想考新华社的摄影记者，“当时有两个选择，一个是总部摄影记者，另一个是浙江分社的摄影记者，而总部摄影记者录用只考英语，我知道自己的英语不如那些专业学英语的人，最后就去了浙江分社做摄影记者。”鞠焕宗说。就在那里，鞠焕宗遇上了震惊全国的“7·23 甬温动车事故”。

7 月 23 日那天是周六，因为没有拍摄任务，晚上鞠焕宗就和报社其他几位同事去聚餐。晚上 8 点半左右，鞠焕宗无意间看到有人在微博上说北京南站开往福州站的 D301 次动车组列车与它前面的一辆列车发生了追尾，地点在浙江的永嘉至温州一带。当时他和同事都觉得这可能是一起严重的交通事故，他们马上把这件事报给了分社总编室，总编室让鞠焕宗在内的几名记者赶紧回分社待命。回住处收拾东西时鞠焕宗一直关注微博上对动车追尾事件的讨论。“后来微博上网友发的相关讨论和消息越来越多，我当时觉得肯定是发生大事了！”鞠焕宗说，“我隔壁住的是一位电视记者，当时我们两个就想着当晚肯定是要去温州了，就商量着打辆车直接去报社准备”。在车上的时候，分社的总编就给他打来了电话让他去温州现场报道动车追尾事故。那时已是晚上 9 点了，鞠焕宗和同事赶到报社之后忙着准备器材，因为还未获取准确的新闻消息，所以当时鞠焕宗和他的同事并不清楚现场的情况，是一辆车脱轨了还是两辆车相撞了？伤亡情况是怎么样的？是雷雨原因还是人为调度原因导致的？这些疑问萦绕在鞠焕宗和他的同事脑海中。“当时心中想的就是赶快赶到现场，也不知道要在那里待几天，衣服什么的都没准备就走了。”想想当时十万火急的情况，鞠焕宗感慨地说。当晚 10 点左右，鞠焕宗和他的同事分坐 3 辆车就出发了。

当晚温州那边正在下雨，高速路上随处可见武警、媒体和政府的车子，喇叭声和雨拍打玻璃窗的声音混杂在一起，在接近零点的黑夜里，鞠焕宗他们的车子行驶在一片喧嚣的高速路上，车速已经很快，在鞠焕宗一行人的车子前面，一辆大卡车突然翻倒，“幸亏我们前面两辆车刹车比较及时，不然很有可能就会撞上去了”，鞠焕宗回忆。

镜头中的 7·23

在车子飞驰了近 4 个小时后，鞠焕宗和同事们赶到了现场。深夜的高架桥下仍旧淅淅沥沥地下着雨，桥上相撞的车厢在层层夜色里泛出片片苍白，小孩的“哇哇”哭声、救护车的“呜啦”笛声、人群的呼喊声在空旷的郊野上飘荡着。“刚下车时大家都有些迷糊，因为当时已经接近 12 点，在路上跑了 3 个多小时了。”鞠焕宗说。下车后，眼前的所听所见让鞠焕宗和他的同事立刻清醒了，用鞠焕宗的话说“自己被震撼到了”。虽然鞠焕宗和他的同事是较早一批抵达现场的记者，但是由现场的救护人员、乘客、地方宣传部门的通讯员拍摄的第一批照片已经发出去了，网民们纷纷转发动车事故的相关信息。鞠焕宗和另外几名记者开始了紧张的拍摄工作。鞠焕宗赶到了高架桥下，那里是救援工作最繁忙的第一线。人群中的伤员陆续被抬出来，鞠焕宗手中相机的快门一刻也没有停歇。在人群的上方，几节因追尾而脱离轨道的车厢还悬在高架桥的上方。在现场拍摄完成后，鞠焕宗马上和同事们奔赴医院。

医院的大厅里摆了十几张床，床上躺满了伤员，伤员身旁又围满了家属，男人低声地安慰着女人，女人一手抹着泪一手搂着孩子，孩子们趴在母亲的怀里睡着了，这时时间已经接近凌晨 1 点了。

鞠焕宗端起相机，记录下医院大厅里的一幕幕景象。

他穿过大厅，走进大厅旁边的一间屋子，准备在那里向报社发稿。“那里当时正在抢救一名伤员，那个人满身是血。”鞠焕宗说。医生和护士站在屋子中间的抢救台旁抢救伤员，鞠焕宗就蹲坐在屋子的一角发稿，没有人在意他敲击键盘的声音。“很遗憾，那个人到最后也没有抢救过来。”鞠焕宗低声说。

发完稿从大厅里出来时，天已经亮了，鞠焕宗又赶去了现场的接待处和安置点，那里贴出了一些遇难人员的名单以及负责现场救援机构的联系方式。前来寻人的家属在那里越聚越多，有失声大哭的、有喜极而泣的、有沉默不语的、有互道平安的。从深夜一直到第二天下午，鞠焕宗挎着相机在现场来来回回地跑着、拍着，当时新华社只有他一名专职摄影记者在场，他希望能拍摄更多的照片，深入第一现场。入社已有一年多的时间，鞠焕宗心中清楚自己需要拍摄什么样的照片。“因为我要不断地去拍照片，相机和电脑都撑不了多长时间，所以需要不断地找充电的地方，有时候还会去居民家里。”“现场只有我一个摄影记者，所以好多可能会需要到的场景都尽可能地要拍下来。跑到高处用长焦拍，或是绕过警戒线走近去拍一些画面，站得高或是要走得近。”

鞠焕宗一直忙到 24 日下午 4 点，当时报社第二批记者赶到了现场，鞠焕宗就和报社其他几位摄影记者一起负责拍摄现场照片。“看到增援力量过来了，我心里松了口气。”下午 5 点鞠焕宗和同事一起参加了事故发生后的第一场新闻发布会，在会场，鞠焕宗坐在会场后排的地上睡了过去。“铁道部发言人王勇平说那句‘不管你们信不信，我反正信了’的时候，我正好是在睡觉，就很遗憾没有听到。”鞠焕宗说。

难以忘怀的瞬间

7 月 25 日上午，救援现场紧锣密鼓地开始了清理追尾车厢的工作。鞠焕宗和同事早早赶到了现场。一道道警戒线被严密地拉了起来，伤员都已经被转移到了医院，现场除了救援人员就是记者。因为没法太靠近清理现场，鞠焕宗就站到了 200 多米外的一个民居的 3 楼上，在那里可以清晰地看到对面高架桥上清理车厢的现场。“新闻照片首先要把新闻讲清楚，让读者看到你的照片之后能对照片上发生的事情有大概清楚的认知才是最好的。另外对于我们报社来说，不能一味为了煽情而发一些乱七八糟的东西，真正的新闻摄影应该保持冷静客观。”鞠焕宗边说边拿出手机讲解自己当时拍摄的照片。清理现场机器和车厢残骸较多，在处理画面的时候稍不注意容易产生杂乱感，这就会很影响图片信息的完整传达。

让鞠焕宗印象最为深刻的一张照片是他拍摄发生追尾事故的动车最后一节车厢被吊离桥面时的场景。起重机的两个臂杆夹住了那节车厢，稳稳地将其吊离桥面，而那两个臂杆在空中摆出了一个“叉”形，鞠焕宗赶紧按下快门抓拍到这一瞬间。横穿画面底部的高架桥上像是悬着一个巨大的“叉”，画面中部和上部是泛蓝的天空，画面的主要信息是由线条搭建起来的：起重机的臂杆、追尾的车厢、高架桥上的电线杆、拉绳……简洁的画面上那大大的“叉”让人们从痛苦中去认真地思考过去的几天内所发生的事情。

“现在想想那场事故对中国以后动车的发展产生了挺大的影响，现在我们坐动车就不必再去担心发生什么事故了，很安全的。”鞠焕宗说，“摄影记者拍了一张又一张的照片不是去追求技术上有多厉害，而是去记录时代的一种变迁，这些变迁背后承载的是一种人文的关怀，那种东西才是永恒的。把那些经典的新闻瞬间连起来，或许就是一部时代发展史。”

相关作品：甬温线特大交通事故新闻摄影作品

新华网（2011 年 7 月 24 日）

杨芳：

温和的坚持——怎样用特稿讲好一个故事

佟宇轩　采写

清华大学新闻与传播学院2003届毕业生。毕业后进入中国青年报《冰点周刊》工作，热爱特稿写作，并写出了多篇极具社会现实意义和个人写作风格的优秀特稿作品，《第33块纪念石》《兄弟》《天堂里没有盲人》《土地被占动物示威》等都是杨芳在特稿领域的代表作品。

2014 年 10 月，杨芳离开了纸媒，这个她工作了近十年的领域，选择去新媒体工作。

2015 年，与她做出相似选择的新闻人不在少数。

在唱衰纸媒的时代背景下，新闻稿件的诞生以秒钟来计算，公众号的阅读量以“10 万＋”展现着对热点追踪的实力。“从公众号的阅读量、点击量来说，衰落确实可以看见吧……”谈起新媒体蒸蒸日上与纸媒的衰落，杨芳并无波澜：“一直对发行不太关注……”

与特稿打交道近十年，她也早已习惯将热腾腾的新闻，用“细节的、故事的”方式凝固，将一份报纸的生命力在时间中延伸。

《第 33 块纪念石》:《冰点周刊》初试，两难选择

2007 年 4 月 16 日，美国弗吉尼亚理工大学发生恶性校园枪击案，枪击造成 33 人死亡，枪手本人赵承熙开枪自尽，是美国历史上死亡人数最多的校园枪击案。在人们缅怀伤者的时候，有人在校园中立起了纪念凶手的纪念石，这便是第 33 块纪念石。

那一年，杨芳接到任务，她决定用特稿记录这第 33 块纪念石。特稿需要丰富的事实和重要信源的发声，但身在中国的她无法实地探访大洋彼岸的情况。为了用大量细节来描述枪击案后弗吉尼亚理工大学的状况，她从网上查阅了其他媒体有关此次枪击案的报道，并采访了在美国就读的中国留学生黄涛，以此来还原各种细节性事实。年轻的基督徒母亲领着两个孩子留下的粉红色郁金香、署名“艾利克”的手写卡片，两根已经熄灭的白色蜡烛，三两张照片塞在几近枯萎的花花草草里，种种细节描绘着弗吉尼亚理工大学校园对待枪击案的态度。

为了尽可能了解纪念石放置者凯特琳的情况，杨芳给凯特琳发了一封电子邮件，同时，为了尽可能了解凯特琳周围人对放置第 33 块纪念石这一行为的看法，她也给凯特琳的社会学系教授等人发送了邮件。

凯特琳对此十分抗拒，她的回信由原先平缓的语气一下变得激烈起来：“你

一再地打扰我的生活，无视我拒绝接受采访的请求。”——指责记者破坏了长期以来她本人努力赢得的尊重，并给她制造了充满敌意的舆论环境。

当杨芳看到她邮件末尾的“off the records”时，也陷入了两难的选择。一方面，对方的态度是非常重要的信息，对于揭示事情的本质有重要的意义；另一方面，对方不公开的要求也摆在面前。后来，杨芳选择在稿件中表现了对方回信中的愤怒情绪，并且标注了“凯特琳要求所有的通信不得公开”的信息。在她看来，个人的道德应该让步于整体的社会利益。

这篇稿子也因此引发了一些争议。新闻人闾丘露薇曾表示过，她不认同稿件将对方回信内容公开的处理方式。

这是杨芳在《冰点周刊》刊登的第一篇特稿。而这种世俗伦理道德和职业道德之间的矛盾却时常出现在她的选择中。正如 2007 年 11 月，她曾在博客中写到的：“这几乎是每一个新闻专业人员的必修课，但我发现没一位老师讲清楚过。或许这是因为，这些老师都没有新闻从业经验吧。这其中最大的冲突在于世俗伦理道德和职业道德的问题……”

当面对采访对象威胁删除部分信息时，她纹丝不动。但是内心却有种受谴责的感觉。“尤其像我这样的好好先生，生怕得罪天下所有人。有时候编辑会说，你这是为了公众的知情权，会说这是暂时的道德退让，但心里还是不好受。”况且，这些真相有些对于大部分公众来说无关痛痒，甚至很多人根本看不到这样的报道（除非是 SARS 这样的大事件）。但作为个体，记者承受了职业带来的压力，甚至有时候人们开始不相信媒体。

杨芳仍然记得央视的《每周质量报告》中，报道食品安全的女记者拦下一辆出租车，让司机随意在城市中兜转，只为缓解自己巨大的心理压力。同为记者，她非常理解这种压力的来源。当记者怀着对抗的心态接近那些黑心商贩的时候，会发现那些采访对象并不是想象中“青面獠牙的黑心肝”。在日常的相处中，偶尔会有“这些大妈们也挺和善的，也有善良的一面”的想法，但终归，“个人的道德要让步于公众利益，无论她为人如何，毕竟她做错了事……”

这个时候，她发现，很多在课堂上学到的道理潜移默化地影响着日后的选择。虽然记者是一门“手艺活”，但教科书里的原则性道理，“你只有自己撞了南墙，才意识到重要性”。再去回顾，才发现原本书上都写了答案。

而10年后，当被问起是否还会用相同的方式来处理“off the record”时，杨芳沉默了一会，说：“现在也会做同样的选择。”

有关采访：真诚与时间是最好的敲门砖

《冰点周刊》以大量“细节的”“事实的”内容取胜，而特稿写作者们也着力于通过细节来勾勒出事情的本质。10年来，杨芳也在不断审视着自己的每一篇稿子，自己的技术是否精湛，“很多时候，你做了编辑，写作能力就会因为长时间不动笔而弱化”。

在她看来，最终一篇稿子的成功，需要“天时、地利、人和”，单从文本本身来说，采访和写作两个环节都需要保持对细节的敏感。

2006年8月，闷热的暑日，山东省首例心脏移植者侯明义经历了40分钟的猝死、抢救之后，又一次活了过来。为了报道“换心人”的重生记，杨芳采访了主治医师李治红。在采访过程中，她冷不防问了对方这样一个问题：“您今天早晨吃的什么？”“粥。”“什么粥？”对方没有及时回答，而是略显不悦，“我不知道你问这个有什么用……”随后还是给了答案，“小米粥”。但这个“小米粥”的答案最终没有出现在报道中。杨芳曾读过普利策新闻奖作品《凯利太太的妖怪》，文章提到了一处细节：手术当天，医生的早餐有三明治，他没喝咖啡，因为他有一个很重要的手术，喝咖啡会让他手抖。在采访“换心人”的主治医师时，她脑海中闪过了这篇报告，并去模仿。“我认为有必要知道，万一能用上这个细节呢。”但一想到引起了采访对象的不悦，她向资深的老记者请教，如何问出一些在采访对象看来细枝末节而对于特稿写作来说至关重要的细节性问题。“你要表现得十分好奇”，在语气上的关切让对方感受到他的每句话的重要性。还有一些互动的技巧，通过真诚赞美对方来拉近彼此的距离。“比如，你去农村采访，就可以夸夸老乡家里的庄稼长得很好，种的花生很好吃，等等……”

这些技巧只是为了获取更多有效信息，最本质的还是要用真诚与行动打动采访对象，才能让对方敞开心扉。

在采访“换心人”侯明义的过程中，她为了了解采访对象在患病期间的情况，给患者的母亲打了电话。电话中，对方的态度比较抗拒，明确表示：非常不欢迎记者来打扰儿子的生活。放下电话后，杨芳动身去了采访对象的家。打开门后，侯明义的母亲还是招待了她，态度比电话里友好得多。讲起儿子患心肌炎的时候，雪天就想吃冰冻葡萄，“因为心是烧的，好像这样就能把心里的火压下去……”这个细节让杨芳眼前一亮，写进稿件里，用来展现心肌炎患者的日常。

10 年后，她依然对这个细节记忆犹新，“问到了很好的细节啊，现在想想如果不去他家，在电话里是问不到的。”离采访对象再近一点，“靠真诚打动采访对象，他会把心里话告诉你的……”

杨芳至今记得采访一位村支书，为了了解他日常的生活，杨芳住在了村子里。尽管是一个很怕烟味的人，杨芳还是坚持一整天都待在村支书烟雾缭绕的办公室里，观察他一天的工作。最初交谈的时候，对方说话滴水不漏，十分动听。“你在这里工作开心吗？”多半得不到正面的回答。她就这样静静旁观着，直到有一次，她看到村支书对一个无理取闹的到访者发怒。等到他平静下来，杨芳问：“你遇到这种情况多吗？”对方遇到了可以倾诉的对象，“其实我一直都工作得很不开心……”也对她敞开了心扉。这种吐露心扉的引语，使得特稿可以原生态地展现一个基层干部的日常与内心世界。

有关写作：积累与反思是一种习惯

采访中能够获得丰富的信息对一篇特稿的成功至关重要，而写作能否将输入完整输出也对最终效果产生很大的影响。

在写作的初期，杨芳习惯于模仿和借鉴。在清华大学读研期间，杨芳的导师李彬老师曾将《光荣与梦想》这本书推荐给她，10 年后再回想，她依然认为书中很多内容对自己的写作影响深远。除此之外，她还会翻开普利策新闻奖的获奖作品集，用键盘一字一字敲进电脑。她专门买了一个本子，把《经济学人》《华尔街日报》《纽约时报》里的经典段落摘抄下来。

“写作是一件靠后天努力而不仅仅是靠天赋的事情。”除了多读、多写、多积累，反思过去的稿件也是她的习惯。回顾近十年的特稿写作，她时常能想起《兄弟》这篇稿子。2010 年夏天，杨芳来到临湘市实验中学采访两个高三男生。在兄弟俩上高中的 3 年内，身高 1.79 米、体重 85 公斤的大胖子毕明哲，一直背着那个身高 1.73 米、体重 55 公斤的瘦小孩王理上学。王理由于身体原因无法自行上学，毕明哲主动承担起背他上下学的工作，他们不是亲兄弟，却胜似亲兄弟。当时很多主流媒体报道了这件事，大家都在宣传兄弟的情谊和弟弟乐于助人的品质。杨芳在中学待了一段时间，和两个孩子成为了很好的朋友，哥哥还会把自己默默喜欢的女孩子的情况告诉杨芳，弟弟也对她说了许多心里话，比如“有人说，我天天背他是为了当三好生。可是我最初真没有这种想法……”在许多人看来，这是一个典型的正能量故事，但杨芳总觉得还有很多东西没有被呈现。哥哥到底心里愿不愿意被别人背着，弟弟被套上这样的光环心里又是怎么想的？也许是时间匆忙，她没有探究出答案。所以，往后的日子里她也常常会反思这篇稿子，“如果我当时调整一下文章的结构，以他们上学走过的那条路为线索，再穿插进背景信息，会不会更好……”对深度的挖掘和对文章结构的处理，是她为自己以前的稿件提出的修改建议。

在反思的过程中不免会思考，究竟什么才是一篇稿件成功的关键。为什么数年之后再去回顾，就能寻找到更好的处理方式？时间带给写作者的是什么？

2007 年，杨芳每天泡在一个给盲人讲电影的地方，她给很多盲人观众打过电话采访，然而心里却又隐隐失落，这种平淡的讲述并不能引发她的共鸣，和一个盲人吃饭的时候，她甚至不知道该问些什么。最终写成《天堂里没有盲人》。在编辑看来，“节奏感没有，现场感没有，好故事也没有……”修改了三遍之后，杨芳也并没有完成一个让自己满意的作品，只好作罢。2014 年，杨芳读到一本只有黑色的书——《一本关于颜色的黑书》，通过凸起的线条和奇妙的手指旅行触摸故事的内容，这种体验使她突然惦念起七年前那篇没有答案的作品。“如果早看到这本书，我就会如何采访，我就会如何写稿……”作为一个健全人，七年前的她很难想到除去视觉以外感受颜色的方式，而体验过把感官系统屏蔽的观察世界的方式后，也许同理心会让稿件触及盲人们的灵魂。

这种对写作者至关重要的“感同身受”可以通过人生阅历与丰富的体验来

积累，也可以通过大量的阅读来获得。

“政治、历史等人文素养对于还原事实更重要，如果没有这些底蕴支撑，写出的稿子很有可能只有点没有面……”杨芳时常回忆起在校期间学习的课程、阅读的书籍。2008年汶川地震期间，她读到一篇社论《让信心和坚强与国旗一同升起》，感动之余，让她回想起《大公报》当年的社论《我们在割稻子》，那时候学习的历史、政治都化作一个新闻人笔尖的力量，穿越时空给人以振奋与鼓舞。

有关幸福：好了伤疤忘了疼的新闻人

反思对一个写作者的意义，绝不仅仅是技能的提高，很多时候，也是幸福感的来源。

2013年11月，杨芳开始了儿童读物相关的采访。她讲述了一位身患乳癌的日本妈妈柳泽惠美为了给自己的孩子留下一些东西，开始创作绘本的温馨故事。也见证了图画书界的毕加索——桑达克的《野马出没的地方》承载的祖孙情深。“以前看几米的绘本总觉得有一种淡淡的忧伤之感，后来才知道，他是在患癌症期间创作的绘本……”

这次采访的缘故，让她发现“在未知领域，许多不起眼的地方，原来有这么多有趣的东西……”

2014年春天，她开通了自己的公众号“童书有道”，与读者分享绘本经典、原创作品，尝试着“亲子游+共读书”。

一篇稿件的完成、一次完整的采访都是开拓一个全新领域的钥匙。通过对话，走进他人的世界，也可以在其中反思自己的生活。

翻看她的状态，“写稿”出现频率颇高。

“遥想当年结婚领证当晚，我们全家都在写稿……生娃前一天，我还转了条影音的线索，他在编探索主打……”“一句话形容周末：洛阳亲友如相问，就说我正在写稿。”“今晚初中同学聚会，俺在修电脑、写稿子！只能遥遥祝福！”“写稿的日常，做梦都在写稿……”

回顾10余年间的特稿生涯,“做特稿节奏快、压力也大，会时常焦虑……”但再去细数，她想不到有哪一篇稿子写起来是“痛苦的”，“记者好了伤疤忘了疼的……写完之后，看着作品，没有哪篇会让你感觉痛苦。”

后记：

在咖啡厅见到杨芳学姐的时候，我们简单聊了几句之后，她便开着玩笑说：“真不知道你们怎么会想起采访我，我觉得自己很平凡啊……”采访结束，从咖啡厅走出来时，天色已晚。分别的小路上，当我和她聊起自己未来的方向时，她云淡风轻地说：我们这一行啊，就是“穷”，但也快乐。

在数小时的交谈中，当我向她请教某一篇稿件处理成功的心得时，她总习惯性地回到不足中去，谈得最多的也是，“《血船》那篇没有通过这个意向挖掘到当代农村凋敝的现状……”“《兄弟》当初要是写作结构调整一下，会呈现得更好……”等等。

《冰点周刊》在公众号中有这样一段话来描述自己的定位：“冰点”不跟风，不摇摆。它性格温和，但持之以恒，一以贯之。

在读到这一段的时候，总觉得这一句一字刻画的也是杨芳学姐的样子。也许十余年的时间，足够让一个媒体和其中的创作者个性融为一体。

她讲起纸媒的衰落、讲起从业十多年遇到的困难或是矛盾都是温和而平静的，也许写稿子对她来说是一件简单而幸福的事情，无须过分寄托于外界的肯定，创作过程本身便可以获得内心的愉悦。

相关作品：第33块纪念石

第33块纪念石并没有什么特别之处。和其余32块一样，它们摆在弗吉尼亚理工大学的中央操场，旁边插着一面美国国旗，淹没在蜡烛、鲜花和卡片等悼念物之中。

在最初的数十个小时里，这块两公斤重的纪念石也没有占据“33”这个位置。从左边起第4块，它夹在工程学硕士生丹尼尔·奥尼尔和24岁的马修·葛尔特尼的纪念石中间。

与大多数人一样，中国留学生青帝（化名）仍然习惯称呼它“第 33 块石头”“赵的石头”，或者干脆叫“那块石头”。

尽管第一眼瞥见它时，所有人都震惊得如同“黑夜里遇到的怪物”，许多人都“不敢相信自己的眼睛”。因为在那张标明纪念者身份的剪纸上，黑笔写着两行字——赵承熙。

那个 23 岁的韩裔美国人，那个被校方称为“孤僻者”的怪人，那个杀害了 32 名师生后自杀的凶手。

如今，与其余 32 人一道，这个凶手作为第 33 名遇难者，被祭奠在这片宽阔的绿地上。

怎么会有人纪念那个变态者

案发后的第 4 天清晨，也就是当地时间 4 月 19 日，建筑学女博士青帝路过中央操场，看到了 33 块纪念石，正对着学校的中心主楼，它们依次排开，形成一道半弧。

不远处，美国国旗、弗吉尼亚州州旗和学校校旗高高飘扬，在明媚的阳光照射下拉出一道道长长的黑影。

数以百计的学生和家长排队致哀。他们大多穿着印有 VT（该校的英文简称）标志的文化衫，相互拥抱着走过纪念石。有人呆呆地盯着石头，点燃蜡烛。还有人单膝下跪，闭上眼睛祈祷。

对于悼念者而言，这种美国中南部阿巴拉契山区的特产石，具有特殊的纪念意义。20 世纪 90 年代，该校董事会规定校园所有建筑必须使用这种石头来做外饰面。

走在这所占地 2 600 多英亩的大学里，随处可见灰白色的石灰石建筑。由于弗吉尼亚理工大学的吉祥物是火鸡，这种石头又被称作“火鸡石”。据采石场的老板透露，尽管一吨火鸡石的造价大约需要 510 美元，但购买者仍络绎不绝。

相比之下，第 33 块纪念石前显得寂寞而又凌乱：一个塑料瓶里插支康乃馨，两根白色蜡烛已经熄灭，三两张照片塞在几近枯萎的花花草草里。

当各种肤色的人驻足在这块石头前时，脸上普遍没有悲伤，也没有祈祷或者哀悼，“像是强忍着愤怒和质致，静静地凝视赵承熙的灵魂”。

一个年轻的基督徒母亲领着两个孩子留下一朵粉红色郁金香。

“宽容能够使人从悲愤中解脱。”这位当地居民解释说，“我希望借此教育孩子，上帝爱每一个人。”

在为数不多的字条中，还有类似的语句。署名“艾利克”的人，留下一张手写卡片：“赵，你大大地低估了我们的力量、勇气和同情。你使我们心碎，但你没有打碎我们的精神。我们比以前更坚强、更骄傲。爱，虽然浸在泪水里，却能持久永恒。”

另一位自称“戴维”的男生，在留言中表示，如果遇到类似赵承熙的朋友，他将不再袖手旁观，而是全力帮助其走出阴影。在结尾，戴维写下“派克斯”。这是罗马神话中和平女神的名字。

尽管有人在这块石头前发牢骚，表示“我不想看到他的石头和他杀害的人放在一起。我不是来哀悼他的。这么说可能很刻薄，但他杀了那么多人”。可自始至终，没有人毁坏这块石头，也没有人留下咒骂的信件。

“怎么会有人纪念凶手呢？”悼念者或多或少表达的宽容，令青帝有些难以置信。在她心目中，那个连开 175 枪的年轻人，不仅是个残暴的杀人犯，还是个“拿手机偷拍女生大腿”“在写作课上写下血腥阴暗剧本”的变态者。

更令她无法容忍的是，在 32 名遇难者中，还有她认识的黎巴嫩女孩蕾玛·萨马哈。这个 18 岁的女孩儿，和赵承熙毕业于同一所高中。身为现代舞团的队员，蕾玛留着动人的栗色卷发，在朋友们眼中，她是个“外表和内心都非常美丽”的女孩儿。

青帝当然不会忘记遇难前一天，蕾玛在学校的国际周聚会上翩翩起舞的样子，“无法相信她已经远离了我们”。

“老实说，我可没有那样的胸怀，”青帝坦言，“我也很想知道是谁放的那块石头。”

一周后，她带着诸多疑问，翻遍了学校图书馆的《纽约时报》《新闻周刊》

等报刊，却没有发现任何线索。除了校报上的两则声明。

一则来自校方，表示与此事无关。另一则来自弗吉尼亚理工联合会。该学生志愿组织的发言人史考特·萨切姆对外宣称，在案发后的第二天傍晚，该团体匆忙地摆放了32块石头，“但没有赵的那一块”。

看到整个弗吉尼亚理工集体抛弃了赵承熙，我感到十分心痛。

正当人们纷纷猜测那位神秘的摆放者时，却传来第33块纪念石失踪的新闻。抢先报道此事的校报记者说，4月22日复课的那个夜晚，有人发现原先摆放石头的地方，只剩下干瘪的玫瑰、烧尽的蜡烛和破旧的信纸。

随即跟进的美联社、路透社、《时代》等各大媒体，相继以《消失的纪念石》《赵的石头丢了》等为题，进行追踪报道。

前去现场核实的青帝，也只看到大把的花束，不见了石头的踪影。她本打算放弃一周来海底捞针式的寻找，但三日后校报却刊登了摆放者的一封公开信。

一个名叫凯特琳·乔森的大四学生公开声明，石头被移走纯属谣言，“只是被大量的纪念物覆盖了”。同时，她承认，自己在19日的凌晨4点，添加上了第33块纪念石。

在接受美联社的采访中，她回忆起看到32块石头的情形，“忍不住抱着男友哭了，心也沸腾起来”。

当天晚上，许多人聚在那里，为32个亡灵祈祷。星星点点的烛光，在夜光中显得格外温馨，但凯特琳没有过多留意这些。她对男友抱怨道：“人们怎么可以这样刻薄？”

随后，在长达千字的公开信中，这个社会学和心理学的双学士这样解释自己的行为：

> 看到整个弗吉尼亚理工集体抛弃了赵承熙，我感到十分心痛。不管他过去有没有犯罪，他的政治和宗教信仰是什么，有没有心理疾病，我作为这个集体的一员，都会毫无例外地接受他成为我们大家庭的一员。
>
> 我们对于家庭成员是没有选择权的。也许我们永远也不会知道也不能理解赵的动机，甚至永远也无法了解他的为人，但他的家人和朋

友仍然沉浸在失去他的悲伤中（也许他没有朋友，即使有，现在谁也不敢站出来承认了）。赵的亲友一定能够想象得到他所受的痛苦，那痛苦如此强烈，导致他最终做了这么可怕的事情。

我对他的亲友深表同情，毕竟一条年轻的生命就这样离去了，和其他 32 条生命一样，永远失去了他们的希望。

我对这样一个冷漠的社会深表同情：它使它其中一员备感疏离孤独，只有用这样的恐怖行为进行反抗。

"那么，你想加上一块石头吗？"在悼念者行列中，等待凯特琳恢复平静后，男友望着她的眼睛问。虽然他早已知道答案。

"是的。"又悲伤又愤怒的凯特琳当天就和母亲及男友去购买火鸡石。由于白天有过多的媒体和围观者，他们选择在夜晚添加这块纪念石。

至今，这个倔强的 27 岁女生依然坚持当初的做法。当得知纪念石失踪的传言后，第二天一大早她就去了中央操场，书包里还放了块替补纪念石。但显然石头并没有被移走——她清楚地记得它的面目——只是被移动了位置，挪到了最左边。

"我知道去哪里买石头，如果它不见了，我会立刻补上一块新的。"她说。

我们有足够的怜悯来包容他

通过校报，青帝了解到凯特琳在明尼苏达州的一个小镇上长大。高中时她就是个活动积极分子，曾经领导过一个志愿者组织，善于用马来治疗精神疾病和行为障碍。

两年前，距离她家乡不远的红湖高中也发生过一起校园枪击案，导致包括枪手在内的 10 人死亡。这件事情更加激发了她对精神疾病和高等教育的关注。

在凯特琳看来，"家庭"的概念十分重要。此前，她把镇上 9 000 个住户和高中 34 名同班同学都看作一个家庭。如今，她把弗吉尼亚 2.6 万名学生看作一个家庭。

“无论你做过什么，你都是这个家庭的一员。”她说。

因此，虽然她一再表示枪击案中自己也失去了朋友，并深深感到悲哀，但她始终不能同意 4 月 16 日这天“只有 32 个人死了”的观点：

“所有的生命都是平等的。赵是一个人，曾经是我们中的一员，一样有人曾经爱他。我不能决定谁的生命有价值、谁的没有，我没有这样的权利，你有吗？因此我不对死去的人进行审判，我哀悼每一个生命。”

出于这种价值观，她否认选择凌晨摆放石头是因为害怕和羞愧，而是“不希望引起他人的注意”。她做这件事情，没有告诉任何人，甚至她一向信任的父亲。

不能否认，许多人的看法，对她还是产生了压力，她不能不担心别人的指责。在公开信中她表示：“不仅仅是学生，可能也有老师不同意，因为校园里很多人都那么愤怒，他们都憎恨赵承熙。”公开身份的那天早上，她一度没有接电话，也没有查信箱。

大大出乎凯特琳预料的是，当天她就收到上百封令她感动的电邮，其中一些来自遇难者家属。只有一个人要求移走石头，不过措辞十分礼貌，而且对弗吉尼亚理工这个集体评价很高。

远在家乡的父亲得知此事后，接受媒体采访时说：“我对我女儿的敢做敢当感到高兴，也对她能够对学校里的每个人敞开心扉感到高兴。相信弗吉尼亚理工大学能够顺利渡过难关。”

不少人来信表达谢意和敬意。“可能我做了他们想做却不敢做的事情。”凯特琳对一家宗教报纸的记者说。

“那些石头不仅仅是为了死难者放的，也是为了他们的亲友和我们这个集体。如果我们真的是一个关系紧密的集体，那么我们应该关心每一个人。我不否认赵做了一件破坏性极大的错事，但我相信我们有足够的怜悯来包容他。”她说。

截至 4 月 26 日接受当地媒体采访，这个看上去意志力颇为坚定的女生表示，自己将继续留在弗吉尼亚理工大学读书，攻读“犯罪心理学”的硕士研究生。而在 4 月 16 日之前，她还对这一想法心存疑虑。

“现在我十分确定。”她显得乐观而又坚毅。

请让我一个人静一下

然而 4 月 27 日，当记者通过电子邮件联系凯特琳采访时，却意外遭到拒绝。在回信中，她语气平缓地希望媒体不要把焦点集中在她的身上。“既然大家知道纪念石是谁放的，为什么放，就足够了。”“如果你真正尊重我的行为，就应该了解我不愿意接受采访的原因。”同时，她要求所有的通信不得公开。

在随后的来信中，她原先平缓的语气一下变得激烈起来：“你一再地打扰我的生活，无视我拒绝接受采访的请求。”

无奈之下，记者试图联系社会学系的教授，从侧面采访。凯特琳迅速发来一封更为激烈的信件。她指责记者破坏了长期以来她本人努力赢得的尊重，并给她制造了充满敌意的舆论环境。

“请停止吧！”她一再使用“停止”这个词，并用黑体字标出：“请让我一个人静一下。”

对此，青帝推测，凯特琳可能遭遇了不小的压力。这位来自广州的建筑学女博士，至今留在弗吉尼亚理工大学的校园里。据她了解，校园里的大多数人还没有准备原谅赵承熙。与此同时，美国在线组织的问卷调查也显示，近 20 万人中，只有大约 53%的人支持凯特琳的行为。

同样，反对者也大有人在。有人在博客上直接称这一做法极其愚蠢，“我很不想讲脏话的，但还是不得不说，你比那位杀手更加无情！”

也有人在网上表示，如果要放赵的石头，那岂不是“9·11”的恐怖分子和希特勒也得有个纪念碑吗？还有人呼吁媒体别再提赵的名字了，不能让他更出名，那样就达到他的丑恶目的了。当然更不应该在任何纪念仪式上提他的名字，摆放属于他的纪念石。

在赵承熙疯狂扫射的法语课堂上，安妮·利奈·戈达德的儿子不幸受伤。她和丈夫拒绝称呼赵承熙的姓名，只喊他“凶手”。

对于弗吉尼亚理工大学的学生来讲，他们无法忘怀往日宁静安详的校园。在名为黑堡的大学城里，开车不到 5 分钟就能看到成群的牛羊和大片的农场。与青帝早年居住的广州截然不同。这个 3 万人口的小镇上只有一条商业街。人们普遍很友善，走在路上互相打招呼。青帝说，在这里读书 4 年，她听说过的谋杀案不超过 5 起。警察多数时候只是处理些交通违规、噪声扰民等鸡毛蒜皮的小事。

枪击案后，整个校园一直处于惊恐之中。校园内遍布的警察，以及脸上仍带着悲伤、惊恐和泪痕的年轻学生，与成群的电视转播车和忙忙碌碌的记者们，形成怪异的对比。

青帝说，她的朋友艾利克的观点代表了多数“火鸡人”（弗吉尼亚理工大学学生的自称）的看法：

“现在要求人们原谅他还是太快了，毕竟他杀害了这么多无辜的人。我对此也感到很不舒服，总觉得是对受害者家庭的一种不敬。但另一方面，我为这样的大度行为而感动。这不仅仅是表达了对他的家庭的爱与同情，更表示作为一个集体我们弗吉尼亚理工愿意承担责任，我们承认赵曾经是我们中的一员，他做了这样天理难容的事情我们也有一份责任，在某种程度上来说，他也是受害者。”

因此，在 4 月 23 日复课当天，弗吉尼亚理工联合会再次举办了默哀仪式。他们出面澄清，当时是敲响了 33 声钟声，但第一声钟声是宣布默哀开始，并非为赵而鸣。后来也只放了 32 个白气球，代表 32 名死难者。此前的全州默哀日上，中央操场同样举行了千人默哀仪式，但也只放了 32 个气球。不少宗教团体都为赵的家人祈祷，但多数不愿为赵祈祷。

人们很难做到这点，有些人可能一辈子都不会这么做

“石头失而复得的传闻，恰好表达了人们的复杂心理。”青帝分析道。包括她本人，第一反应也是很吃惊，只是后来才逐渐接受。

在纪念石安放的操场上，连日以来常常有宗教仪式举行，包括极端保守的南方浸礼教会科学论派都有人到场。本地的卫理工会派基督教徒还在学校的各处派发自制的曲奇饼。但没人去碰那块石头。

该校社会学系的副教授巴德利・赫特在复课后做了一个小调查，就是否应该有第 33 名遇难者展开讨论，他注意到，支持者和反对者的人数大致相当。

学生们的意见有的很独特：有人说早在赵承熙决定杀人那刻起，他已经死了，所以只有 32 名死难者；还有学生认为自闭的赵承熙远离了 VT 这个大集体，所以只有 32 名死难者。

22 岁的卡洛琳 · 玛丽，是“4·16”事件中的跳窗幸存者。说起赵承熙，她的感情十分复杂：“我恨他，但也同情他。我也不知道这样两种感情怎么能够并存，但是我的确是这样想的。”

青帝认识的蕾玛·萨马哈的家人在葬礼上，则向赵承熙家庭致以慰问，“因为他们也失去一个儿子”。她的父亲说，“萨马哈”这个姓氏就是原谅的意思。

一位基督教的神父说，他和许多学生聊过这件事，不少都表示同情赵的家人，但也有不少说无法原谅他。

本地花店的老板说，全国各地的电话订单堆积如山，很多人都说：“这是点钱，请你们给死难者献上点东西，什么都可以。”但很少有人提及赵承熙。

正因如此，包括青帝在内的许多学生，深深为凯特琳的勇气所折服。宗教研究学教授布来恩 · 布赖特说：“人们很难做到这点，有些人可能一辈子都不会这么做。”

但不论人们怎么看待这件事情,“第 33 块纪念石”只是凯特琳的个人行为。由于此前媒体中充斥着“弗吉尼亚理工原谅了赵承熙”等字样，因而导致了学校被许多人误解。

对此，该校发言人马克 · 奥萨斯奇在撇清此事的同时，重申学校没有和赵的家庭联系，也不准备向他发放毕业证。在官方网页的哀悼名册里，赵承熙也不在其中。

与此同时，关于凯特琳举动的争议也越来越多。“虽然表面上大家还是说着冠冕堂皇的好话”。但青帝试图跟几位好友探讨此事，发现私下里几乎没有人赞同凯特琳。

一位英语系的同学私下说，尽管凯特琳的意图是明确而善意的，但她没有权利替 2.6 万名火鸡人发言。因为这是个公共的悼念场所，放不放石头应该由死难者家属决定，否则就是极度不尊重死难者。

“我们都有试着帮助他，他的老师有单独辅导他，他的室友有想法接近他，警察有和他谈话，赵自己选择了这样一条不归路。凭什么要我们为他错误的选择负责呢？反而是我们这个社会对他太宽容了，过分乐观了，以为他即使拒绝了他人的帮助也会自己照顾好自己。”这位同学认为凯特琳在公开信中暗示VT不够“关心同学”是毫无道理的。

关于凯特琳一再强调的“家庭观”，也有人持不同意见。一名附近小镇的居民说，有时“家庭成员”也会背叛“家庭”，“就像赵做的那样，因此他不值得我们为他做任何事情”。

甚至关于凯特琳人品的传言也开始流传。虽然这种话不好直接讲出来，“显得人很小气”。一个虔诚的基督徒就表示，如果她真的是个不计名利的人，就应该一直保持沉默，站出来又不想被媒体追访，怎么可能呢？她甚至从教义出发说：“如果她真的相信自己做的是件好事，是不用解释的，因为上帝会决定她做的对错。”

不过出于对摆放人的尊重，马克·奥萨斯奇表示所有物品（连同人们写给赵的信件和条子）目前都摆放在学生活动中心。学校特别给所有同学写了电邮，要求尽量记录全世界各地向我们传达哀悼之情的人的名字，要设法永久保存人们寄来的签名板、卡片、艺术品等。

目前学校正在和美国国会图书馆联系，商讨如何保存这些物品。他说：“表达悲伤的方式有很多种，我们全部都接受，不会区别对待。”

这是最近唯一一次提到此事了

几天前，英国女王伊丽莎白二世访问弗吉尼亚州，参加英国在北美第一个殖民地詹姆斯敦建成400周年纪念日。虽然没有访问弗吉尼亚理工大学，但女王特别向“4·16”死难者致意，并接见了学校师生代表。

“这是最近媒体上唯一一次提到此事了。”青帝说。

学校和镇上大多数电线杆上扎的橙色和紫红色丝带还没有拆，但连日的阴雨已经浇得丝带有些褪色了。这两种颜色是弗吉尼亚理工大学的幸运色。银行、商店等地仍然竖着“我们是火鸡人”的大牌子。一些学生把五颜六色的花圈放在案发的工程学院教学楼。至今，这里仍有3名持枪警察来回巡逻。

让人意想不到的是，一个钢琴家开着一辆红色卡车在学校食堂边等地露天表演。一起来的还有他的狗，趴在钢琴上，自在地看着过往行人。

显然，人们努力想从悲剧的痛苦中解脱出来。学校已经要求媒体远离校园。包括弗吉尼亚理工联合会、校方发言人也不再回复媒体的信件。

学生们也很少再谈起半个多月前的那幕惨剧。穿梭在校园里，没有外出的学生们抱着整摞的书籍，徜徉在路边小道上，悠闲地坐在草坪上喝咖啡。

“几乎每个人都被媒体拉着采访过，”青帝无奈地告诉记者，“重复着同样的话，确实有些厌倦。”

她的博客也不再刊登有关“4·16”惨案的话题，而是换上爱、生命、珍惜等话题。曾经每天上万的博客点击量，也跌至眼下日均 100 多次。

5 月 11 日，就要举行毕业典礼了。马上就要毕业的青帝在芝加哥找到一份教书的工作。这几天，她常常想：为什么死的不是我？如果我当时在场，我会怎么做？如果我的家人失去了我，将会怎样难过？世界会怎样看待我？

这些假设让她清醒地意识到：“每一天的生命其实都是宝贵的恩赐。有太多的事情，我们都以为理所当然。是的，太阳照样升起，但我们中的一些人，却再也看不到新的一天了。他们的愿望、努力、成绩，都在一夕之间被无情地粉碎，留下将会被岁月磨掉的记忆。”

直至此时此刻，青帝似乎有些理解凯特琳了。于是，5 月 6 日下午，她再度去学校操场上看了一眼“那块石头”：

它已经被放在了第 33 个位置上，还多了一支第 33 个电动蜡烛——用太阳能做动力，可以长明不息。

只是，标有赵承熙名字的橙色剪纸不见了。而其他人的名字都打印在 A4 纸上，而且封过塑。虽然第 33 块纪念石下的信件和鲜花还在，却比其他人的少许多，也和其他人的纪念石隔得很远。

《中国青年报》（2007 年 5 月 9 日冰点特稿第 624 期）

周劼人：

“旧事”中的往事

岗尖白玛　采写

清华大学新闻与传播学院2005级本科生，2009年毕业后进入新华社工作，后担任新媒体中心采访部副主任。在校期间，周劼人曾任《清新时报》总编辑，并在清华大学95周年校庆之际开创“校园地理”版块，发表《协和旧事》一文，在校内外引起了很大的反响。在《中国青年报》实习期间发表的作品《寂静钱钟书》，被福建省选为2009年高考语文现代文阅读题。周劼人现为北京几何科技有限公司合伙人。

2006 年

2006 年，《清新时报》开创“校园地理”的版块，发表了《协和旧事》这篇文章。文章由当时大二的学生周劼人主笔，主要讲述了 1914 年至 1949 年内那些与协和有关的历史事件，内容涉及自洛克菲勒的《中国的医学》报告至 1949 年中国人完全自己运营医院中的协和。

2006 年，协和恰逢清华大学建校 95 周年，这件事情也传到了周劼人的耳中。说起协和与她，缘分不浅，早前她就结识了许多在清华大学读本科生的协和朋友，协和的种种事件时常萦绕在她的耳边，这个常被人挂在嘴边的建筑不断吸引她深入挖掘。这种吸引不仅仅是因为其背后发生过的故事，还有它不可取代的历史地位，但更重要的是在当下的生活之中，这些所有发光的过往和意义竟无人知晓。

1914 年，当时正盛极一时的石油大王洛克菲勒，提交了一份名为《中国的医学》的报告。

> 豫王府的南墙内，一块奠基石从高处慢慢下落……那块奠基石在工人的护卫下缓缓落地，宣布这之前近十载的考察与准备终于尘埃落定。同年，八名学生走进协和，成为第一批医学预科生。

《协和旧事》文章中这样记述。医院当时由洛克菲勒基金会创办，到 1921 年正式建成。那一次的投资也是至 2006 年，美国洛克菲勒基金会对于美国以外的其他机构的最大一笔投资。于是乎伴着一栋新建筑的“出生”，西医开始进入中国。杨念群在《再造病人》一书中，就医学政治和医学社会学的角度对于这一“进入”作过详细的分析。他认为西医在社会组织、社会结构以及人的观念的塑造方面，为中国从原来自给自足的社会转化到后来的西方工业化社会起到了重大作用。如今的中国，看病当然是以西医为主，而中医本身因为太多因素很少会被放入选择中。毫无疑问，协和是这一历史转变的一次铭记。但它不是就这样的固定在那一刻，自那时起，协和历经风雨，这一栋沉默的建筑不断地活跃在许多重大事件中。孙中山、徐志摩、林徽因、泰戈尔等都与它有着千丝万缕的联系。太多的历史时间点与重要大事件催生出了这篇合时宜的文章。

“这篇文章写得还挺痛苦的”

《协和旧事》，文章共 4 000 多字，为我们介绍了洛克菲勒的《中国的医学》报告、设计与建造协和、在民国风流与辛亥余声之中的小礼堂、北京人头盖骨失踪事件以及抗日战争中的协和这几件事。读完后，我跟着清晰的时间线，能够很快构建出文章脉络。随着年份的推进，我更是从协和的那扇门中真切地看到了那些陌生又熟悉的年代。5 件事情，依次推进的时间点，并不稀奇的写法，但是回忆起这段文字，周劼人说：“文章写得还挺痛苦的。”

事实上，文章第一版并不理想，篇幅很长并且没有重点，“像一个流水账一样”。无可厚非，一个历经了几十年沧桑的建筑，它所涉及的历史事件复杂、今时意义深刻，因此能呈现的内容、方向其实很多。刚刚起笔时，每一件事情于周劼人和其他学生记者而言似乎都值得记录。可是，时处这样快阅读的时代，她很清楚单讲历史事件，读者会觉得和自己并没有关系，因而提不起兴趣，而最重要的是作为一个地理类的文章，不能脱离建筑本身的定位，而当初选择“协和”就是源于它的耳熟能详，借助这样的一直活在人们心中的名字将那些已经被淡忘的过往关联起来，让人们对于历史不再陌生。

这样的切入点对于人们理解过往的时代至关重要，周劼人和其他学生记者最大的目的只在于引起大家的兴趣，让大家思考为何如此多的重要社会节点交织在一个地方，这之中的原因是周劼人和其他学生记者最希望带给大家去思考的。但是，至于人们能从这些故事中看出什么或者产生什么样的兴趣，她认为一个建筑本身无法承载那么多的意义，取决于读者自己的意愿。作为笔者，她是这个建筑背后可以说话的人，她希望能将静止的建筑还原到动态的历史中，从沉默的地表联系到有思想、有血、有肉的历史。

至于最终如何筛选这些信息，周劼人只是说写文章要学会“站到河对岸去看”。在她看来，写文章就是修桥连接起河的两岸，为另一岸的人提供一个途径走过来，所以她说要学会反问自己：若我是读者，我想要知道什么？因此所有那些震撼到自己的地点或者是片段，才值得记录和诉说。因此在这样的方向指引下，周劼人和其他学生记者去寻找历史上的节点和地理上的节点的重合。很显然，文章中这些重合似乎都和协和本身的医疗关系不那么密切。可是，这些看似无关的故事却恰恰证明着：这个地方不仅是一个医院。通过这样的方法，周劼人和其他学生记者更想启发大家，问一问自己为什么这篇文章不写医院，为什么在医院却发生了那么多与医疗关系不那么密切、和医院没有关系的事情。而这时，读者已经在桥上慢慢地走到河对岸了。

记得文章中写的那件北京人头盖骨事件，事件交织到了抗日战争的时期，深刻地展现着那个时代的混乱。读到这里时，总能够切身感受到那句“已经安放不下一张安静的书桌”。

其实为了写这篇文章，周劼人还曾到协和上了近一个学期的课。当时，她看见布达生的办公室就在协和人体解剖实验室的楼下。这间教室封闭的门内竟然藏着天大的秘密。出于好奇的她在翻阅了资料后得知布达生和北京人头盖骨是有关系的。那时，她感受到从小学就学习过的北京人头盖骨和现在正站着的这块儿地方的那种鲜活的交汇感，这样的体验和触动正是她希望传达给读者的。于是“北京人头盖骨遗失”事件便保留在了文章中。

对于协和小礼堂，周劼人发现这里不仅和孙中山有关系，徐志摩、林徽因、泰戈尔这样的人都在这里存在过。但出乎意料的是，这个充满了历史意味的地方竟差点被拆掉，那时她心里的触动又是她希望传达给每一位读者的。而与之形成鲜明对比的外交部街，深刻记录着洛克菲勒基金会在那个文化之下的社会对待有知识的人，对于知识的尊重。对于那个时代洛克菲勒基金会代表的西方人而言，知识本身能够获得的尊严真的“不是说的”。

在写这篇稿子的过程中，正逢周劼人一次坐着动车软卧回家，那时坐在她下铺的老奶奶看见她读着一本关于协和的书，便问起了原因。慢慢地，两人聊起了关于协和的事情，才得知这位老奶奶竟是林巧稚的学生，周劼人还记得她姓何。从老奶奶亲自讲述的过程中她一次次地感受到林巧稚鲜活的事迹，发现西医刚进来时候的医患关系以及那个时代西医的现状，甚至是受众患者都与现在有着巨大的差距和不同。她深感这样真切的感受，只有在和经历过那个时代的人们面对面地交流中才能产生的。至今，这对她都是仍感难得的获取与启发。

做记者其实很简单

结构上周劼人和其他学生记者选择最合理和最简洁的：几个建筑，每个建筑几个故事，然后分工，满满的文章就出来了。

这篇文章大概经历了几个月才完成，而这仅仅只是文章正式的创作过程。那时，协和的学生都在清华上预科，所以从认识协和的朋友开始，这篇文章的前期工作就已经在进行中了。奠定出的这些信源基础，让她很快能够入手协和的工作。她还努力找到了当时这些协和好友中对历史感兴趣的，在与他们不断交流中，慢慢谈起这篇稿子并最终得到他们的认可。这样的认可使她得到了许多的帮助和指点，甚至有朋友动用自己的资源去联系和询问更丰富的信息，整个采访与记录的过程不断发展。

周劼人很清楚，做记者主要就是两个方法“码字和交朋友”。

她说交朋友第一点就是要有“抓手”，即自己能够获得发表权利的媒体平台，可以写出东西并获得平台刊登的不是每一个人。其次，记者本身要登载的平台认证十分重要，这一平台对当时的她而言就是《清新时报》，那时《时报》在清华校内的口碑很好，周劼人很肯定。第二点是找朋友，并且是成为“真正的朋友”。“你要有对这件事情的理解，表达出一定的观点，你们还要不断地交流。最终当你获得别人的认可，人家就会把你当成真正的朋友。通过对彼此的交流和认同，来成为好友。”这样也就能够理解为何她能得到这样多的启发和资源了。

想起当初的故事，她还历历在目。那时，他们一伙人得到协和同学们的邀请去上解剖课，大家刚开始都很紧张。之前没见到过死人的一行人，一同眼睁睁看着躺在金属解剖台上的死人在竖条形门板打开后，慢慢从门板底下的台子上摇上来。“那是第一次我们看尸体摇上来，”她笑着回忆。这个似乎只用睁眼看的事情，却还有一个小插曲。当时，一位同学在看着尸体摇上来的时候，因为太入神脚下不小心，差点摔倒，结果在往后扶的时候正好就摸到了尸体的手！一声“啊！”响彻云霄。但是，很快他们也都在指导下触摸了尸体，她至今记得摸过的尸体中很多人都死得很狰狞：溺水死的，癌症死的……

中午，协和的同学们招待他们到外面的馆子去吃饭，端上的菜也充满了回忆。同学们向他们介绍了几道解剖课学生必吃的菜：鸡油蛋花汤、凉拌金针菇……这必吃的菜的奥妙就在于，如凉拌金针菇，就是因为和之前学过的大腿解剖中出现的浅黄色神经相似，大概是为了温习或者去除恐惧，那些和解剖课上所见过的情形相似的菜肴，被一一搬上了桌。

在所有这样的学习中，他们经历了从刚开始的全副武装上课，到学期结束正逢盛夏，同学们基本都是拖着人字拖、穿着小短袖，还吃着面包就进去的过程。在协和刚建校就不曾改变过位置的这一间实验室中，周劼人看着那面写满了尸体捐赠者名字的墙面，下定了决心“我肯定是要捐赠遗体的”。她说：“做记者的，当你自己愿意做这件事情时，接下来就是要厚着脸皮什么都去试试看，似乎就是这样耐心地去上好每一节课，去观察每一扇门，去得到也去奉献。”

“写作是一门手艺活”

4 000 字，删删减减出来的字字精致，大概是我第一次读文章时候的感受吧。这是一个会讲故事的姑娘，我想。

从 2003 年起，周劼人就开始不断在微博、博客上发表文章，她说初衷很简单：想到什么说什么。于是在这样的随手一写之中，如今再次翻阅她的微博首页，已经有了 600 多篇长短不一的文章。这些文章中，就包括了如今成为她个人代表作的几部作品，其中就有《协和旧事》。

许久的写作，她总结出“记住你是在写稿子，然后又忘记你是在写稿子”这样的一条经验。在她看来记住就是学会所有写作的技巧，如要讲故事、倒金字塔……将所有这些内化于心，然后再外化于形，学会熟练地运用这些技巧。但是当真正写稿子时，又要学会忘记这些技巧，这些条条框框总是能限制住一个人。

遇见每一件对自己有吸引力的事情时她都会回想一遍整个事情，然后再想“我应该怎样告诉别人”。她提到《城记》的作者——王军，曾告诉过她一定要不断地坚持写作，这样手才不会生。“写作是一门手艺活。”，她说。这种长期坚持写作的习惯，她觉得是如今还正在大学不断学习、成长的新闻人们最应该学会的。除此之外，多阅读、多思考必不可少。说起大学时光，该是她读书量最大的一段时期，但是她现在回想起来却觉得不满意，原因很简单，那时并没有带着思考去读书。脑子是个好东西，但是这个好东西只有用起来才能展现其价值。

在定期性的写作之中，思想的漏洞会被不断发觉，然后在后期的修改中不断完善。同样的，当这个观点足够深刻时，也只有在写之中才能以最恰当和能够存留的形式呈现出来。对她而言，写作已经不是强制性的任务，在写作的过程中慢慢将事件想清楚，形成自己的价值观的这个过程让她爱上了思考，从不曾产生厌倦感。当然不可能做到一次就完美，于是“改”是她提出的又一个重要方法，“先写出一篇大的草稿文出来，然后再改呀改，不断地改，改到最后文章就完美了。”她说。

除了对于写作上的意见，她觉得当今的学生读书不够系统性，在网络碎片化的阅读方式之下，人们的思考都是断片的，系统性的思考方式太欠缺了。所以她很推荐我们尝试深挖自己的一个兴趣点，然后将它的原理、发展历史等或小或大的你感兴趣的事情全部厘清。她认为这个选择本身其实并不重要，目的不是真正地把某段历史研究透，而是在于锻炼一种能力，一种在研究这段历史的过程中，不断构建自己的思维框架、厘清自己的思想脉络的能力。

细想起来《协和旧事》已经过去 11 年了，这 11 年的风雨中《清新时报》不断地发展，如今文章早在所谓的时代推动下三两天一篇，回想起来也不知道自己当时经历过什么。人员不断壮大着，面庞一个又一个增加着又消失着。周劼人和其他学生记者的身影早已不再，但是留下的《协和旧事》却长久记录在了“清新人”的历史上。

相关作品：协和旧事

1914 年，热衷于慈善事业的石油大王洛克菲勒，向中国派出了一支考察团，在走访了十几个城市的医学院和八十八家医院后，考察团提交了一份名为《中国的医学》的报告。报告中如是描述了彼时中华之医学教育：所有医学校的师资水平和教学设备都很差，学生的预科教育不足，用中文教学有很大的局限，教会医学校里外国教员的专业知识跟不上时代。

而正是这份报告，催生了日后影响整个中国 20 世纪医学的北京协和医学院。

洛克菲勒的“油王府”，乱世飘零中的协和王国

“听说豫亲王府被一个挖油的美国人买下来了，要变西洋式样的‘油王府’啦！”

“据说那地下可有整缸的金元宝呢。”

1915 年，东单车来人往的喧腾街道上，口口相传着这样的猜测。

此时，一个叫柯立芝的美国建筑师正准备动身，跟随北京协和医学院第一任院长，年轻的助理住院医师麦克林（Franklin C. Mclean）一起前往遥远的中国，他被指派来负责协和的设计工作。

柯立芝没有挖到“油王府”里的金元宝，却看到了让他视如珍宝的中国建筑。年过半百的老人在日记里写道：“从那时起……我一想到所有这些有着雕梁画栋、绚丽色彩设计的建筑竟然要被毁掉，便感到难过。”他跨出王府大门，门边两头石“懒狮”前爪屈伸，趴在冰凉的石台上，等待身后这座经营三百年的老屋轰然倒塌。柯立芝深感怅然，决心修改原先完全西式的设计方案，一组中西合璧的经典建筑跃然纸上。

1917 年 9 月，豫王府的南墙内，一块奠基石从高处慢慢下落。周围西服革履的绅士们在北平秋日温暖的阳光里纷纷起立，教育总长范源濂亲临主持奠

基仪式。身后古老的琉璃瓦顶注视着这一切，年轻的校长麦克林站在奠基石前向在场的人传达了协和的办学理念："在这里，建立一个致力于医学教育、科研、服务病人的机构，按照西方类似机构的高标准去工作、科研、服务病人的机构……在这种学习和科研的机会下，这个国家要发展值得骄傲的医学事业，能跻身全世界前列……我们渴望给中国带来最好的现代医学，中国也会受益于我们最新的进步。"那块奠基石在工人的护卫下缓缓落地，宣布这之前近十载的考察与准备终于尘埃落定。同年，八名学生走进协和，成为第一批医学预科生。

医学院的工程在紧张进行中：大楼的楼面用青砖水磨对缝；檐下廊上的壁画每平方尺花费高达 5 元；为了保证工艺纯正，特地找寻了清宫老艺人参与建设。柯立芝很满意这中国宫殿式的外形。而在内部，大到墙壁，小到螺丝，全都采用了最考究的西式设备：水汀管和抽水马桶从美国运来；地板不用木头，而是当时西方最先进的水磨石；挂钟是购自波士顿，它今天依然在行政楼门厅嘀嗒作响；门闩门锁用的也是进口货，现在依然能从上面依稀辨出"YALE"商标。

还有比这些考究的部件更令人称奇的设计：协和主体 14 幢建筑，除小礼堂外全都有走廊和地下通道相连，可任意穿行；各处时钟皆为"子钟"，由会议室内"母钟"控制，以确保协和的每一个角落读到的时间全然一致；每处房间都有信号灯高悬，协和内每人一灯号，找人就打灯；不同的门自有不同的锁与钥匙，但楼层长的钥匙可开整层的锁，校长的钥匙更是可以打开全校各处的锁。

难怪在黎元洪题名的《协和年刊》中会有如是评价："外则画栋雕梁，玉栏碧瓦，集中华建筑术之大观，内则设备周密，器械精良……"

1921 年，协和 55 幢建筑全部完工，包括 14 座主楼和北极阁、外交部街两处的高级教员公寓。是秋，协和小礼堂也正式启用。

小礼堂，见证民国风流与辛亥余声

1924 年 5 月 8 日，位于北京东单三条的协和小礼堂灯火阑珊，雕梁画栋的中式建筑在昏黄灯光下流动着光晕。嘉宾陆续到来，衣香鬓影，言笑晏晏。

宾客中一位少女艳若桃李，下车后挽着一位白发老人小心地踱步前行。少女是林徽因，老人是闻名遐迩的印度大诗人泰戈尔，此次来华受到了热情款待。又适逢泰翁 64 岁寿辰，新月社特地编排了他的戏剧《齐德拉》，在协和小礼堂上演。

厅堂灯火敞亮，深红色的厚重窗帘低低垂下，隔断夜色和寂寥。全剧人物对白均为英文，林徽因饰演公主齐德拉，徐志摩饰演爱神玛达那，两人情丝缠绵，契合天成，连不懂英文的梁启超都看出些许端倪。

身处北京最繁华的商业中心，北京东单三条 48 号的门牌在阳光下闪着金属的光泽。华厦千万的包围下，小礼堂收起张扬，安然自若。穿过庭院，叩响古铜色门环，镂花木门吱呀一声推开，前厅空无一人，礼堂里深红色的窗帘还是 80 年前的旧物事，低低垂下，隔断阳光和商业中心的喧闹。

坐在 80 年前的木椅上，定定望着空荡荡的舞台，又仿佛听见空气中游荡了几十年的声音从未散去。恍惚中，幕布重新开启，佳人才子陆续上场，莺声燕语，众宾客拊掌，就连壁上被时间磨蚀的浮雕都再次立体。

演罢，坐在首席的老人这样写道："蔚蓝的天空 / 俯瞰苍翠的森林 / 他们中间 / 吹过一阵喟叹的清风。"

风雨飘摇的时代，小礼堂里的短暂欢歌一夕难得。硝烟四起，革命者奔走呼告，民族危亡，国将不国。

1925 年 3 月 12 日，一场基督徒式的葬礼在协和小礼堂举行，肃穆沉重的音乐中，死者长已矣，生者且哀戚。原是救人的医生，最终选择成为救国的革命者，孙中山生命的最后两个月，是在协和度过的。

1924 年的最后一天，民国巨人孙中山抱病入京。是日北风呜咽、天染旧黄。前门火车站聚集了大批人群，在寒风中挥舞着"青天白日"旗，望能一睹这位革命家的风采。然而，数月来持续加重的肝痛，中山先生的面颊已经染上一层无法消褪的蜡黄。在宋庆龄的搀扶下，他缓缓走下车厢，甚至已无力宣读那 300 字的《入京宣言》，只能向人群招手答礼。有人建议去东交民巷的德国医院治疗，孙中山说："东交民巷是租界，我不去。"最终，他选择了协和医院。

和段祺瑞的反复交涉使孙中山的病情加重，1月26日下午，他被推入了协和医院的手术室，已是癌症晚期并多处转移，手术无效，又经放射治疗和中药治疗无果，3月12日，一代伟人壮志未酬，饮恨病逝。外界一直流传孙中山是肝癌不治，协和的检验报告证实为胆囊癌，澄清了这一误传。孙中山遗体在协和小礼堂举行基督教式追悼仪式，然后出协和南门，经王府井大街至中央公园停放。灵柩所至，沿途人群自动脱帽致哀，送殡群众达12万人以上。

今天穿行在繁华的王府井商业街，高楼林立，四海宾客云集，谁能想到80年前这里曾经阴霾郁郁，不见头尾的队伍为一个巨人的离去送行。走过安详的小礼堂，依然是拱顶琉璃，浑然自成，谁能记得80年前这里曾经凝固了悲痛，先行者"革命尚未成功，同志仍须努力"的嘱托荡气回肠。

解剖楼，北京人头盖骨失踪之谜

解剖楼一楼西南角，有一间不起眼的办公室，远远地可以望见门牌高悬——"解剖准备室"，参观之人大多远观一眼，转身上楼，却不知待走近看时，会发现古铜色的木门上钉了一块铜牌，上书"布达生教授办公室"。铜牌被擦得锃亮，但金属的光泽被厚重的门楣遮去大半，引得人不禁凝神屏息，生怕搅扰了正埋首案头的教授。

1927年，时任协和解剖系主任的布达生教授根据1923年在北京西南房山区周口店发掘出的一枚牙齿化石判定，这是中国猿人的一个新品种——北京猿人。消息一出，质疑四起。为了使这一判断获得佐证，布达生说服洛克菲勒基金会出资24 000美元，在协和建立了新生代研究室，地点就在当今协和解剖楼一楼西侧。

而对周口店北京人遗址的发掘，也从这一年开始。1929年12月2日，在北京西南房山周口店遗址主堆积北小支洞，年轻的中国考古学家裴文中发现了第一块北京人头盖骨。

舆论哗然。布达生教授的判断被证实，世界的目光聚焦在协和解剖楼西南角这间不起眼的办公室。为了排除干扰、潜心钻研，布达生教授每晚七八点上班，通宵达旦，次日清晨结束工作。1934 年 3 月的一个早晨，办公室同事照例来上班，然而敲门后屋内无人应答。待心存疑惑的同事用总钥匙开门后，发现教授手捧北京人头盖骨，额头枕在头骨正上方，因心脏病复发溘然离世。

布达生的突然离世，是“北京人”研究的损失。然而谁承想，8 年后，珍贵的北京人头盖骨竟在这里神秘失踪。

1941 年，“二战”进入相持阶段，日美关系日渐趋紧。为避免头盖骨落入日寇之手，决定将其运至美国暂避战火。

1941 年初冬，接替布达生掌管解剖系的魏瑞恒教授从美国发来指示，请实验室一位制作化石的高手胡承志负责将头盖骨装箱付运。“我将化石从保险柜里一件件取出，给每件化石都穿了六层‘衣服’：第一层包的是擦显微镜的细棉纸，第二层用的是稍厚的白绵纸；第三层包的是医用吸水纸；第四层是医用细面纱；第五层包的是石白色粉莲纸；第六层用厚厚的白纸和医用布紧紧裹住。”包裹严密的化石被装入两个没有上漆的白色大木箱，封盖、加锁，胡承志在两个木箱上分别写了 CASE1 和 CASE2 的字样。

按照原计划，两箱化石被送到协和医学院总务长办公室，接着秘密移交给即将回国的美国海军陆战队。为保密，两个箱子托名为美国军医威廉·弗利的行李。12 月 5 日，化石随美军专列到达秦皇岛港，计划于 12 月 8 日乘美国轮船“哈德逊总统号”启航赴美。然而就在前一天，日本偷袭珍珠港，太平洋战争爆发，该船被日军击沉于长江口外。北京人头盖骨下落不明。日军占领北平后，曾派遣 30 名士兵，花了整整四天时间，对解剖楼进行地毯式搜索，无果而返。

北京人化石，像一颗彗星粲然天穹后消逝在深邃的夜空。环环相扣的秘密转运计划，最终拗不过历史的必然。

英家大院，抗战硝烟的洗礼

日本人的到来，打破了协和的宁静。

1941 年 12 月 8 日上午 8 点，作为校长住宅的英家大院如往常一般宁静，藤萝满布的外墙在寒冬的季节清瘦孤绝。时任协和医学院院长的霍顿博士正在与一些家属已经撤走的医生吃早餐，突然一队荷枪实弹的日本兵闯入，粗暴地拉起霍顿博士，他和另外两名美国人被拘留了。当时在上海的协和外科主任娄克斯教授打电话给霍顿想告诉他太平洋战争的消息，但为时已晚。接听电话的职员告诉娄克斯："我们已经听到这个消息，千真万确，日本兵现在已经走进大门了，霍顿先生被捕了！"就在前一天晚上，霍顿与娄克斯还在电话里商量如果美日最终决裂，协和如何应付。而今天，等待英家大院主人的是漫长的牢狱生涯，从此庭院深深，不见来人。

1941 年 8 月，霍顿博士曾经会见驻华医社的董事，提议将教授和医院转移到较安全的中国西部，但委员担心日本人乘虚控制协和，这一"漫长而又艰险"的迁徙计划最终未得实施。1941 年 12 月 7 日，珍珠港事件，太平洋战争爆发。第二天，日军占领协和。所有的大门口都站着日本兵，警惕而傲慢地扫视着行人。事实上，也没有普通百姓敢经过这里，协和陷入一片恐慌。

1942 年 1 月 19 日，所有学生被勒令立即离校，协和医学院完全落入日本人手中。日本兵粗鲁嚣张地呵斥，挥舞着手中的军棍和枪杆，把所有的医护人员和能走动的病人赶到走廊冰冷的洋灰砖地上。人们敢怒而不敢言，偶尔几句愤怒也淹没在整个医院的哀戚声中。整个大楼的灯熄灭了，医学圣殿如坟墓般死寂。

1945 年夏，有报道说看到美国飞机掠过北京上空，也不知是真是假，身陷囹圄的协和医生们愿意相信，为之欢欣鼓舞，暗暗等待着结局。8 月 15 日，已经在牢中度过四年黑暗生活的霍顿博士获悉日本受降，泪流满面，唯一的小窗透进来的阳光也仿佛有了自由和胜利的味道。几天后，霍顿出狱。

一离开监狱，霍顿博士立刻赶回协和调查情况，原本井井有条的医学院满目疮痍，文件零乱，随风飘荡，残破的窗户漏进刺目的光线。一片狼藉，见者无不心碎，但又如何是一声叹息所能表达心情。一个月后，霍顿博士回纽约报告。报告指出：医学院的建筑结构未遭破坏 ，但校舍已经脏乱不堪，许多可移动设备不见踪影，发电厂设备需要彻底更换。

在中国的土地上，在元明清三朝的都城，在都城中心地带的协和，中国人不能堂堂正正做人，德高望重的名医不能为中国人医治哪怕是肉体上的疾病，一个神圣的医学殿堂遭此浩劫，千古一叹！

1949 年，北平和平解放，共产党的军队秋毫无犯。正当北京协和医学院静观新政府会作出何种影响协和医院变化之时，美国高级职员回国述职。而抗美援朝战争的爆发使这批职员最终没有回到中国。从此，协和实现了洛克菲勒的初衷，完全由中国人管理建设，在前辈的奠基下，在古老的中国继续救死扶伤的神圣职责。

1917—1942 年，协和以完美的速度和品质完成了一个医科大学和医院的建立与完善，达到了事业的最高峰。和平与健康，这一全人类的愿望，这项慈善投资得到了丰厚的回报。

《清新时报》（2006 年）

杨健：

十年磨剑初评论

陈芳婷　采写

本科就读于清华大学化工系，并在1992年成为中文系科技编辑二学位的学生。毕业后，杨健进入《人民日报》负责科技领域的报道，并于2009年开始进入《人民日报》评论部工作。杨健现为《人民日报》主任记者、评论部副主任，中国科学探险协会常务理事，长期负责科技领域的报道，多次在《人民日报》发表科技评论和科学随笔，两度荣获“中国新闻奖”二等奖。

在人民日报社的传达室等了一会儿，进来一个两鬓花白的老人，他笑容满面，和蔼地问我："是陈芳婷吗？"我赶紧回答是的。杨健学长怕我不认识路，就到传达室来领人了。

今天是一个普通的日子，党的十八届中央纪委七次全会还在进行中。北京的雾霾仍未散去，路上的行人很少，都戴着口罩，行色匆匆。杨健学长的办公室不大，放了一排书柜、一张写字桌还有两个沙发、几把椅子。书柜上整整齐齐地放着一排"中国新闻奖"的奖杯，一共 13 座。下午 1 点刚过，没几分钟，他就接了一个电话，原来是常委们的会议开完了，马上有材料送到。而原本定下的明天针对会议内容写一篇评论的计划临时有了改动，今天就得写完发排，明早见报。因此，杨健立刻敲起了键盘，在纸上写写画画，进入了工作状态。

初闻评论

杨健是清华大学化工系毕业的，毕业后却走上了一条和工科完全相反的道路，现在是《人民日报》评论部主任。虽然是工科生，他却一直热爱着创作。大四那年，杨健一听说中文系招收科技编辑二学位学生，立刻就报了名。成功考上二学位的他从此对新闻的热爱一发不可收。1993 年毕业那年，杨健放弃了已经签约的公司，缴纳违约金之后，进入人民日报社做起了一名普普通通的记者。十多年来，他一直负责科技领域的报道。一开始他只想一心一意跑科技，但前辈的一句话点醒了他："你不要把自己限定在很窄的领域，科技和教育是不可分的，没有教育就没有科技。"因此，他不仅报道教育和科技，有时候体育缺人，也会去帮忙采访写稿，偶尔还为文化版写稿子。涉及几个领域虽然累，但确实提升了杨健采写、编评的技能。十多年过去了，杨健在以科技报道作为核心的基础上，对教育、文化、科技、卫生等领域都有涉及，积累了不少阅历。1997 年，《人民日报》评论部邀请他加入，然而，觉得资历尚且不足以应付评论工作的他，谢绝了这次邀请，表示还是要好好积累。这一积累，就是 12 年。

2009 年，杨健进入《人民日报》评论部开始工作。

到今天，杨健和他的同事们拿"中国新闻奖"已经拿到手软。回想新闻从业的历程，他对自己当记者的经历念念不忘，正是十多年的科技报道生涯让他积累了经验，才能够在写评论时有话可说、有文可写。“写评论，更多的是你生活的积累，你一定要有阅历以后，才会有好的观点。”阅历，是整个采访过程中他一直强调的，这也是 12 年前他没有加入评论部的主要原因。

对于初写评论的人，杨健建议，“一开始入门的时候一定不要紧张，想说什么就说什么”。上大五时，杨健给中文系老师邻居家的孩子补习语文。孩子在一零一中学读书，除了作文其他科目都很优秀，就是写不好作文。杨健和他一聊，发现他特别能说并且知识面很宽，对什么东西都能说出个一二三来，但是作文分却很低。杨健就跟他说：“我们先不要考虑写作文的事，拿到一个题目，我们可以先一起讨论，对这个题目，不管是一个盘子还是一个碟子，你都知道些什么，我们敞开聊，聊个半小时后，想想我们聊了些什么，把它总结一下。总结出几条，写在纸上，然后来考虑哪一条最有意思。之后参考老师出题目的意图，尽可能靠近这个意图，最后组织一下文字。这样，一篇作文很轻松就写完了。”按照这样的思路，孩子的成绩提高特别快，从年级第 88 名一跃提升到第 11 名。

“评论就是说话，当然你先得对这一事情有所了解，然后在了解的基础上总结看法，最后再把它组织成语言。”能够自圆其说、逻辑清晰，就是一篇基本合格的评论。

在写成文章的基础上，还要有新颖的观点。“刚开始的时候，对自己的要求不要太高，尽可能有一点点新意就好。然后再往前走，即便我的观点和别人类似，但我也要尽可能把它表述好。”

一篇评论最出彩之处在于新观点，没有新观点可以用新的论据或者例子；如果找不到好的例子，就采取一种新的表达方式，把观点用有趣的方式表达出来。杨健多次嘱咐后辈要锻炼自己的评论能力。

这是因为“其实天下的道理是有限的，大家都认可的撑死也就一两千条吧。人类社会几千年了，如果你只是阐述一般的道理，可能有些古人说得比我们还要好”。

写出一篇评论，需要的是将一个观点阐述成一篇文章，功夫主要在如何表达上。正如做菜，将菜煮熟是第一；而如何做好，则要看各种调料的添加以及对火候的掌握，譬如例证、逻辑、文采等。这是评论员初入门所需要做的。

渐入佳境

如果想成为评论大家，光靠勤学苦练是不够的，还需要有足够的知识积淀和生活阅历。杨健说："你要是对评论感兴趣的话，不如刚开始的时候先去做报道，再从报道往评论转，这样你的积累会更丰富一点。只要有评论理想，身处任何岗位都无妨，而且将来转型更容易。要至少在一个或者两个领域内你是专家，在这些领域的任何问题对你而言都不是问题。在这样的基础上，你再去追求广和博。"

对于初学者而言，写一篇评论，只要心中明确事件是什么就足够了。而当你的目标是成为一名专业而又有影响力的评论员时，这只是开始。

首先你要对评论的事实有个清晰的了解。

如今网络发达，把相关事实用搜索引擎搜索一遍很容易。这个工作不需要太多的技巧，但需要真心实意地下功夫。要做好资料收集，工作量实际上很大，因为"关于这件事情，大家说过些什么，你都要有一个粗略的了解"。而在报社，这方面的要求就更高了。写重头评论的时候，评论员需要找几十万字的资料。不仅有网上的资料，也有论文，甚至是大部头的图书。短短几千字的评论，需要背后这几十万字的支撑。

杨健办公室的一列书柜中，专门有一个书柜，放了厚厚一摞《人文历史》等杂志和书籍。

但知识本身无法保证一篇评论的精彩，一篇精彩的评论还需要一个好的选题，好的选题是评论成功的一半。

杨健的工作从早上 7 点半的微信选题讨论开始，结束于晚上 1 点的看版（面）。

最早的时候，选题是在 MSN 群里讨论的，但后来随着技术的进步，大家也就用起了微信。一般是值班编辑先找到七八条他认为不错的线索，扔进群里。大家起床后先讨论哪一条值得写，再讨论有什么不错的观点可以写，最后再来决定谁写。

选题有时候要从正反两个角度来考虑，站在报社的立场来看，首先考虑的是不能写的内容。第一是肯定不能写的不写；第二是写不出新东西的，说来说去都说不出新道理的不写；第三是老问题但没有新的解决办法的，也不写。

当然，杨健笑着说："对于专业评论员来说，应该做到任何东西都能写。"

有问题意识，也要有过程意识

谈起雾霾，很多人的第一反应就是叹口气，盼望着雾霾赶紧消散才好。这个年代的我们，生活在对雾霾的恐惧中，尤其是在北京，雾霾问题更为敏感。这也正是 3 年前的评论文章《有问题意识也要有过程意识》要指出的——有些问题确实存在，也很重要，但解决起来没有那么简单，需要时间，集中力量，耐心解决。

农村空心化、大城市蜗居、食品安全……中国地域那么宽广，有太多的问题涌现，有太多的问题需要解决。

《有"问题意识"，也要有"过程意识"——辩证看待社会发展与问题之一》这篇文章原评论部主任卢新宁和她的同事们思考了很久，先观察中国的现状，看了很多现象之后再做分析，可谓是一点一点用现实之笔写出来的。

中国面临的问题确实是太多了，大家都希望每出现一个问题都能迅速解决。然而，欲速则不达。就像雾霾一样，它本身的形成就是几十年的积累。但"公众很多时候不能等，他会觉得要等几十年的话，他这终生就要和雾霾为伴了，他会觉得很绝望"。因此，关键在于梳理这些问题的时候要用什么方式去述说。事实确实是事实，但怎么去表述，表述到什么样的程度，这就是考验评论员功力的地方，也是文章最需要花心思的地方。

《有"问题意识"，也要有"过程意识"——辩证看待社会发展与问题之一》实际上是"等"出来的。

等 2013 年习近平总书记提出"不回避矛盾，不掩盖问题"，时机一到，这篇文章就显得水到渠成，十分自然。很多事情不要希望一夜之间就能做好，要有一张蓝图绘到底的决心。这些社会问题的选择就是摆在纸面上的，一提出大家就拍板说好，可以说是毫无异议。“几乎没有任何的纠结”，杨健笑着说：“当然我们在取材的时候，选择的都是一时半会解决不了的问题。”于是有了这篇系列文章中的第一篇。

《有“问题意识”，也要有“过程意识”——辩证看待社会发展与问题之一》编者寄语的第一句话是“今日中国，仍在穿越历史的三峡。这样的阶段，水域开阔也暗流涌动，大河奔腾却泥沙俱下”。直截了当地告诉大家，现在社会存在的问题很多。

虽然不是文章的第一作者，但杨健对这篇文章印象深刻。因为这说出了整个社会的心声，同时也暗暗地抚慰了社会中焦躁的心灵。在写作过程中，他们意识到公众的逆反心理——很多时候，告诉大家要耐心、要等待，公众是不会买账的，只会适得其反。因此他们特地做了一个平衡。“都是两点论，先是有问题，再是过程意识。如果一上来就是过程意识，公众不会接受的，他们会认为问题那么多，凭什么我们就要等待呢。所以在某种意义上，这其实是传播的某种技巧。就是说有些问题，发现了之后是可以马上解决的，但有些问题不是一蹴而就的，需要一段时间。这样去做完铺垫以后，这个道理可能就容易被接受了。”

在此文发刊后，一时间“社会问题”成为人们讨论的焦点。5 天内，围绕系列评论的报道总量有 314 篇，系列评论在论坛、博客、微博等网络空间引发热议，多维新闻网、大公网等多家境外媒体转载相关文章。在一项 22 672 名网民参加的调查中，49.7% 认为“确是针对当下问题的肺腑之言”，22.8% 认为当此社会矛盾集中时期意义非常。

评论之所以从未消失，是因为它和报道不太一样。范长江对新闻下过一个定义：“新闻就是广大群众应知而未知的重要事实。”报道需要客观呈现事实，让读者自己判断。但评论是作者先对一件事形成一个判断，进而影响读者对此事的判断。新媒体时代，公众的碎片化时间增加，很少有大块的时间来了解一件事。因此，公众看到的很多是片面的事实，有很多可能性，有真有假，公说公有理，婆说婆有理。读者心里有一点想法，但很难清晰地刻画出来。

“这个时候你有一篇好的评论，就可以让大家感觉到，对，这就是我要说的。他们呢，就找到一个共鸣，然后他们又会觉得这篇评论给我带来了新的观点，给了我新的启发，看完以后又可能产生新的观点。”

这是评论的意义。

与报道不同，评论可以脱离新闻事实出现。例如以此出名的《冰点周刊》。评论可以讨论一些不是当下的热点，但在社会中又是普遍存在的现象，让人们停下来反思。这是评论的灵活之处。

这是广义上评论的意义。而不同的报社，自然又给评论带上了每个报社自己的特点。范敬宜曾说：“要坚持正确的舆论导向，要实事求是。”有很多人认为《人民日报》缺乏新闻专业主义，认为它是国家的喉舌。在杨健看来，《人民日报》实际上有四种功能。

第一个是传递中央声音，第二个是报社根据自己了解到的情况来独立发声，第三个是舆论监督，第四个是采集和反映基层的声音。例如“今日谈”“大家谈”“来论”都是反映基层声音的栏目，以读者投稿居多。而且自从有了微信平台，评论部从不缺投稿作品，反而取舍成了一件难事，因为“可能有 10 个人说得都不错，但是最后只能保留 3 个”。

成为评论大家，需要对社会问题有深刻的洞察力，理解“民为天”这一看似套话实则最为重要的原则。

怎样向大家提供有益的看法，评论任重而道远。

相关作品：有“问题意识”，也要有“过程意识”——辩证看待社会发展与问题之一

编者按

今日中国，仍在穿越历史的三峡。这样的阶段，水域开阔也暗流涌动，大河奔腾却泥沙俱下。如何准确把握时代方位、辩证看待社会发展，认识论与方法论的问题，从未如此迫切地摆在我们面前。从今日起，我们刊发“本报评论部”系列文章，与大家共同探讨、共同思考。

从辩证法的角度看待我们所处的世界，本身就是一个不断发现问题、解决问题的过程。关键是要把问题放在中国的现实语境中观察，与国情对接、跟现实对表。

曾有学者慨叹，我们遭遇了一个“问题的时代”。从大都市恼人的雾霾到田野间空心化的村庄，从“蚁族”“蜗居”难圆梦想到“舌尖上的安全”屡现危机。翻开报纸，相关讨论不绝于耳；打开网络，种种质疑迎面而来。一时间，问题让人烦恼，问题使人愤怒，问题令人“绝望”。

如何看待我们时代的问题?

“不回避矛盾，不掩盖问题”，习近平总书记的要求，是对问题应有的态度。“问题是时代的声音”，30 多年改革开放历程，可以说正是在解决问题中步步向前。如果眼里没有问题、心里没有期待，也就不会改革、难言发展。有“问题意识”，是认识能力提升的表现；能畅所欲言直面问题，更是时代社会的进步。

然而，过犹不及。如果“唯以问题识天下”，群情激愤中，任“问题焦虑症”裹挟成极端情绪，固化为狭隘认识，演变为偏执思想，将人人变成易燃易爆品；如果“只让问题遮望眼”，心灰意冷间，让“问题悲观症”驱逐社会自信心，抵消发展正能量，吞噬我们的幸福感，“问题意识”本身就也成了问题。

今天的中国，发展很快，矛盾高发，问题不少。我们固然要有“一万年太久，只争朝夕”的紧迫感，但也不能期望万年之事、朝夕解决。将问题拖成历史问题诚不可取，毕其功于一役也绝不现实。任何时候不能忘了，我们还处在社会主义初级阶段。面对各种问题，不切实际的空头支票，超越阶段的夸张口号，或是“一招就灵”的万能良药，不是天真幼稚，就是轻浮狂躁。

历史无非就是问题的消亡和解决，现实也无非是问题的存在和发展。从辩证法的角度看待我们所处的世界，本身就是一个不断发现问题、解决问题的过程。关键是要把问题放在中国的现实语境中观察，与国情对接、跟现实对表。一年一度的春运最为典型，一个多月 34 亿人次出行，而人均拥有的铁路，还不到一根香烟长度。现代化的速度提升了，过程却无法压缩，再加上不断增大的人口规模、水涨船高的期待诉求，都使问题的存在有客观性、必然性，问题的解决有复杂性、长期性。

希望找到一个总开关，按一下就解决所有问题，肯定是空想。但在充满纠结的生活中，几乎每一个问题的细节里，确实暗藏着一个“哲学按钮”，按下那个按钮，被遮盖的意义就会一目了然。比如，农民工问题。过去十几年里，2.6亿农民相继进城，接近俄罗斯和日本人口的总和。他们的生活要在短时间内超越“绿皮车、编织袋”阶段，子女教育与就业，自身医疗与住房，十几年积累的问题要一下解决，即便是奥林匹克山上的希腊诸神，恐怕也无能为力。发展是一个长期的过程，消化问题同样需要时间。用辩证法的方式考量社会进程，才能还原事件的真实意义。

解决问题的愿望迫切，可以理解，更应该重视。不过，如果能多点“过程意识”，会更有利于看到主流、形成共识。比如教育公平。北京、上海的常住人口中，非户籍人口占三分之一强。异地高考理应破冰，可如果不加任何限制地开闸放水，城市的优质教育资源即使翻番，也无法满足如此激增的就读需求。近日，国务院常务会议决定进一步提高重点高校招收农村学生比例。不正是在这样的日拱一卒中，才逐渐逼近问题的最终解决？

抽象的价值，存留在理论之中；具体的公正，则需体现在每一个人身上，不像喊喊口号那样简单。医疗改革既需协调利益魔方，更需面对海量刚需和分布不均的现实；收入分配改革“分好蛋糕”理念明确，具体调整却是复杂的系统工程。知易行难，在当前中国，尤其如此。不存在一种简单化的理念，可以立竿见影搞定所有“中国式问题”。30多年中国的渐进式改革，正是从哲学层面上厘清了问题与过程的关系，才摒弃了急于求成的冒进，拒绝了休克疗法的诱惑，找到了正确的逻辑和顺序。

风雨多经人不老，关山初度路犹长。有时候，我们的确感到被问题“追着走”“推着走”。这可以理解，转型期中国问题一大堆，公众和舆论更加敏感，未来的改革之路肯定也充满挑战。但也要看到，正是在对问题的不断突围中，国家社会得到了实质性改善。既有“问题意识”，也有“过程意识”，才能让改革者有更多回旋余地，才会对未来更有信心。

《人民日报》（2013年5月20日5版）